Giulio Bollati

Lettere e scritti editoriali
1949-1980

A cura di Tommaso Munari

Giulio Einaudi editore

www.einaudi.it

ISBN 978-88-06-26573-1

Indice

Un editore senza casa editrice

> Bollati è sempre quello che vede piú chiaro e piú lontano e largo.
>
> DANIELE PONCHIROLI

Giulio Bollati di Saint Pierre nacque e morí nel Novecento, ma appartenne essenzialmente all'Ottocento. Ottocentesco il titolo nobiliare, conferito da re Umberto I al nonno Emanuele, direttore dell'Archivio camerale di Torino; ottocentesca l'educazione, ricevuta in istituti di stampo napoleonico quali il Convitto Nazionale Maria Luigia di Parma e la Scuola Normale Superiore di Pisa; ottocenteschi gli interessi di studio, gravitanti attorno a Leopardi, Manzoni e il Risorgimento; ottocentesca la passione per la fotografia, praticata da dilettante, ma conosciuta da esperto; e ottocentesco il mestiere, scelto per caso e amato per sempre: l'editoria. In verità, Bollati sarebbe diventato un editore in senso proprio solo negli ultimi anni della sua vita, ma l'attitudine e la visione da imprenditore del libro si potevano già cogliere nel 1949, quando all'età di venticinque anni fece il suo ingresso come impiegato di prima categoria alla casa editrice Einaudi[1].

Fu il redattore Ubaldo Scassellati, suo compagno di studi alla Normale, a presentarlo a Giulio Einaudi nel luglio di quell'anno: «Un gioco di circostanze», avrebbe ricordato anni dopo Bollati, che cambiò il corso della sua vita, allora vagamente orientata all'università[2]. Scassellati sarebbe rimasto all'Einaudi ancora per due anni, lui per oltre trenta, un arco di tempo in cui, come si dirà, avrebbe maturato una quasi totale identificazione con la casa editrice torinese.

Da subito si distinse per una spiccata sensibilità editoriale che gli permetteva di cogliere con grande facilità la coerenza di un libro o

[1] Stando a un curriculum vitae conservato all'Einaudi nel suo fascicolo personale, l'assunzione di Bollati (San Pancrazio, Parma, 1924 - Torino 1996) fu formalizzata il 1° gennaio 1950. Al 1° gennaio 1955 risale la sua nomina a dirigente, mentre al 31 marzo 1978 quella a direttore generale. Dimessosi da questo incarico il 2 gennaio 1979, rimase consulente della casa editrice fino al 31 dicembre 1980. Vi sarebbe ritornato in qualità di dirigente nel 1985, durante il periodo di amministrazione controllata dell'Einaudi.

[2] Giulio Bollati, *Lontano da Parma* (1992), in Id., *Memorie minime*, introduzione di Claudio Magris, Archinto, Milano 2001, p. 62.

l'armonia di una collana e ne faceva la persona piú adatta a vigilare sull'una e sull'altra: attento a segnalare se un'opera manualistica, come quella commissionata nel 1949 a Gerardo Guerrieri sul teatro moderno, si abbandonava pericolosamente «al libero andare e venire che è proprio di un saggio»[3]; pronto a intervenire quando una collana ad ampio spettro, quali erano i «Saggi» nei primi anni cinquanta, rivelava «gli eccessi e i vuoti» di una programmazione squilibrata[4]. A questa innata sensibilità si accompagnava un'inconsueta duttilità, che gli consentiva di destreggiarsi con disinvoltura tra compiti redazionali, problemi tipografici e istanze commerciali, e all'occorrenza mediare fra essi. Abile nella scelta delle fascette, eccelleva in quella dei titoli, i migliori dei quali si collocano grossomodo agli estremi della sua carriera: nel 1952 assegnò al saggio di C. W. Ceram *Götter, Gräber und Gelehrte*, ovvero «Dèi, tombe e studiosi», il titolo *Civiltà sepolte*; nel 1991 intitolò la storia della Resistenza di Claudio Pavone non *Tre guerre*, come avrebbe voluto l'autore, bensí *Una guerra civile*[5].

Pur continuando a svolgere una molteplicità di compiti – fatto peraltro non inconsueto in un tempo in cui i confini fra le mansioni editoriali erano ancora porosi –, Bollati si specializzò presto in quella d'«iconografo». A fargli da maestro fu Elio Vittorini col quale collaborò all'illustrazione di due volumi da lui curati: l'*Orlando furioso* di Ariosto (1950) e le *Commedie* di Goldoni (1952). Maestro che, come vuole l'aforisma, fu in breve superato dal discepolo. Se Vittorini cercava sempre il «corrispettivo pittorico» delle opere letterarie, prediligendo artisti coevi e conterranei degli autori da illustrare (Tura-Ariosto, Longhi-Goldoni), Bollati preferiva variare lo schema allargando la ricerca «a equivalenze, analogie o allusioni figurative»[6] e teorizzando perfino l'«illustrazione a rovescio», ossia quella intesa a far risaltare i testi «attraverso il contrasto, piuttosto che il consenso, con certa pittura contemporanea». È il caso, per esempio, dello splendido apparato illustrativo del *Cortegiano* di Castiglione pubblicato nel 1960[7].

[3] Bollati ad Antonio Giolitti, 25 ottobre 1949. Salvo diversa indicazione, le lettere citate nell'introduzione sono incluse nella raccolta.

[4] Bollati a Carlo Muscetta, 15 novembre 1951.

[5] Il primo fu pubblicato dall'Einaudi nei «Saggi» (con il sottotitolo *Il romanzo dell'archeologia*), il secondo dalla Bollati Boringhieri nella «Nuova cultura» (con il sottotitolo *Saggio storico sulla moralità nella Resistenza*).

[6] Bollati a Gianfranco Contini, 24 novembre 1953.

[7] «I ritratti di cortigiani, uomini d'arme o di lettere che qui si pubblicano sono dunque stati scelti con deliberata tendenziosità, come per mettere a confronto i personaggi d'una

Ma come lavorava un iconografo prima dell'avvento dei database fotografici? Se la ricerca era limitata all'immagine di copertina di un saggio o un romanzo, procedeva a tentativi sfogliando libri d'arte finché non s'imbatteva in quella che faceva al caso suo (Bollati lo descrive quasi come un rito in una lettera a Giovanni Macchia dell'11 luglio 1974); se invece era finalizzata a illustrare un intero «Millennio», la collana piú prestigiosa dell'Einaudi, allora bisognava mettersi in viaggio: a Venezia per scegliere dipinti di Longhi adatti alle *Commedie* di Goldoni (assieme a Vittorini)[8]; a Copenaghen in cerca di pitture popolaresche per le *Fiabe* di Andersen (un viaggio a vuoto)[9]; a Parigi a caccia di figurini teatrali per *I racconti delle fate* (questo a buon fine)[10]; o a Zurigo a raccogliere disegni di Füssli per il *Teatro* di Shakespeare, capolavoro assoluto del Bollati iconografo[11].

Naturalmente la ricerca dell'illustrazione giusta non era guidata dal caso, ma da una competenza che, forte degli insegnamenti di un professore di liceo *sui generis* come Attilio Bertolucci e dei consigli di due consulenti editoriali del calibro di Giulio Carlo Argan e Federico Zeri, cresceva di copertina in copertina, trasformando il catalogo Einaudi in un museo virtuale sempre piú grande, in cui l'antico si mescolava al moderno, l'oriente all'occidente, la pittura alla fotografia. E analoga se non superiore a quella con le immagini era la sua dimestichezza con le parole, come ben testimoniano le oltre cento lettere editoriali selezionate per questo volume.

Sin dal suo ingresso in casa editrice, infatti, Bollati aveva dimostrato una tale abilità nella scrittura epistolare da guadagnarsi l'incarico ufficioso di segretario d'alto livello di Einaudi, vale a dire di estensore di gran parte delle sue lettere. Nelle missive piú

corte reale (della realtà vera e intera che solo l'arte alta sa restituirci) con quelli della corte ideale e paradigmatica immaginata dal Castiglione. In questo "controcortegiano" pittorico messo a fare da fondale al *Cortegiano* scritto, Raffaello, che è il legittimo punto di congiunzione tra il Castiglione e la pittura, è presente soltanto per un ritratto giovanile di Emilia Pia da Montefeltro. Un capitano dai rossi occhi malati, un dandy di cupa eleganza neoclassica, tormentate figure di letterati, un allucinato tessitore di intrighi, sono gli altri "caratteri" convocati per l'occasione: figure che potrebbero dare incremento alla torva mitologia cortigiana del melodramma romantico come, oggi, sollecitare la curiosità d'uno psicanalista. Qui, ad ogni modo, esse sono chiamate innanzitutto a testimoniare di una pittura che rispecchia con drammatica aderenza e capacità di introspezione inquietudini, profondità e ambivalenze della coscienza contemporanea» (G. Bollati, *Nota alle illustrazioni*, in Baldesar Castiglione, *Il Cortegiano*, a cura di Giulio Preti, Einaudi, Torino 1960, p. XXIX).

[8] Bollati a Vittorini, 4 maggio 1951 (Archivio Einaudi, presso l'Archivio di Stato di Torino, serie Corrispondenza [AE], cart. 221, fasc. Elio Vittorini).

[9] Bollati all'Einaudi, 10 settembre 1954 (AE, cart. 25, fasc. Giulio Bollati).

[10] Bollati a Luciano Foà, 22 agosto 1957.

[11] Bollati a Giulio Carlo Argan, 23 settembre 1960.

importanti o delicate, alla firma «G. Einaudi» posta in calce all'ultimo foglio corrispondeva immancabilmente la sigla «Bl» in testa al primo. Magistrali – soprattutto in considerazione della giovane età – quelle del novembre 1951 a Bruno Zevi e a Ernesto de Martino in merito alle due collane di loro competenza, ovvero la «Collana storica di architettura» e la «Collezione di studi religiosi, etnologici e psicologici». Se nella prima Bollati riorganizzava con la sola forza del discorso le proposte di Zevi in un disegno organico che a quest'ultimo era sfuggito, nella seconda riusciva a scalfire l'ostinato storicismo di de Martino dando l'impressione di approvarlo. Dimostrazione luminosa che per lui l'epistolografia era fondamentalmente uno strumento di diplomazia.

Al suo maestro Delio Cantimori, che lo aveva scherzosamente ripreso per lo stile «spesso evasivo, diplomatico e neoguelfo» delle sue lettere, il 7 aprile 1950 rispondeva che ciò dipendeva dalla «posizione di suo corrispondente privato-ufficioso-ufficiale della casa editrice» e, pur non negando di essere «affetto dal morbo della diplomazia», assicurava di essere immune da quello del «Tartufo»[12]. Nulla di piú vero: il suo stile epistolare non faceva mai leva sulla retorica superficiale, bensí sulla raffinata persuasione, sebbene dispiegata con la nonchalance di un attore di lungo corso, il cui palcoscenico era appunto la carta da lettere.

È soprattutto nel suo epistolario che si può cogliere l'animo intimamente ottocentesco di questo figlio del Novecento. Spesso manoscritte, mai burocratiche, le sue lettere sono di rado finalizzate a informare. Quando impugnava la penna (un fatto piú infrequente di quanto questo volume lasci supporre), Bollati lo faceva per convincere, rassicurare, appianare, come un esperto funzionario sabaudo[13]. Di qui certe peculiarità del suo stile, al contempo stringente e sorvegliato, e del suo registro, ricercato eppure limpido, che se da un lato ne fanno un corrispondente invocato e ascoltato da autori e collaboratori, dall'altro lo condannano a una costante affettazione, una congenita mancanza di spontaneità[14]. Quando scriveva una lettera, si potrebbe anche dire, Bollati si metteva in posa.

[12] Archivio Delio Cantimori, presso la Scuola Normale Superiore di Pisa (ADC), Corrispondenza, fasc. Giulio Bollati.

[13] «Discendente di funzionari e di ammiragli savoiardi ho nel sangue, come una febbre maltese, il senso del governo e dell'amministrazione» (Bollati a Franco Fortini, 8 settembre 1980).

[14] Come dimostra anche l'uso frequente di citazioni letterarie, comprese alcune della grande epistolografia italiana (la lettera di Leopardi a Pietro Brighenti del 14 ottobre 1822 ricordata in quella a Cantimori del 14 giugno 1966; o la lettera di Machiavelli a Francesco Vettori del 10 dicembre 1513 richiamata in quella ad Argan del 13 aprile 1967).

Nella routine di una casa editrice, fatta in larga parte di discussioni, trattative e talvolta controversie, queste caratteristiche, lungi dall'essere un difetto, rappresentavano una risorsa che Einaudi cercò di valorizzare promuovendo Bollati a dirigente già nel 1955, con la funzione «di fare da ponte tra ideatori ed esecutori, tra redazione e ufficio tecnico, tra ufficio tecnico e vendita», ossia «con compiti, in sostanza, di ufficio studi e insieme di ufficio di coordinamento»[15]. Responsabilità che determinò una rapida accelerazione di quel processo d'identificazione con la casa editrice a cui si è accennato sopra.

Pur non avendo avuto l'opportunità di conoscere Leone Ginzburg o il tempo di familiarizzare con Cesare Pavese (in una lettera del maggio 1950 confessava a Cantimori di non essere «ancora riuscito a parlargli per piú di cinque minuti di seguito»), Bollati si sentí presto investito del compito di raccogliere, proteggere e trasmettere la memoria interna dall'Einaudi. «La nostra vecchia guardia si assottiglia», scriveva a Renato Poggioli all'indomani delle dimissioni di Luciano Foà, «e tuttavia resiste sulle posizioni, decisa a continuare e ad ampliare l'attività nello spirito di sempre»[16]. Non erano parole di circostanza. Estensore delle varie relazioni sulla storia della casa editrice che Einaudi era spesso chiamato a tenere in Italia o all'estero, Bollati l'aveva a tal punto interiorizzata da sentirla propria anche per quel primo quindicennio in cui non ne aveva fatto parte. Anche per questo a partire dagli anni sessanta divenne il principale punto di riferimento per molti autori e collaboratori.

È a Bollati, e non a Einaudi, che Leonardo Sciascia domandava la ragione delle timide tirature del *Giorno della civetta*[17]; a lui che Gianni Rodari si rivolgeva nella speranza di aumentare l'anticipo del *Pianeta degli alberi di Natale*[18]; a lui che Mario Rigoni Stern chiedeva conto del basso prezzo del *Bosco degli urogalli*[19]. Ma oltre a questioni di ordinaria amministrazione come queste, Bollati era chiamato ad affrontare quelle tipiche di un «manager degli autori», come lui stesso si definiva in una lettera a Marina Jarre[20]. Non a caso Jarre fu una delle prime autrici da lui aiutate a trovare

[15] Bollati a Cantimori, 24 novembre 1954.

[16] Lettera del 2 ottobre 1961.

[17] Lettera del 3 aprile 1962.

[18] Lettera del 15 novembre 1962 (AE, cart. 175, fasc. Gianni Rodari).

[19] Lettera del 29 novembre 1962 (Archivio Mario Rigoni Stern, presso la Biblioteca Civica di Asiago [AMRS], fasc. Giulio Einaudi editore).

[20] Lettera del 20 settembre 1974.

una voce letteraria propria, anche a costo di opporle alcuni iniziali rifiuti (*Un leggero accento straniero*). Lo stesso fece per Elsa Morante quando, dopo quasi vent'anni di silenzio narrativo, la rassicurò che la *Storia* aveva la forza di trascinare «come un aquilone» anche un lettore addestrato come lui[21]. Nel caso di Lalla Romano, poi, Bollati continuò ad accompagnarne la carriera fino a *Un caso di coscienza*, ovvero anche dopo le sue dimissioni dall'Einaudi, «contento di essere stato almeno un poco tuo editore»[22].

La scelta dei libri e il rapporto con gli autori erano tuttavia solo due elementi di un processo imperniato in realtà sulla costruzione delle collane, di cui Bollati fu un convinto sostenitore. Le prime collezioni di cui si occupò preesistevano al suo ingresso (i «Saggi», la «Piccola Biblioteca Scientifico-letteraria») o avevano un responsabile esterno (la «Biblioteca d'arte», la «Collana storica di architettura»), ma la sua capacità ideativa cominciò presto anche in questo ambito a dare frutti. Il primo fu «Studi e ricerche» (1955), una collana «volta a legare alla Casa i giovani studiosi piú promettenti nei vari campi delle discipline umanistiche» che, nonostante lo scarso successo commerciale, avrebbe rappresentato, come pronosticato dal suo ideatore, «una specie di vivaio di futuri autori per i "Saggi" e per le altre nostre collane»[23]. Riconducibili a lui anche la messa a punto in chiave filologica della «Nuova Universale Einaudi» (1962); l'indirizzo multidisciplinare impresso alla «Nuova Biblioteca Scientifica Einaudi» (1965); lo spunto per una collezione a cavallo tra lettura e visione quale «Einaudi Letteratura» (1969); il progetto di un filone della «Piccola Biblioteca Einaudi» dedicato ai classici della cultura (1975); ma soprattutto la realizzazione del «Nuovo Politecnico», una collana d'attualità destinata a diventare una delle piú influenti degli anni della contestazione.

L'idea del «Nuovo Politecnico» era maturata nel corso di alcune riunioni editoriali del 1965 con l'apporto a distanza di Vittorini, la cui rivista di politica e cultura «Il Politecnico» ne costituiva sin dal nome il punto di riferimento ideale (in una lettera a Roland Barthes del 19 dicembre 1965 Vittorini la descriveva come «une

[21] Bollati a Morante, 25 febbraio 1974.

[22] Bollati a Romano, 11 novembre 1991 (Archivio Lalla Romano, presso la Biblioteca Nazionale Braidense, Corrispondenza, fasc. Giulio Bollati).

[23] Cosí Bollati nel verbale della riunione editoriale del 9 giugno 1954 (*I verbali del mercoledí. Riunioni editoriali Einaudi 1953-1963*, a cura di Tommaso Munari, Einaudi, Torino 2013, pp. 110-11).

espèce de revue par volumes»)[24]. Ma fu Bollati a tradurre questa idea in un programma, ad alimentarlo di titoli, a metterne a fuoco filoni. Due di particolare rilevanza e originalità: quello dei movimenti anti-istituzionali, inaugurato dall'*Istituzione negata* di Franco Basaglia e dei suoi collaboratori (descritti da Bollati come un nugolo di mosche che a furia di sbattere contro un vetro riescono ad attraversarlo)[25] e proseguito con le opere di Erving Goffman, Noam Chomsky, Michel Foucault; e quello di teoria della fotografia, avviato dall'*Opera d'arte nell'era della sua riproducibilità tecnica* di Walter Benjamin e continuato con i saggi di Roland Barthes, Gisèle Freund, Susan Sontag.

Nel corso dei suoi anni all'Einaudi, da mero serbatoio per l'illustrazione dei libri, la fotografia si era infatti trasformata in oggetto di costante riflessione. «Siamo in età fotografica o, se preferisci, del tardo dagherrotipo», aveva scritto a Roberto Battaglia il 26 marzo 1958 in merito all'apparato illustrativo della *Prima guerra d'Africa*, «e noi incliniamo a dare la preferenza a questo tipo di materiale cosí raro e importante piuttosto che alle solite incisioni e ai soliti disegni e caricature». Di illustrazione in illustrazione, Bollati aveva imparato a conoscere lo straordinario patrimonio fotografico nascosto negli archivi italiani (da quello del Comitato olimpico nazionale a quello dell'Istituto geografico militare, a quello sterminato dell'Istituto Luce) fino a maturare la convinzione che la fotografia rappresentava una preziosa quanto trascurata fonte storica: «Se si ricostruiscono intere epoche umane su pochi cocci di terracotta e schegge di ossidiana», avrebbe scritto a Norberto Bobbio il 16 dicembre 1979, «perché dovremmo continuare a considerare soltanto sussidiaria o minore della parola scritta la sterminata massa di informazioni che la civiltà industriale ci fornisce in misura illimitata?»

Da questa constatazione era nato il pionieristico saggio sul «modo di vedere italiano» che apriva il secondo volume degli *Annali* della *Storia d'Italia* Einaudi: un album di 676 fotografie rintracciate da Bollati in decine di archivi pubblici e privati, che documentavano non tanto la storia del nostro paese tra Otto e Novecento quanto il modo in cui era stato guardato attraverso un obiettivo che, a dispetto del nome, era tutt'altro che neutrale o imparziale[26].

[24] Elio Vittorini, *Dai «Gettoni» al «Menabò». Lettere 1956-1965*, a cura di Edoardo Esposito e Carlo Minoia, Scalpendi, Milano 2021, p. 699.

[25] Bollati a Giovanni Jervis, 26 gennaio 1968.

[26] Giulio Bollati, *Note su storia e fotografia*, in *Storia d'Italia. Annali 2. L'immagine fotografica 1845-1945*, a cura di Carlo Bertelli e Giulio Bollati, Einaudi, Torino 1979, pp. 5-55.

Lo stesso approccio che – sebbene sul piano ideologico anziché fotografico – caratterizzava il saggio *L'Italiano* pubblicato nel primo volume della suddetta *Storia d'Italia*[27].

Avendo accettato di occuparsi, vuoi per esigenza editoriale vuoi per sfida personale (l'uomo era tanto intelligente quanto consapevole di esserlo), del tema piú scivoloso dell'impresa, il «carattere degli italiani», Bollati aveva deciso di trattarlo «non come un dato, ma come un "progetto" che gli ingegneri dell'ideologia – delegati dal potere o spontaneamente – hanno elaborato e continuamente aggiornato a partire dalla Rivoluzione francese»[28]. Un'intuizione che gli aveva consentito di compiere un'originale ed erudita scorribanda nel suo amato Ottocento alla ricerca di una possibile intersezione fra tradizione e modernità. Già da alcuni anni, del resto, Bollati vagheggiava l'idea di un libro su Manzoni, Leopardi, Mazzini, Cuoco, Melzi d'Eril, i giacobini e i moderati, da intitolare temerariamente «L'ideologia italiana»[29]; e ancor da prima accarezzava il progetto di una grande opera sulla storia d'Italia che permettesse all'Einaudi d'imporsi sia nel dibattito storiografico sia sul mercato rateale[30].

Pur essendosi laureato in letteratura italiana con Luigi Russo, Bollati aveva infatti maturato un forte interesse per la storia (si considerava allievo di Delio Cantimori)[31] che sul piano editoriale si era tradotto in un continuo tentativo di far dialogare le due discipline, culminato nel progetto di una collana che ne teorizzava quasi una fusione. Concepita nel 1975 come «un disegno della storia del mondo» e al contempo «una linea di letteratura universale», l'«Einaudi Biblioteca Giovani» mirava appunto a «far coincidere letteratura e conoscenza del mondo storico» intrecciando opere

[27] Id., *L'Italiano*, in *Storia d'Italia*, a cura di Ruggiero Romano e Corrado Vivanti, I: *I caratteri originali*, Einaudi, Torino 1972, pp. 949-1022.

[28] Bollati a Bobbio, 17 febbraio 1970.

[29] Bollati a Cantimori, 29 novembre 1964.

[30] Nel corso della riunione editoriale del 4 novembre 1954 aveva presentato il progetto di un *Dizionario storico dell'Italia moderna* dall'età delle riforme alla prima guerra mondiale (*I verbali del mercoledí* cit., pp. 154-55). Sull'origine e sullo sviluppo di questo progetto, cfr. Luisa Mangoni, *Pensare i libri. La casa editrice Einaudi dagli anni trenta agli anni sessanta*, Bollati Boringhieri, Torino 1999, pp. 789-801.

[31] Ammesso alla classe di Lettere della Scuola Normale nel 1942, dopo l'8 settembre 1943 fu impiegato come marcatempo in un cantiere di Novara requisito dai tedeschi. Nel marzo del 1945 ritornò a Parma e si uní ai partigiani, venendo destinato alla sezione Stampa e radio del Comando unico Est Cisa. Ripresi gli studi alla fine di quell'anno, conseguí il diploma di licenza in Letteratura italiana e Storia nel 1948. Nello stesso anno ottenne la laurea in Lettere all'Università di Pisa discutendo una tesi sul Romanticismo italiano (ricavo queste informazioni dal fascicolo di Bollati conservato nell'Archivio storico della Scuola Normale Superiore di Pisa).

narrative e storiografiche, classiche e moderne, nella convinzione che la letteratura non dovesse essere «un'ancella della storia; né questa di quella»[32]. Un tentativo estremo di pedagogia editoriale che al mercato dell'epoca piacque solo in parte.

L'«Einaudi Biblioteca Giovani» fu l'ultimo progetto elaborato da Bollati per Einaudi. Nella seconda metà degli anni settanta, la progressiva trasformazione della casa editrice in un'azienda moderna determinò di fatto una riduzione del suo spazio ideativo e operativo, solo in parte compensata dalla nomina a direttore generale nel 1978. Quel ruolo, osservava Bollati nella sua lettera di dimissioni di poco successiva, era e sarebbe rimasto sempre di Einaudi, «e qualsiasi tentativo di farmi posto modificando in parte la situazione, anche ispirato alla miglior buona volontà, ha portato soltanto a moltiplicare gli inconvenienti»[33].

A questo mal digerito dualismo direttivo si aggiungeva una profonda insoddisfazione intellettuale che lo aveva portato a rimettere in discussione gran parte della sua vita. «Ho l'impressione», scriveva a Elsa Morante il 25 febbraio 1977, «di aver perduto troppo tempo fidandomi di gruppi, di "idealità comuni", di "compiti collettivi", che adesso mi si rivelano un po' una beffa». Questi gruppi, che in una lettera a Cantimori Bollati definiva «tribú», erano la Scuola Normale di Pisa, il Partito comunista e la casa editrice Einaudi[34]. L'apertura allo studio che gli aveva dato la Normale si era svelata asfittica e consortile. La fede comunista che aveva professato dall'immediato dopoguerra era stata incrinata dai fatti d'Ungheria (si leggano, in proposito, i suoi accorati appelli ai comunisti, qui inclusi). E quell'irripetibile gruppo di intellettuali raccoltosi nel tempo attorno a Giulio Einaudi si era ormai sfarinato in tante piccole individualità.

«A differenza di molti di voi amici», scriveva a Cesare Cases il 24 gennaio 1979, «io avevo scelto di essere soltanto editore, perché ci credevo, mi piaceva, lo sapevo fare. Ora attraverso un periodo difficile di adattamento a non so bene che cosa». La ricerca e la scrittura, per le quali avrebbe avuto una predisposizione naturale, erano rimaste fondamentalmente atti mancati. Sfumati i progetti di un'edizione delle *Operette morali*, di un dizionario iconografico del Risorgimento, di una raccolta del «Giornale italiano» di Cuoco, di un manuale di letteratura italiana e di un saggio sugli

[32] Bollati a Nuto Revelli, 18 settembre 1975.

[33] Bollati a Einaudi, 11 settembre 1978.

[34] Bollati a Cantimori, 27 novembre 1961 (ADC, Corrispondenza, fasc. Giulio Bollati).

anni milanesi di Silvio Pellico, si erano concretizzati solo quelli di un'edizione delle *Tragedie* di Manzoni (1965) e di una della *Crestomazia italiana* di Leopardi (1968), oltre ai già citati contributi alla *Storia d'Italia*[35]. Per il resto, quel palpitante Ottocento italiano di cui conosceva ogni faccia era rimasto soltanto un prisma attraverso cui leggere e valutare i libri degli altri.

Le opere di Leopardi e Manzoni costituivano ovviamente le pietre di paragone per ogni sua lettura (*La Storia* di Elsa Morante, per fare un solo esempio, veniva interpretata da Bollati alla luce delle riflessioni del primo sul progresso e del secondo sugli umili)[36], ma categorie interpretative altrettanto convincenti traeva da Verri, Cuoco, Gioberti, Cattaneo e molti altri letterati del Sette-Ottocento[37]. Esemplare in tal senso la lettera-stroncatura di *Se una notte d'inverno un viaggiatore* (nove fitte pagine manoscritte!) in cui trascinava Calvino – proprio lui cosí proiettato nel nuovo millennio – in un pozzo senza fondo di allusioni e riferimenti alla cultura del passato. E questo costante specchiare il presente nel passato avrebbe caratterizzato anche l'ultima fase della sua vita lavorativa.

Dopo le sue dimissioni da dirigente nel 1978, vennero quelle da consulente – un incarico che aveva chiesto e ottenuto di mantenere – nel 1980, a causa dell'ormai profonda insofferenza per un metodo di lavoro che aveva esautorato il consiglio editoriale delle sue funzioni in favore di progetti fortemente individuali qual era ad esempio l'*Enciclopedia* diretta da Ruggiero Romano. Nel suo ultimo anno di lavoro all'Einaudi Bollati si occupò, quasi in disparte, di alcune iniziative speciali (il potenziamento delle pubblicazioni scolastiche, l'ideazione di alcuni *Annali* della *Storia d'Italia* poi non realizzati) e delle relazioni con certi autori («Altero come un Grande di Spagna», scriveva a proposito di Giorgio Bassani in una relazione sui suoi incontri del 1980, «mi ha guar-

[35] Tutti i suoi saggi editi sono stati raccolti in Giulio Bollati, *L'italiano. Il carattere nazionale come storia e come invenzione*, Einaudi, Torino 1983, e, postumo, Id., *L'invenzione dell'Italia moderna. Leopardi, Manzoni e altre imprese ideali prima dell'Unità*, introduzione di Alfonso Berardinelli, Bollati Boringhieri, Torino 2014. In una lettera a Ermanno Cavazzoni del 26 ottobre 1990 confessava anche il desiderio di scrivere un saggio su Calvino scrittore (ne aveva pubblicato uno su *Calvino editore*, in *Calvino e l'editoria*, a cura di Luca Clerici e Bruno Falcetto, Marcos y Marcos, Milano 1993, pp. 1-19): «Ma di solito io non so andare oltre i primi appunti» (Archivio Giulio Bollati, Torino).

[36] Il 28 luglio 1969 dichiarava a Bruno Biral «di verificare sempre tutto quello che leggo *anche* da una angolatura leopardiana».

[37] Il 19 settembre 1989, annunciandogli la pubblicazione del saggio *Giovanni Gentile filosofo europeo* di Salvatore Natoli, Bollati scriveva a Eugenio Garin di aver «sempre letto Gentile come un discendente di Gioberti» (Archivio Eugenio Garin, presso la Scuola Normale Superiore di Pisa [AEG], fasc. Giulio Bollati).

dato dall'alto della sua bassa statura per notificarmi che non partecipa a presentazioni»)[38].

Seguí un periodo di peregrinazioni editoriali che lo portò prima al Saggiatore (come amministratore delegato), poi alla Mondadori (come consulente della direzione) e quindi di nuovo all'Einaudi, ma ormai commissariata (come direttore generale per la programmazione): tre case editrici in cui non riusciva a identificarsi ed era costretto a lavorare mancandogliene una propria: «Cosa che a questo punto», confessava all'amico Sebastiano Timpanaro, «mi dispiace un po'»[39].

La propria casa editrice la trovò infine nel 1987, quando la sorella Romilda rilevò la Boringhieri trasformandola nella Bollati Boringhieri. Il 22 aprile di quell'anno Bollati poteva finalmente annunciare a Franco Fortini: «Stiamo cercando di costruire una casa editrice indipendente, punto di raccolta per amici congeniali, alla vecchia maniera. Le basi sono solide, le prospettive di un graduale ampliamento assai piú che un'intenzione»[40]. «Alla vecchia maniera» significava ovviamente alla maniera dell'Einaudi, il che implicava un'idea di editoria come lavoro di gruppo, l'esistenza di un potenziale lettore enciclopedico e soprattutto una visione unitaria della cultura (scientifica *e* umanistica)[41]. Che con la Bollati Boringhieri Bollati intendesse proseguire un discorso cominciato all'Einaudi è del resto confermato dalla stessa proposta che rivolgeva a Fortini: «un'antologia ideale, simile a quella che proposi a Primo Levi e che ebbe successo»[42]. E anche la prima collana che inaugurò per la nuova impresa era un modo per riannodare i fili: «Temi», scriveva a Eugenio Garin il 18 luglio 1988 proponendogli di collaborarvi, «è la collana con la quale continuo il mio amatissimo "Nuovo Politecnico"; vi pubblichiamo idee e ipotesi, interventi e provocazioni intellettuali, novità culturali, riflessioni critiche, proposte ecc.»[43].

[38] Bollati a Einaudi, 16 maggio 1980 (AE, Corrispondenza interna, cart. 2, fasc. 1980).

[39] Lettera del 14 febbraio 1983 (Archivio Sebastiano Timpanaro, presso la Scuola Normale Superiore di Pisa, fasc. Giulio Bollati).

[40] Archivio Franco Fortini, presso l'Università degli Studi di Siena, fasc. Giulio Bollati.

[41] Giulio Bollati, *Le ragioni delle nostre scelte*, in «Titoli correnti. Notiziario Bollati Boringhieri», n. 1, maggio 1992, p. 3.

[42] *La ricerca delle radici. Antologia personale*, Einaudi, Torino 1981. Nella lettera a Fortini, Bollati spiegava che «Antologia ideale può essere ricerca delle radici (e dunque una autobiografia intellettuale attraverso le letture), può essere ricostruzione ripensata e diversa di un itinerario tra valori e suggestioni quale oggi ti appare piú giusto, può invece guardare avanti, al dover essere».

[43] AEG, fasc. Giulio Bollati.

«"Nei secoli fedele" allo spirito einaudiano d'alta epoca», scriveva di sé a un'amica di vecchia data[44]. Ma non era solo questo. Lo sguardo di Bollati, seppure sempre acuto nel leggere la società e il presente, era ormai fatalmente rivolto a se stesso e al passato. Grandi ripensamenti storici e autobiografie minime divennero il marchio distintivo della sua politica editoriale.

Nel 1991 uscí il già citato *Una guerra civile* di Pavone, che Bollati presentò agli amici come l'occasione per una riflessione interiore: «In questa confusione di idee, in questa nebbia su terrorismo, stragi, Piano Solo, P2, Gladio, tra le "esternazioni" di Cossiga, le incertezze di chi dovrebbe governare, le proposte, le controproposte, Claudio Pavone con questo lavoro propone a noi un esame di coscienza»[45]. Lo stesso poteva dirsi per un'opera pubblicata quasi contemporaneamente, ma di tutt'altro tipo, quale *Servabo* di Luigi Pintor, il maggior successo della Bollati Boringhieri: «A me è piaciuto per l'understatement, quasi la riluttanza a dire, a fare nomi e date, a fare "memoriale"», scriveva a Norberto Bobbio il 9 maggio 1991: «È soltanto l'essenza di una vita, e anche la politica [...] è vista soltanto nella sua radice di impegno etico personale. Mi pare che il senso generale del libro e della posizione attuale di L. P. sia un po' questo: meglio sconfitto come me che vincitore come voi. E orgogliosamente il nostro scaglia in faccia al nemico non la stampella ma addirittura lo stemma di famiglia»[46]. Esattamente quello che Bollati provò a fare, per i pochi anni che gli restarono, con la sua nuova casa editrice. Questa volta davvero *sua*.

TOMMASO MUNARI

Ringrazio Agnese Incisa per l'aiuto partecipe e generoso che mi ha dato nel corso di questo lavoro.

[44] Bollati ad Annamaria Gandini, 26 febbraio 1988 (Archivio Milano Libri, presso gli Archivi della Parola, dell'Immagine e della Comunicazione, Milano, fasc. Giulio Bollati).

[45] Bollati a Mario Rigoni Stern, s.d., ma giugno-luglio 1991 (AMRS, Corrispondenza per anno, 1991).

[46] Archivio Norberto Bobbio, presso il Centro Studi Piero Gobetti, Torino, cart. 364, fasc. Giulio Bollati. Questa lettera, assieme ad altre diciannove del periodo della Bollati Boringhieri, si può leggere in appendice a *Giulio Bollati. Lo studioso, l'editore*, Bollati Boringhieri, Torino [2002], pp. 95-114. Fra i vari saggi inclusi in questa plaquette, tengo a segnalare Luisa Mangoni, *Giulio Bollati all'Einaudi*, pp. 43-48, a cui sono particolarmente debitore.

Avvertenza

La trascrizione dei documenti è in tutto conforme all'originale fuorché per la correzione tacita dei refusi e l'uniformazione di titoli (in corsivo) e collane (fra virgolette). Le sottolineature sono state rese in corsivo e le virgolette sempre abbassate. I tagli e le aggiunte del curatore sono riportati fra parentesi quadre. Salvo diversa indicazione in nota, è da intendersi che i progetti editoriali menzionati nelle lettere non furono realizzati. Nelle note sono state usate le seguenti abbreviazioni:

AB	Archivio Boringhieri, presso la casa editrice Bollati Boringhieri, Torino.
ACC	Archivio Cesare Cases, presso l'Università degli Studi di Siena.
ACL	Archivio Cesare Luporini, presso la Scuola Normale Superiore di Pisa.
ADC	Archivio Delio Cantimori, presso la Scuola Normale Superiore di Pisa.
ADP	Archivio Daniele Ponchiroli, presso l'omonima Fondazione, Viadana.
AE	Archivio Einaudi, presso l'Archivio di Stato di Torino, serie Corrispondenza.
AEM	Archivio Elsa Morante, presso la Biblioteca Nazionale Centrale di Roma.
AFB	Archivio Franco Basaglia, presso l'Istituto Veneto di Scienze Lettere ed Arti di Venezia.
AFF	Archivio Franco Fortini, presso l'Università degli Studi di Siena.
AFV	Archivio Franco Venturi, presso gli eredi, Torino.
AGB	Archivio Giulio Bollati, presso Agnese Incisa, Torino.
AGM	Archivio Giovanni Macchia, presso la Biblioteca Nazionale Centrale di Roma.
AIC	Archivio Italo Calvino, presso la Biblioteca Nazionale Centrale di Roma.
ALS	Archivio Leonardo Sciascia, presso l'omonima Fondazione, Racalmuto.
AMJ	Archivio Marina Jarre, presso gli eredi, Torino.
ANB	Archivio Norberto Bobbio, presso il Centro Studi Piero Gobetti, Torino.
AST	Archivio Sebastiano Timpanaro, presso la Scuola Normale Superiore di Pisa.

LETTERE E SCRITTI EDITORIALI

Ad Antonio Giolitti, Roma

Torino, 25 ottobre 1949

Caro Giolitti,

in sostituzione di Scassellati ho l'incarico di occuparmi della Pbsl sul Teatro, perciò ti rispondo io[1]. Il contratto a Guerrieri è già stato spedito da qualche giorno, con una lettera che lo avvertiva che il suo progetto gli sarebbe stato restituito da te[2].

Quanto alle osservazioni che io o altri qui della redazione possiamo fare, si riassumono in una sola di carattere generale: la distribuzione della materia risulta poco organica, e sarebbe desiderabile, tenuto conto del pubblico della Pbsl, che il particolare discorso che Guerrieri si propone di fare sul teatro, si organizzasse in un piano espositivo piú semplice e lineare, evitando il libero andare e venire che è proprio di un saggio.

Mi pare infatti che si possa individuare nel progetto di Guerrieri un saggio che potrebbe avere il titolo di «Crisi del teatro contemporaneo», saggio che sarebbe certo molto interessante, in quanto porrebbe la questione del teatro in modo attuale; ma le difficoltà nascono dall'intrecciarsi continuo di questo saggio sottinteso e delle parti espositive, tecniche e storiche, intrecciarsi che porta a ripetizioni e a concessioni reciproche di una parte all'altra. Vedi per esempio il capitolo «Da Goethe a noi» che arriva un po' inaspettato dopo quelli che precedono e che comunque riprende un discorso già avviato piú volte (una sola tra le tante coincidenze tra questo e altri capitoli: al paragrafo «Crisi della drammaturgia. Influenza del cinema» corrisponde, nel capitolo «Epoche di crisi» a una «Storia dello spettacolo contemporaneo come crisi del personaggio e della parola di fronte ad altri mezzi di espressione»).

Evidentemente il capitolo «Da Goethe a noi» va inteso come l'inizio di un discorso conclusivo nella linea «Crisi del teatro contemporaneo»: ma, subito dopo, le solite esigenze di informazione esigono che il richiamo al teatro popolare si sviluppi in una storia sia pure breve del teatro popolare e dialettale, che spezza di nuovo il discorso e può sviare il lettore che non sappia seguire il filo sottinteso dell'esposizione.

Non so se tu veda come me il pericolo di avere un Pbsl-saggio che poi non sarebbe né l'uno, né l'altro.

Non si potrebbe raggruppare e distinguere *quanto è possibile* la parte storica e la parte tecnica, e raccogliere poi tutte le conclusioni parziali in una conclusione generale sul teatro di oggi? Unisco l'indice del Sadoul, non per proporlo a modello, ma per spiegarmi meglio[3].

Ti sarò grato se mi farai sapere qualcosa.

Un saluto cordiale.

[Bollati]

Copia ds siglata; AE, cart. 96, fasc. Antonio Giolitti.

[1] Compagno di studi di Bollati alla Normale di Pisa, il redattore Ubaldo Scassellati ne aveva favorito l'ingresso all'Einaudi nell'estate precedente. La «Piccola Biblioteca Scientifico-letteraria» era una collana di carattere divulgativo suddivisa in due serie: una saggistica (rossa) e una narrativa (grigia). Antonio Giolitti era il responsabile della sede romana dell'Einaudi assieme a Carlo Muscetta.

[2] Gerardo Guerrieri aveva proposto all'Einaudi un volume storico-tecnico sul teatro, in seguito non pubblicato.

[3] Georges Sadoul, *Il cinema*, 1949, terzo titolo della Pbsl.

A Delio Cantimori, Pisa

Torino, 6 marzo 1950

Caro Professore,

mi sono reso conto di aver tardato un po' troppo a scriverLe quando, le due o tre volte che ho tentato di farlo, ho visto l'introduzione di scuse e di spiegazioni allungarsi fino a occupare buona parte della lettera. Perciò questa volta salto senz'altro l'introduzione, affidandomi alla speranza di non essere stato ancora mandato al diavolo come reo di diserzione o di pigrizia incurabile. Conto del resto di venire a trovarLa a Pisa, fra non molto, e di poterLe fare a voce quelle confessioni di un figlio del secolo che, data la posizione da me assunta pubblicamente nei confronti del romanticismo, non mi sento di farLe per iscritto.

L'occasione per decidermi a scriverLe mi è stata offerta da Einaudi, che tornato da Roma mi ha trasmesso le Sue rimostranze e mi ha detto di «Società» e della «Storia Universale»[1]. Queste notizie mi hanno fatto molto piacere, non solo perché incoraggiano indirettamente una mia recente ripresa di lavoro personale, ma anche per ragioni sportive, o se preferisce per spirito di corpo o per vanità di antico allievo e aiutante. Scherzi a parte, sono assai lieto di vedere legato il Suo nome a queste due imprese, una delle quali assai grossa, e vorrei non vederle cadere. Se fossi ancora a Pisa avrei la possibilità di darLe noia con consigli non richiesti e insistenze moleste: ma qualcosa posso fare anche da Torino, sia come privato che come funzionario editoriale, visto che i miei voti personali coincidono con quelli di Einaudi. Mi dica se posso esserLe utile in qualche modo.

Di me ho ben poco da dirLe, tolto il lavoro editoriale al quale mi sono esclusivamente dedicato e le solite complicate vicende di strategia familiare (in questo momento è a Torino la maggiore delle mie sorelle, che sarà operata fra qualche giorno di appendicite). Solo da pochissimo tempo ho ripreso in mano le mie carte e i miei appunti, e mi sono messo a studiare il modo di realizzare almeno uno dei miei tanti e ambiziosi progetti. Non posso pensare a lavori perfettamente finiti, ma per cominciare mi accontenterei di fissare delle linee di ricerca sufficientemente se non proprio esaurientemente documentate. A parte che ragioni pratiche, e non solo pratiche, mi impediscono di risolvere fino in fondo certe questioni, penso che anche questo genere di lavoro oggi possa essere utile. Cosa ne pensa?

E Lei cosa fa? Come stanno Ferguson, il *Capitale*, il «gallo rosso»?[2].

Spero che quest'anno la Sua salute vada meglio, che la vita di Pisa sia meno noiosa, che non ci sia tutti i giorni un incidente diplomatico o una delicata questione da risolvere. Se non ha intenzione di ripagarmi con un silenzio di otto o nove mesi, può scrivermi da Einaudi, o a casa (presso Falletti, Via Bonafous 6). Spero comunque di rivederLa presto. Molti auguri di buona salute e di buon lavoro e cordialissimi saluti. Suo

G. Bollati

Lettera ds su carta intestata «Giulio Einaudi editore»; ADC, Corrispondenza, fasc. Giulio Bollati.

[1] Già professore di Bollati alla Normale e collaboratore dell'Einaudi dal dopoguerra, Cantimori aveva accettato di entrare nel comitato di redazione della rivista «Società» e di collaborare con Federico Chabod al progetto di una Storia universale in piú volumi.

[2] Il filosofo Adam Ferguson, *Il capitale* di Marx e la Guerra dei contadini in Germania (combattuta con l'arma del «gallo rosso», l'incendio doloso) erano oggetto delle lezioni e delle ricerche di Cantimori. Del *Capitale*, inoltre, stava traducendo il primo libro per le edizioni di Rinascita.

Ad Antonio Giolitti, Roma

Torino, 4 aprile 1950

Caro Giolitti,

Cantimori ha fatto due proposte: la *Lessing-Legende* di Mehring e un recente libro di Abush sulla revisione della storia tedesca dalla Riforma in poi, ora adottato nelle scuole della Repubblica democratica tedesca[1]. Se non lo ha già fatto, te ne parlerà lui stesso; comunque gli ho scritto che ti avrei avvertito. Propone anche un traduttore.

Nell'ultima riunione, e d'accordo con Cantimori, si è deciso di risolvere in qualche modo la questione del Romano (*Storia del movimento operaio*), che si trascina da troppo tempo. Finora Romano ha mandato le prime cento pagine, insufficienti per dare un giudizio (Cantimori) e non troppo convincenti (Serini)[2]: bisognerebbe dirgli che se non consegna subito tutto il libro, non se ne farà piú niente (il contratto è già scaduto). Dimmi se vuoi parlargli tu o se preferisci che mandiamo una lettera noi.

Il libro sulla Cina rappresenta un'ottima occasione per la Pbsl che non vorremmo perdere; l'indice promette molto. Ma il primo capitolo, forse perché è il primo e s'intitola *Considerazioni generali*, riserva qua e là qualche sorpresa quando l'autore si lascia andare a giudizi e a digressioni che hanno il tono e il linguaggio della polemica giornalistica e neppure di quella migliore, non aggiungono niente all'efficacia del libro e urtano invece il lettore. Qualche esempio: il giudizio sul cristianesimo messo in bocca a un amico cinese (pagg. 20-21: «Quando il cristianesimo ha trionfato da voi, la civiltà occidentale è morta», «il cristianesimo non vi ha dato niente». Spano commenta: «Questo giudizio del mio amico cinese, per quanto contenga incontestabili elementi di verità, mi pare non possa essere accettato senza riserve e senza chiarimenti», e passa oltre); affermazioni come «il popolo cinese non ha il bernoccolo della religione»; il confronto, per spiegare l'atteggiamento religioso dei cinesi, con la «beghina che vota democristiano»; il modo estremamente sbrigativo di liquidare tutti quelli che si sono occupati della Cina senza capirla (nel paragrafo *Comprendere la Cina*), ivi compreso un sinologo francese di cui non si fa il nome «per compassione umana» e i missionari «partiti dall'insulso pregiudizio della superiorità del cristianesimo». Poi «sgherri», «smidollati», ecc.:

un linguaggio che toglie ogni valore alle cose anche giuste. Tutto va molto meglio quando l'autore si tiene ai fatti, il che fa sperare che il resto del libro non sia cosí accidentato. In conclusione, da quello che si è visto finora, il libro guadagnerebbe molto se fosse un po' «ripulito», e se fosse tenuto su un tono piú uniforme di analisi e di esposizione. Ne parli tu a Spano?

Per il Lewis, Einaudi ha deciso di scrivere agli editori spiegando le ragioni del rifiuto di *Economic Survey* e chiedendo *Principles of Economic Planning*.

Per la *Questione meridionale* ho scritto tempo fa a Romano senza avere risposta[3]. Anche Guerrieri tace. Napoleoni annuncia invece il prossimo invio della traduzione dell'Eaton[4].

Un saluto cordiale.

[Bollati]

Ho guardato anch'io lo Spano e sono dello stesso avviso di Bollati. Credo che la realtà cinese sia abbastanza eloquente di per sé senza bisogno di una carica polemica troppo piú debole dei fatti che commenta.

Calvino[5]

Copia ds siglata; AE, cart. 96, fasc. Antonio Giolitti.

[1] Dei due libri proposti da Cantimori fu tradotto solo *Storia della Germania moderna* di Alexander Abush (Pbsl, 1951).

[2] Paolo Serini, redattore responsabile della «Biblioteca di cultura storica» e dei «Saggi».

[3] Salvatore Francesco Romano stava scrivendo un *Avviamento alla questione meridionale*.

[4] Dei progetti di pubblicazione menzionati si concretizzò solo l'ultimo: *Economia politica. Introduzione alla teoria economica marxista* di John Eaton uscí nella Pbsl quello stesso anno.

[5] Italo Calvino era responsabile della sezione narrativa della Pbsl.

A Delio Cantimori, Pisa

Torino, 19 maggio 1950

Caro Delio,

rispondo alle tue due lettere dopo averle lette nel solito modo nel nostro senato. I due argomenti da te avanzati per esimerti da un giudizio sulla proposta di Bulferetti, erano ineccepibili e «tenevano», specie il secondo[1]. Questo non toglie che Einaudi, se ho bene interpretato il suo silenzio, ha afferrato a volo quel tanto in te di «mancanza d'entusiasmo» per la proposta, che lo renderà a sua volta non molto entusiasta e guardingo. Ad ogni modo la pratica del caso segue il suo corso, e si chiederà il manoscritto. Le grane se mai verranno in seguito: per ora, messoti tu fuori della questione, chi si sente in posizione incomoda è Serini.

Quanto a Natoli, il volume è stato esaminato e giudicato davvero senza prevenzioni e con franchezza: buoni alcuni saggi, l'insieme però è debole e non fa libro. D'altra parte, un altro volume di saggi di letteratura francese era stato proposto da Bonfantini e rifiutato – nonostante i buoni rapporti di B. con la casa editrice – per le stesse ragioni: si aggiungeva quindi un motivo di equità, valido per tutti e due i proponenti.

Tutti d'accordo sul tuo giovane storico olandese. Scriveremo all'editore chiedendo senz'altro i diritti[2]. Non sono invece riuscito a parlare a Einaudi del tuo contratto: non volevo farlo in pubblico e poi me ne è mancata l'occasione, perché è partito quasi subito. Se per caso lo vedi a Roma, dove probabilmente verrà, se ho ben capito, cerca di avviare il discorso; se no dammi qualche istruzione di cui io possa servirmi per eventuali «pareri» e «consigli».

Ed ora una sottile questione religioso-politico-culturale. Ti allego la proposta di un volume di scritti savonaroliani per l'«Universale». La reazione immediata, spontanea dell'ala laica e radicale della casa editrice, è stata, come spero immaginerai, di decisa opposizione. Ma, appunto, troppo spontanea e troppo decisa: vorremmo che tu ci aiutassi a fare della nostra diffidenza una decisione ragionata e consapevole, che tenesse conto di tutto, anche del buono, se ce n'è; insomma, digiuni di buoni studi di storia religiosa ed ecclesiastica, e ignari delle complicate alchimie interne del mondo cattolico, ci sentiamo imbarazzati come invitati che non sanno usare coltello e forchetta e sanno fare soltanto «sí» e «no» con la testa.

Infine, dovresti mandare a Romano, tramite noi o quelli di Roma, il suo manoscritto. Siamo rimasti d'accordo che rimaneggi come vuole e finisca quando crede il lavoro; poi, senza nessun impegno, ce lo ridarà.

Nient'altro per questa volta. Nessuna novità di rilievo. Balbo è assente da due mesi e tornerà in giugno. Natalia Ginzburg è rientrata oggi dall'Inghilterra[3]. Scassellati lavora alla tesi e probabilmente, per finirla, si ritirerà per un mese dalla casa editrice. Sempre uguale a se stesso, silenzioso solitario e brusco. Pavese, con qualche apertura verso modi di vita piú umani e socievoli, perfino mondani – e in quei casi abbandona la pipa per la sigaretta e, suprema concessione a un mondo che non è quello delle sue colline, ordina non so quale classico whisky scozzese. Non sono ancora riuscito a parlargli per piú di cinque minuti di seguito (mentre con Balbo parlavo per ore, anzi parlava lui, senza che io riuscissi mai bene a capire certe questioni di gravissima filosofia sulle quali poggiava l'intero discorso; ma di lui ti parlerò a lungo, una volta o l'altra).

Scrivimi, appena ne hai tempo e voglia. Vorrei tanto muovermi un po' da Torino, anche per un paio di giorni, per sgranchirmi le gambe e le idee: se ci riesco vengo a trovarti. Ciao, un saluto affettuoso.

Tuo Giulio (B.)

Lettera ms su carta intestata «Giulio Einaudi editore»; ADC, Corrispondenza, fasc. Giulio Bollati.

[1] Luigi Bulferetti aveva proposto all'Einaudi un volume sul socialismo risorgimentale, poi non pubblicato. Non si conserva la lettera in cui Cantimori si sottraeva al compito di giudicarlo, né il verbale del consiglio editoriale («senato») in cui Bollati ne diede lettura.

[2] H. Schulte Nordholt, *Het Beeld der Renaissance. Een historiografische studie*, Querido, Amsterdam 1948.

[3] Felice Balbo dirigeva con Norberto Bobbio la «Biblioteca di cultura filosofica», mentre Natalia Ginzburg si occupava dei «Coralli» e dei «Millenni».

A Elio Vittorini, Milano

Torino, 30 ottobre 1950

Caro Vittorini,

ti mando tutte le tavole a colori, definitive o no, che abbiamo potuto mettere insieme. Einaudi ti prega di non aspettare le quattro che mancano e di far subito la prefazione[1].

Qualche chiarimento: le tavole definitive hanno una D in alto; le altre subiranno modifiche nel colore, in qualche caso notevoli. La numerazione è quella per ordine di collocazione fissata da te. Non impressionarti se trovi qualche errore nei versi-didascalie: al momento di mandarli in tipografia li controllerò accuratamente sul testo (come sai saranno stampati sul retro delle tavole).

Le quattro tavole mancanti sono:

la 9) «E perciò fe' bandir per quel paese | che faria un'altra giostra indi ad un mese», XVIII, 95 (due cavalieri visti di fronte in uno scenario di rupi ad arco; sotto l'arco in distanza una città; particolare di destra degli Argonauti di Parentino di Padova, di cui la tav. 1 è la metà di sinistra);

la 15) «Ma d'alloggiarvi non succede a ognuno...», XXXII, 65 (paesaggio con un castello-rupe a destra e un lungo castello che chiude la prospettiva in fondo, con una strada-fossato che vi conduce percorsa da figurine a piedi e a cavallo; particolare del S. Giovanni di Brera del Cossa);

la 16) «Fugge Baiardo alla vicina selva», XXXIII, 88, è il grande cavallo grigio del Mantegna di Mantova;

la 17) «Nel cerchio della luna a menar t'aggio», XXIV, 67 (particolare di destra del Perseo e Andromeda di Piero di Cosimo: Perseo passa a volo su montagne e case); è la tavola doppia!!

C'è poi la figura del carrettino con dame tirato da due draghi, che però servirà soltanto per il cofanetto e per la pubblicità.

Oltre alla prefazione, ti prego di fare un controllo della paternità di ogni dipinto. Lo farei io (basterebbe credo che mi procurassi l'*Officina ferrarese*)[2] ma non ho un momento di tempo.

Mi pare di averti detto tutto. Saluti da tutti noi. Ciao

[Bollati]

1) Canto I	«al tempo che passaro i Mori / d'Africa il mare» Parentino – Argonauti Padova – tav. Alinari n. 19471
2) Canto III	Angelica fuggente Roberti, Miracoli S. Vincenzo Ferrer Roma – Alinari 7685
3) Canto VI	Alcina e Ruggero Tura, Trionfo di Venere Ferrara – Alinari 10832
4) Canto VIII	Maga Melissa Cossa – Segno Ariete Ferrara – Alinari 10826
5) Canto X	Angelica e il mostro marino Piero di Cosimo – Perseo e Andromeda Firenze – Alinari 881
6) Canto XII	Lode dei cavalieri Cossa – Borso d'Este va a caccia Ferrara – Alinari 10827
7) Canto XIII	Malandrini – «Ma perché se mi serban, come io sono, | Vergine, speran vendermi piú molto» Roberti – Miracoli di S. Vincenzo Ferrer Roma – Alinari 7686
8) Canto XIV-XV	Pagani verso Parigi Parentino – Argonauti Padova – Alinari 19471
9) Canto XVIII	Armi di Marfisa Tura – Trionfo di Vulcano Ferrara – Alinari 10839
10) Canto XIX-XX	«Dieci donzelle con carnal diletto...» Tura – Trionfo di Cerere Ferrara – Alinari 10838
11) Canto XXIV	«Che 'l forsennato e furioso Orlando | trattesi l'arme e sparse al campo avea, | squarciati i panni, via gittato il brando» Cossa e Tura – Segno dell'Ariete Ferrara – Alinari 10826
12) Canto XXVII	«Cosí sen va di gran dolor confuso | il re d'Algier da la sua donna escluso» Roberti – Miracoli di S. Vincenzo Ferrer Roma – Alinari 7687
13) Canto XXIX	«Imita quasi la superba mole | che fe' Adriano all'onda tiberina» Roberti – Miracoli di S. Vincenzo Ferrer Roma – Alinari 7684

14) Canto XXXII	Rocca di Tristano Cossa - S. Giovanni Battista Milano - Alinari 14542
15) Canto XXXIII	«Fugge Baiardo alla vicina selva...» Mantegna - Ritorno dalla caccia Mantova - Alinari 18712
16) Canto XXXIV	Astolfo va nella luna - «Nel cerchio della luna a menar t'aggio» Piero di Cosimo - Perseo e Andromeda Firenze - Alinari 881
17) Canto XXXV	Lode di Ferrara - «Che, volgendosi gli anni, la piú adorna | di tutte le città d'Italia scorgo...» Tura - Sogno del Toro Ferrara - Alinari 10833
18) Canto XXXVII	Lode delle donne - «E di fedeli e caste e sagge e forti | stato ne son, non pur in Grecia e in Roma...» Cossa e Tura - Minerva Trionfante Ferrara - Alinari 10826
19) Canto XXXVIII	Corte del re Carlo Tura e Cossa - Borso esce dal tribunale Ferrara - Alinari 10827
20) Canto XL	I sette re pagani - «Sette di quei ch'in Africa regnaro...» Pisanello - S. Giorgio e la principessa Verona - Alinari 13529
21) Canto XLII	Rinaldo guarito dall'amore per Angelica Pisanello - S. Giorgio e la figlia del re Verona - Alinari 13529
22) Canti XLIII-XLV	Ruggero errante Roberti - Miracoli di S. Vincenzo Ferrer Roma - Alinari 7686
23) Canto XLVI	Nozze di Ruggero a Bradamante Tura - Trionfo di Vulcano Ferrara - Alinari 10839

Copia ds siglata; AE, cart. 221, fasc. Elio Vittorini.

[1] La *Nota alle illustrazioni* di Vittorini si apre con un assunto che Bollati avrebbe messo in discussione nelle sue successive scelte per «I millenni»: «Non è la prima volta che presentiamo un grande libro del passato con illustrazioni tratte dalla pittura dell'epoca in cui il libro fu scritto per cercare di rendere piú evidente, attraverso l'immediatezza d'un corrispettivo pittorico, quanto di umano e vivo ancora oggi se ne stia annidato entro alle sue particolarità cosiddette stilistiche» (Ludovico Ariosto, *Orlando furioso*, 3 voll., a cura di Elio Vittorini, Einaudi, Torino 1950, I, p. xxxiii).

[2] Saggio di Roberto Longhi del 1934.

A Gianfranco Contini, Domodossola

Torino, 9 novembre 1950

Caro Professore,

devo ancora ringraziarLa per il bel Montale-ricordo delle sue giornate pisane[1]: e lo faccio ora, se il ritardo di un anno e mezzo non è eccessivo, cogliendo l'occasione di una lettera che scrivo per conto di Giulio Einaudi (sono nella sua Casa editrice dal luglio dello scorso anno). Mi è sempre rimasto il rammarico di non aver potuto parlare piú a lungo con Lei a Pisa, e di non averLa piú incontrata. Vissuto tra metafisici delle lettere, curiosità, sospetto e soprattutto necessità mi spingevano e mi spingono verso Lei fisico. Ma rimando il seguito della mia autobiografia a un altro momento, e lascio il passo alle questioni editoriali.

Sappiamo della Sua edizione del Petrarca presso l'Editore Tallone. Io non l'ho vista (mi è stata però descritta da Ponchiroli, visto recentemente a Pisa), altri qui a Torino assicurano d'averla vista. Comunque se ne è parlato in una nostra riunione editoriale, e si è pensato di chiederLe se può darci il testo del *Canzoniere* per una edizione – da far subito – nella nuova «Universale». Piú tardi si potrebbe pensare a un'edizione annotata per la «Nuova Raccolta», o a un «Millennio». Ma insomma si potrebbe cominciare con l'«Universale». Ne verrebbe un magnifico libretto. Cosa ne pensa?[2].

C'è poi una proposta che vorrei fare a Einaudi, ma soltanto dopo aver sentito il Suo parere: un volume di Leo Spitzer. Credo siano fuori discussione l'opportunità e l'utilità di una traduzione di Spitzer, ma sono incerto su quale Leo Spitzer, e se fare intero un suo libro o una scelta da vari libri. Può illuminarmi? E ha qualche suggerimento da darmi sulla «linea Spitzer»? (Tenga conto però del «pubblico», che da questo osservatorio si configura come «non ristretto», non di «specialisti e tecnici»).

Scusi il fastidio e grazie fin d'ora. I piú cordiali saluti di Einaudi e miei.

[Giulio Bollati]

Copia ds siglata; AE, cart. 57, fasc. Gianfranco Contini. Già pubblicata con lievi differenze in *Lettere per una nuova cultura. Gianfranco Contini e la casa editrice Einaudi (1937-1989)*, a cura di Maria Villano, Edizioni del Galluzzo, Firenze 2019, pp. 57-58.

[1] Eugenio Montale, *Choix de poèmes*, Éditions du Continent, Genève 1946, per cui Contini scrisse l'introduzione. Bollati aveva conosciuto Contini ai tempi della Normale di Pisa, dove teneva seminari di romanistica.

[2] L'edizione critica dei *Rerum vulgarium fragmenta* stabilita da Contini (Paris 1949) sarebbe stata ripubblicata in un volume della «Nuova Universale Einaudi» solo nel 1964. Sulle ragioni di questo ritardo, cfr. *infra*, Bollati a Muscetta, 18 luglio 1951. Su Daniele Ponchiroli, cfr. *infra*, Bollati a Muscetta, 13 novembre 1951.

A Delio Cantimori, Pisa

[Torino, dicembre 1950]

Caro Delio,

ti rispondo in ritardo anche in un caso che richiedeva la massima sollecitudine. Non volermene. Oltre al lavoro intensissimo di questo periodo (ora mi occupo in parte anche delle collane d'arte e d'architettura, dell'etnologica, di certi «Millenni» come l'*Orlando*)[1] ai viaggi frequenti e ai rapporti con un mucchio di gente, ho avuto un certo numero di noie private: un trasloco, l'influenza, il mal di denti, difficoltà familiari e finanziarie ecc. Adesso godo ottima salute e sono di buon umore. Ma vengo subito alla tua lettera personale, che egoisticamente considero la piú importante. All'altra ho dato una certa pubblicità, facendola leggere a Einaudi, a Scassellati e allo stesso Serini con effetti rassicuranti di distensione e rasserenamento. Ci si è accorti di avere un po' tutti drammatizzato: la tua tesi di un nervosismo generale era abbastanza giusta. Serini si è profuso in dichiarazioni tipo conferenza stampa: «tengo a dire che nutro la piú alta stima e cordialità ecc.»[2].

Rispondo dunque alle tue domande e osservazioni, molto brevemente, perché il tono amichevole della tua lettera mi ha fatto cadere i motivi di lagnanza e mi ha fatto desiderare che ogni discussione sia sepolta e dimenticata. So bene che non tu mi hai chiesto di essere «diplomatico»: volevo solo dire che alla diplomazia, sia pure sempre della piú leale e non ipocrita, mi trovo costretto tutte le volte che si arriva all'irrigidimento di due tesi contrapposte e si profila la minaccia di una polemica non su determinate questioni, ma tra collaboratori (ho sempre di mira la maggior efficienza possibile del lavoro comune: perché fuori del lavoro, ricorderai come fossi io il primo a sollecitare un tuo intervento polemico e possibilmente un duro intervento contra Balbum)[3].

Parlandoti del pericolo che rappresentano per tutti certe situazioni di tensione, non mi riferivo a te in particolare: pensavo piuttosto a un sistema diffuso di cui vedo in Muscetta il tipico rappresentante, che sostituisce all'osservazione l'«invettiva», e non perde occasione per mostrarsi scoraggiato e pessimista tutte le volte che si rivolge a «quelli di Torino»: con effetti psicologici, e quel che piú importa, pratici, assolutamente negativi. Probabilmente il difetto sta negli attuali sistemi di comunicazione:

verbali, controverbali (scritti in uno stile che a distanza riesce il piú delle volte urtante) e poi lettere che magari contraddicono altre lettere ecc. Non dovrebbe essere difficile studiare qualche meccanismo tecnico piú soddisfacente, tanto piú che, a quanto pare, siamo tutti d'accordo.

In una tua lettera precedente mi chiedevi chi sono Fonzi e Filogamo. Fonzi è «uno che sa bene l'inglese», già traduttore della Jandi e Sapi, Pavese lo ha fatto entrare alla Einaudi, dove si occupa di narrativa anglo-americana; vive appartato, fa il suo mestiere un po' burocraticamente e non dà noia a nessuno; non è compagno, è un po' snob, si interessa di cinema, si è sposato da poco, si considera a torto uno scrittore mancato e in genere viene considerato – a torto – un idiota. Filogamo è laureato in legge; ha lavorato alla Fiat e in altre industrie meccaniche; è un esperto di organizzazione industriale, e qui da Einaudi si occupa soprattutto dello sviluppo organizzativo-commerciale-pubblicitario della casa. Partecipa alle riunioni editoriali come osservatore, per essere informato del lavoro della redazione; è un compagno preparato e intelligente e un compagno piacevole (scusa il gioco di parole).

Due notizie che spero ti faranno piacere. Scrivo abbastanza spesso a Bianchi, sempre malato e tetro e isolato a Olgiate-comasco: e forse riuscirò presto a fargli fare una traduzione. C'è poi Codino, del quale mi avevi parlato l'ultima volta che ci siamo visti: per ora traduce l'Abush, ma qui a Torino si è parlato di lui come di un possibile nuovo acquisto, e Einaudi è abbastanza favorevole. Oggi Codino mi ha scritto che farà il perfezionamento a Pisa: ad ogni modo passerà da Torino, e credo potrà contare su una collaborazione continuata, se non gli interessa un posto. Peccato però, perché gli aspiranti sono tanti, e probabilmente se non viene lui verrà un altro*.

Per Torresin non sono ancora riuscito a fare niente: aspetto la prima occasione[4].

Sei guarito? Scrivimi come stai, e se verrai a Torino. Ti vedrò con grandissimo piacere: ho sempre da farti un lungo discorso e non ci sono ancora riuscito. Ti ringrazio per la tua ultima lettera. Ciao, con affetto

Giulio

* Queste notizie circa Codino sono riservate: da un lato perché Einaudi non si è pronunciato in modo esplicito, ma solo a mezze parole lasciando un po' a me la responsabilità di mandare avanti la cosa; dall'altro perché non vorrei che, risaputa la cosa, si scatenasse una caccia al posto di cui sarei ritenuto colpevole.

Lettera ms su carta intestata «Giulio Einaudi editore»; ADC, Corrispondenza, fasc. Giulio Bollati.

[1] Oltre all'allestimento dell'apparato illustrativo dell'*Orlando furioso* pubblicato nei «Millenni» nel 1950, Bollati preparò con Vittorini anche quello delle *Commedie* di Goldoni (1952), compiendo un viaggio in Veneto per selezionare dipinti di Pietro Longhi da riprodurre fuori testo. In seguito Bollati avrebbe svolto analoghe ricerche iconografiche da solo.

[2] Le due lettere di Cantimori non sono conservate, ma verosimilmente spegnevano le polemiche sorte nei mesi precedenti, e testimoniate dai verbali dell'Einaudi, a causa del suo mancato o tardivo coinvolgimento in alcune decisioni editoriali.

[3] Il 7 giugno 1950 Bollati aveva chiesto a Cantimori di esprimersi pubblicamente contro la rivista cattolico-comunista «Cultura e realtà», di cui Felice Balbo era uno degli animatori.

[4] Emilio Bianchi, Fausto Codino e Giuseppe Torresin erano stati compagni di Bollati alla Normale.

A Lamberto Vitali, Milano

Torino, 5 aprile 1951

Caro Signor Vitali,

non oso neppure chiederLe scusa, in compenso però posso darLe finalmente qualche notizia. Il primo volume del Delacroix è in composizione e sarà pronto verso la metà di maggio; gli altri due volumi seguiranno alla stessa distanza e cioè: il secondo a metà-fine luglio, il terzo a metà-fine settembre. Calcolando gli eventuali ritardi di tipografia, le ferie estive ecc., si può prevedere che la composizione dell'intero *Diario* sarà finita entro il mese d'ottobre.

Per quanto riguarda i criteri tipografici, ci è parso meglio non adottare il corsivo per quella parte che Lei ha aggiunto a colmare le interruzioni del *Diario*. Proponiamo un corpo minore dello stesso carattere impiegato per il testo (che è quello normalmente usato nella collana dei «Saggi»): avremmo quindi un corpo 11 per il testo, un corpo 9 per le aggiunte in questione, e un corpo 7 per le note. Se Lei non è d'accordo e insiste per il corsivo, si può ancora parlarne.

Le illustrazioni, con le aggiunte della nuova lista possono bastare: quanto alla richiesta delle foto, non potendo farla io, ci siamo accordati con Federico Arborio Mella di Milano (Viale Maino 17 A) che è a Sua disposizione per la ricerca del materiale necessario[1]. Vuole che mandi la Sua ultima lista ad Arborio Mella o ne ha conservato una copia?

Per i diritti delle riproduzioni da volumi provvederemo invece noi da Torino.

La prego finalmente di scusarmi per l'incredibile ritardo: non è stato facile avviare la macchina Delacroix, ma ora che finalmente si è messa in moto le cose andranno meglio[2].

Coi piú cordiali saluti di Einaudi e miei, mi creda Suo

[Giulio Bollati]

Copia ds siglata; AE, cart. 220, fasc. Lamberto Vitali.

[1] Iconografo editoriale.

[2] I tre volumi del *Diario (1804-1863)* di Eugène Delacroix curati di Lamberto Vitali uscirono nei «Saggi» nel 1954.

A Carlo Ludovico Ragghianti, Firenze

Torino, 6 aprile 1951

Caro Professore,

cercherò di scusarmi per l'incredibile ritardo in fondo alla lettera, e mi affretto a darLe le ultime notizie.

Il manoscritto di *Cinema arte figurativa* è in composizione: le bozze Le saranno spedite verso la fine del mese. Anche una parte dei clichés è in preparazione: ma dovrò scriverLe con precisione di certi originali troppo scadenti per essere riprodotti con successo, e Le chiederò anche il permesso per qualche lieve riduzione del numero complessivo[1].

Anche il Riegl è in tipografia, e ne avremo le bozze nella prima quindicina di maggio[2]. Il libro uscirà nella nuova collana di cultura artistica di cui Le ho parlato, che sarà simile nelle linee generali a quella di architettura (Morisani, Argan: li ha ricevuti?) e diversa però in molti dettagli: copertina, sovracoperta, note, ecc.[3]. Quanto alle illustrazioni, non saranno inserite nel testo, ma tutte in tavole fuori testo che vorremmo distribuire a gruppi per capitoli o comunque in prossimità del testo che le riguarda[4]. Per l'impaginazione e le Sue critiche e i Suoi consigli saranno tenuti nel debito conto (Le sarei grato, a proposito, se mi dicesse cosa pensa dell'Argan, che mi sembra meglio impaginato, meno «strambo», come Lei dice, e comunque piú giustificato del Morisani). Ho già iniziato e terminerò oggi, in collaborazione con Molina – che è il nostro tecnico – l'impaginazione di un primo gruppo di illustrazioni, che Le sarà subito inviato in esame e che recherà l'indicazione delle misure esatte per una immediata messa in cantiere dei clichés. Anche la *Pittura fiamminga* si muove, sia pure lentamente. Einaudi La prega di inviarci tutto il manoscritto, con le indicazioni necessarie e tutto il materiale fotografico già deliberato. Quanto ai particolari a colori, Einaudi è d'accordo sul numero di massima che abbiamo concordato a Firenze, e vorrebbe vedere questi particolari per studiare un piano di realizzazione (abbiamo altri lavori del genere in corso e si può vedere di usufruire, almeno in parte, di un unico viaggio fotografico).

Oltre ai particolari a colori, ce ne sono da fare altri in bianco e nero? Credo di sí, ma non ricordo bene quanto Lei mi disse a questo riguardo. Può dirmi, se ci sono, quanti sono e se possiamo fare il lavoro a Torino?

Mi dica anche se devo rimandarLe le biografie critiche che ho portato con me a Torino.

Finalmente La prego di scusarmi se non Le ho scritto: abbiamo avuto un periodo di intenso lavoro e tutte le forze erano concentrate su altri settori. Ora dovrebbe esserci via libera per la nuova collana di critica d'arte e per la sua «Biblioteca d'arte». A proposito può darmi notizie dello Schlosser?[5].

Spero di rivederLa presto. La saluto cordialmente con Einaudi e La prego di salutare la Sua Signora. Mi abbia cordialmente Suo

[Giulio Bollati][6]

Copia ds siglata; AE, cart. 169, fasc. Carlo Ludovico Ragghianti.

[1] Il volume uscí nei «Saggi» l'anno dopo.

[2] Alois Riegl, *Arte tardoromana*, trad. di Licia Collobi Ragghianti, «Saggi», 1959. Cfr. *infra*, Bollati a Ragghianti, 5 marzo 1959.

[3] Il libro di Ottavio Morisani è *Michelozzo architetto* («Collana storica di architettura», 1951), quello di Giulio Carlo Argan, *Walter Gropius e la Bauhaus* (ivi, 1951). La collana di cultura artistica, menzionata da Bollati anche in una lettera a Lamberto Vitali del 19 settembre 1951 (cfr. *infra*), non fu infine realizzata.

[4] Inviando a Ragghianti un saggio di impaginazione delle illustrazioni, il 18 aprile 1951 Bollati scriveva: «È necessaria qualche spiegazione: la prima è che la Casa editrice si attiene fedelmente e gelosamente al principio di escludere le illustrazioni "coricate", da leggersi voltando il libro – principio che condiziona non poco i temi dell'impaginazione: la seconda è che Molina (l'impaginatore) si è naturalmente preoccupato di stabilire delle costanti, sia per quanto riguarda le dimensioni delle illustrazioni (di cui ha preferito fissare l'altezza), sia per quanto riguarda la loro sistemazione nella pagina (nella quale ha tracciato dei punti fissi di riferimento)» (AE, cart. 169, fasc. Carlo Ludovico Ragghianti).

[5] Destinato inizialmente alla «Biblioteca d'arte», di cui Ragghianti era il direttore, *L'arte del Medioevo* di Julius von Schlosser uscí infine nei «Saggi» nel 1961.

[6] Appunto ms di Bollati in calce: «Spedito a Ragghianti *La luna e i falò* e *Verrà la morte* di Pavese, chiestimi da lui | Bl».

A Bruno Zevi, Roma

Torino, 18 aprile 1951

Egregio Professore[1],

Einaudi risponderà a parte alla Sua del 14 aprile riguardante la terza edizione di *Saper vedere l'architettura*[2], e mi incarica intanto di ringraziarLa cordialmente per quanto Lei gli ha scritto dei volumi di Argan e Morisani, critica alla copertina compresa[3].

Mi incarica anche di riprendere con Lei il discorso sulla collana in generale e sul modo migliore di continuarla in questa fase di crescita che è la piú delicata. Usciti i primi due volumi, occorrerebbe ora fare il bilancio dei libri in cantiere o già decisi e riaggiornare il programma. Può scriverci a questo riguardo informandoci della situazione di quei libri i cui lavori sono sotto il Suo diretto controllo e abbozzando un programma, sia pure di massima?

E, in particolare, quale pensa possa essere il terzo volume? Non c'è dubbio che esso sarà particolarmente importante nel definire agli occhi del pubblico l'orientamento della collana, ora in equilibrio tra la monografia di Morisani e il saggio di Argan, che tocca figure e problemi di interesse piú largo e attuale. È parere di Einaudi che tra le due vie, occorra insistere, e neppure troppo in là nel tempo, sulla seconda: con la riserva di esaminare piú avanti la possibilità di includere nella collana anche dei classici come per es. il Burckhardt, o altre monografie di tipo tradizionale, ma considerando sempre gli uni e le altre come eccezioni rispetto al filone centrale.

Siamo in attesa di una Sua risposta anche su questo punto. Si abbia intanto i piú cordiali saluti di Einaudi e nostri.

GIULIO EINAUDI EDITORE

Copia ds siglata da Bollati; AE, cart. 227, fasc. Bruno Zevi.

[1] Appunto ms di Einaudi in testa: «avevo detto a Bl come rispondere».

[2] «Saggi», 1948.

[3] I già citati *Walter Gropius e la Bauhaus* e *Michelozzo architetto*, primi titoli della «Collana storica di architettura», di cui Zevi era il direttore. Cfr. *infra*, Bollati a Zevi, 8 novembre 1951.

A Carlo Muscetta, Roma

Torino, 18 luglio 1951

Caro Muscetta,

ti mando finalmente il verbale della riunione di maggio[1]. Certo non è perfetto: ma non era facile ricavarlo dal frammentario e sussultante resoconto stenografico.

Tra qualche giorno Foà potrà spedire i cataloghi delle principali Case editrici italiane e la situazione delle nostre collane[2]. Cosí i consulenti avranno una prima base per iniziare la preparazione delle loro relazioni[3]. Entro il mese ti manderò qualche mio appunto – concordato con Calvino e Serini – per avviare il lavoro delle relazioni di cui ci occuperemo insieme (Pbsl rossa e grigia, «Saggi»). Ma dovremmo comunque vederci e parlare di tutto con un po' di calma: ritengo di poter venire a Roma immediatamente prima o immediatamente dopo le ferie (è piú probabile dopo che prima).

Ho visto Contini e abbiamo parlato del suo Petrarca. Ho insistito per avere le note, sue o di uno scolaro, ma inutilmente. Pensa che una preoccupazione coerente per il lettore comune dovrebbe consigliare già inizialmente di adottare un testo diverso dal suo (tutto pieno, deliberatamente di anchor, obgetto, colomna, stricto), e che un'annotazione per quanto sobria e piana – e anzi appunto perché sobria e piana – farebbe a pugni col carattere filologico dell'edizione, oltre ad essere insufficiente.

In sostanza Contini non vuol saperne di essere costretto dentro lo stampo delle esigenze dell'«Universale», che ritiene affar nostro, non suo, e temo che non cambierà idea. Dunque il quesito è: conviene mettere il *Canzoniere* nei «Millenni»? o pubblicarlo nell'«Universale» anche senza note?

Quando se ne è parlato in riunione, dopo molte incertezze, la seconda alternativa ha riscosso una lieve maggioranza. Personalmente ritengo che piuttosto che rimandare sine die la pubblicazione, o perderla, sia già un buon risultato pubblicare un ottimo testo a un prezzo accessibile («Universale»). Al commento si potrà pensare piú avanti. Dimmi cosa ne pensi.

Ho scritto tempo fa a Pasquali, facendo il tuo nome e dicendogli del nostro interessamento per le sue memorie.

Per questa volta ti saluto. Ti scriverò ancora presto. Cordialmente

[Bollati]

Copia ds siglata; AE, cart. 141, fasc. Carlo Muscetta.

[1] Verbale della riunione editoriale del 23-24 maggio 1951. Si può leggere in *I verbali del mercoledí. Riunioni editoriali Einaudi 1943-1952*, prefazione di Luisa Mangoni, a cura di Tommaso Munari, Einaudi, Torino 2011, pp. 241-64.

[2] Luciano Foà era il segretario generale dell'Einaudi.

[3] Nel corso della riunione si era stabilito di organizzarne una di carattere generale in settembre (infine saltata) nel corso della quale ogni consulente avrebbe presentato una relazione sulle collane di propria competenza.

A Lamberto Vitali, Milano

Torino, 19 settembre 1951

Caro Dottor Vitali,

Einaudi mi incarica di ringraziarLa per le Sue indicazioni. Ci procureremo i libri, a cominciare da quello di Jean Cassou, che ha un titolo cosí invitante[1].

Certo è difficile, in questo momento, pensare a un'altra collezione d'arte. Come Le ho accennato in occasione dei nostri ormai lontani incontri, siamo sul punto di varare una «Collana di cultura artistica» che avrà i suoi punti di forza in testi notoriamente fondamentali (quelli che Lei chiama «mattoni»). Attorno ai mattoni prenderanno posto altre cose piú agili, piú saggistiche e qui potranno esserci veramente preziosi i Suoi consigli. Certe cose troppo contrastanti con la faccia numero uno della collana, possono essere accolte nella collana dei «Saggi». Insomma tutto quanto Lei ci suggerisce può trovare una sistemazione, nell'una o nell'altra collana.

Quanto al Delacroix, non disperi di vederlo uscire una volta o l'altra. Dalle complesse alchimie dei programmi e degli impegni, è risultato che il *Journal* doveva collocarsi in una prospettiva piú lontana di quanto credessimo in un primo tempo. Piú lontana, non lontanissima o indefinita.

La preghiamo anzi di continuare il Suo lavoro e di ultimarlo. Il Suo O. Redon è tuttora in mie mani. Conto di riportarglielo personalmente alla prima occasione[2].

Mi creda intanto coi piú cordiali saluti Suo

[Giulio Bollati]

Copia ds siglata con correzioni ms; AE, cart. 220, fasc. Lamberto Vitali.

[1] *Situation de l'art moderne*, 1950. Pur avendolo letto «col piú vivo interesse», il 22 febbraio 1952 Bollati avanzava alcune riserve: «Gli nuoce forse, dal nostro punto di vista editoriale, quell'aria brillante di saggio di punta, quel discorso disinvolto e tanto piú arrischiato là dove piú sembra semplice, ovvio, alla buona. Gli nuoce, in altri termini, di essere l'enunciazione di una tesi, piú che la costruzione argomentata d'una tesi, come usa nelle severe culture italo-tedesche, col rischio quindi di finire nel limbo dove in eterno si inseguono le intuizioni e le formule geniali. Ma devo aggiungere subito che la tesi del Cassou è ricchissima di suggestioni: invita a pensare e a partire in direzione di mille verifiche, da cui, io credo, in sostanza verrebbe confermata. In conclusione, per farla breve, sono molto tentato e molto indeciso: esporrò il caso a Einaudi» (AE, cart. 220, fasc. Lamberto Vitali).

[2] *À soi-même. Journal 1867-1915*, 1922.

A Bruno Zevi, Roma

Torino, 8 novembre 1951

Caro Zevi,

ho avuto la tua relazione sulla «Collana storica di architettura» e te ne ringrazio[1]. Pur nella sua brevità, essa tocca i problemi fondamentali della collana e ne indica i limiti attuali: ma pecca forse per un eccesso di sfiducia nelle possibilità d'uno sviluppo futuro cosí che l'indirizzo e il programma restano appena abbozzati o accennati in forma di esigenza. Anche l'ottima idea di fare una serie di volumi piú agili sull'aspetto architettonico-urbanistico delle città italiane, rischia, a mio avviso, di perdere molto del suo valore se non viene considerata entro un programma di piú ampie e organiche prospettive.

Ma ti espongo in ordine le mie osservazioni e le mie proposte.

Il proposito di «colmare una lacuna», o di «inserire l'architettura nella cultura», come tu dici, è certo molto ambizioso e praticamente irrealizzabile, se inteso nel senso di pubblicare esclusivamente opere originali di alto livello critico e scientifico. Convengo con te che non è facile trovare studiosi all'altezza di un tale compito ed in numero sufficiente ad alimentare essi soli la collana. Ma riconosciuta questa difficoltà (che del resto non si lamenta solo per l'architettura), mi pare eccessivo ripiegare subito su un programma minimo, su una routine che abbia la prospettiva di qualche occasionale colpo fortunato; o volgersi a iniziative come quella delle guide architettonico-urbanistiche, che, molto brillante e attraente in se stessa, pone però il problema di un sensibile mutamento d'indirizzo o addirittura quello della creazione di una nuova collana.

A mio avviso esiste tutta una serie di possibilità intermedie, che potremo realizzare organizzando la collana in una forma piú articolata e meglio rispondente alle necessità nostre e del pubblico a cui ci rivolgiamo.

La collana potrebbe dunque essere pensata come ripartita in tre settori di attività: a) studi critici originali, italiani o stranieri; b) volumi di informazione; c) testi.

Per studi critici originali intendo volumi come quelli già editi di Argan e di Morisani e come alcuni di quelli in programma (Sitte-Howard, *Il teatro greco* di Paolo Verzone, *Alvar Aalto* di Ignazio Gardella, ecc.). Estenderei la ricerca anche a opere di carattere generale, eventualmente da tradurre. Questo è il settore per il quale la ricerca di buoni volumi è piú difficile: perciò mi pare si debba fare ogni sforzo per non lasciar decadere i contratti già conclusi (quelli che ci interessano) e per concluderne dei nuovi. S'intende che sarà meglio non prendere in considerazione i lavori a carattere troppo erudito o provinciale o certe monografie troppo chiuse e particolari. Questi «Saggi» di architettura dovrebbero costituire la linea maestra della collana.

Propongo poi dei «volumi di informazione», non solo per la difficoltà obiettiva di tenerci sempre a un livello critico-storico elevato, ma anche per rispondere a una necessità che mi pare assai sentita.

In sostanza questi volumi dovrebbero limitarsi a fornire materiale ben selezionato e ben presentato all'eventuale studioso e in genere a quanti si occupano di architettura. I modelli non mancano: comunque lo schema del volume potrebbe essere: biografia dell'autore (o storia del movimento considerato), bibliografia, descrizione delle opere, e tavole (in gran numero) con didascalie che orientino nella lettura delle illustrazioni. Non credo sarebbe difficile trovare collaboratori per una serie di volumi del genere. Dico «serie» perché evidentemente l'iniziativa ha un senso solo se considerata nella prospettiva di almeno dieci-quindici volumi sia pure a pubblicarsi in diversi anni.

Quanto ai «testi», per intenderci basterà ricordarti due proposte che tu stesso hai fatte: il Burckhardt, e l'*Autobiografia* di Wright. Occorrerebbe trovare almeno quattro titoli di testi classici, e altrettanti di moderni ritenuti fondamentali.

Inutile dirti, a questo punto, che concepisco i tre settori della collana non come distinti o giustapposti ma come complementari. Questa ripartizione dovrebbe permetterci di muoverci piú liberamente e insieme di assolvere allo scopo della collana rispondendo alle diverse esigenze che esso presuppone.

Ho lasciata per ultimo la questione delle guide urbanistico-architettoniche delle città italiane. L'idea mi pare veramente ottima e sono lieto di sentire che puoi trovare le persone capaci di costituire un apposito ufficio di redazione. Vorrei farti però osservare che una serie di questo tipo o dovrebbe essere pubblicata a parte, o finirebbe inevitabilmente per costituire una collana nella collana (che sarebbe, evidentemente, un danno e non un vantaggio). La soluzione piú adatta a inserire la proposta nel programma della collana «Storica», mi pare questa: pubblicare due volumi che contengono ognuno tre (o piú) profili di città italiane, scelte tra quelle piú tipiche (per esempio una città industriale, un porto, un centro agricolo, una città «storica», una città nuova, ecc.).

Credo che avremmo due volumi di grande interesse e assai utili allo sviluppo della collana «Storica», e questo senza pregiudizio della «serie», che potremmo sempre studiare di fare a volumetti separati ed eventualmente in altra sede e con caratteristiche . Culturalmente ed editorialmente mi pare che sarebbe meglio iniziare con due buoni volumi complessivi. Cosa ne pensi?

Per tornare all'impostazione della collana, ti prego di dirmi il tuo parere su quanto ti ho scritto e di dirmi anche se saresti disposto a stendere un programma sia pure sommario secondo le linee generali che ti ho proposto.

Ringraziandoti nuovamente, ti invio i piú cordiali saluti.

(Giulio Einaudi)

Copia ds siglata da Bollati; AE, cart. 227, fasc. Bruno Zevi.

[1] Bruno Zevi, *Funzione e problemi della «Collana storica di architettura»* (AE, cart. 227, fasc. Bruno Zevi). Sebbene firmata da Einaudi, questa lettera fu scritta da Bollati, come indica la sua sigla in testa al primo foglio.

A Carlo Muscetta, Roma

Torino, 13 novembre 1951

Caro Muscetta,

vedo che per il *Parnaso* non perdi tempo e me ne rallegro[1]. Io sono a questo punto: ho scritto subito al mio partner, sperduto nella bassa padana, e ne ho avuto una risposta favorevole a trattative. Gli fisso oggi stesso un appuntamento per sabato a Milano. Ti informerò dell'esito dell'incontro.

Per tua informazione ricapitolo le caratteristiche del collaboratore che avrei scelto: Daniele Ponchiroli, laureato in lettere nel '49 a Pisa con una tesi su Pietro Bembo (dopo cinque anni di studi sul Cinquecento); scolaro ufficialmente di Russo, ma realmente di G. Contini, con cui è sempre stato in relazione, ed ha anche lavorato, pubblicando sotto la sua guida un'edizione critica delle *Rime* di Galeazzo di Tarsia per l'editore Tallone. È dotato di buon gusto e di sensibilità qualche volta raffinata e preziosa, ma sempre sicura. Carattere mite e schivo, modesto fino alla mania e grande e metodico lavoratore.

Mi sono già procurato l'antologia di *Classici italiani* di Russo[2].

Riceverai, spero in settimana, gli schemi di classificazione per i «Saggi» che ti ho fatto vedere a Torino. La classificazione è, per certe materie, soltanto approssimativa. Ti sarò grato se mi farai subito le tue osservazioni.

Il *Mazzini* è stato puntualmente consegnato da Serini e rinviato in tipografia[3].

Coi piú cordiali saluti.

Tuo Bollati

Lettera ds su carta intestata «Giulio Einaudi editore»; AE, cart. 141, fasc. Carlo Muscetta

[1] *Parnaso italiano*: crestomazia della poesia italiana curata da Muscetta e Daniele Ponchiroli e pubblicata in 11 volumi tra il 1954 e il 1971. Bollati avrebbe dovuto curarla con loro, ma rinunciò (cfr. *infra*, Bollati a Ponchiroli, 17 settembre 1952).

[2] Opera in quattro volumi diretta da Luigi Russo e pubblicata dalla Sansoni tra il 1938 e il 1941.

[3] Francesco De Sanctis, *Mazzini e la scuola democratica*, a cura di Carlo Muscetta e Giorgio Candeloro, 1951.

A Carlo Muscetta, Roma

Torino, 15 novembre 1951

Caro Muscetta,

ti mando due prospetti: dei «Saggi» usciti dall'inizio fino a questo mese di novembre e di quelli in preparazione. Ti prego di farli vedere anche a Giolitti, che li aspetta, e a Balbo, perché possano fare le loro proposte. Io mi incarico di consultare, oltre ai torinesi, Cantimori e Venturi[1]. Piuttosto che pareri generali, dovremmo cercare di ottenere indicazioni e proposte precise, in modo da fare un programma abbastanza definitivo.

Per il numero di saggi da pianificare, Einaudi consiglia di distinguere quelli di tipo «classico» (che sono raccolti sotto le voci testimonianze, testi, memorie, ecc.) da quelli di piú immediata attualità, e propone queste cifre:

saggi classici: un piano quinquennale per 30 titoli complessivi (sei all'anno)

saggi di attualità: un piano di due anni e mezzo per 30 titoli (dodici all'anno)

Spero che la classificazione non sia troppo arbitraria, a parte le possibili sviste. Mi pare che dal complesso risultino abbastanza chiaramente gli eccessi e i vuoti. S'intende che si dovranno aggiungere le voci mancanti (per esempio, diritto, folklore).

Mi riservo di mandarti al piú presto una serie di appunti, di osservazioni e di proposte che vado preparando e che potranno servire per la relazione. Per ora mi limito a richiamare la tua attenzione sulla prevalenza (che si annuncia anche per il futuro) della saggistica di tipo umanistico, prevalenza che lo sviluppo di un'attività nel campo del cinema, del teatro, ecc. non basta assolutamente a compensare. Il rapido e giusto declino di gran parte dei saggi politici, moralistici, profetici, sociologici ecc. (dagli Sforza e dai Markevitch ai Guarnieri e ai Capitini)[2], lascia comunque un vuoto che fa piú urgente la necessità di buoni libri «positivi», capaci di rimettere la situazione in equilibrio (e di restituire ai «Saggi», per altra via, la funzione di punta che hanno avuto in altri tempi).

Ma riprenderò il discorso con piú calma e piú ordine.

Come ti ho scritto vorrei incontrare Ponchiroli sabato; finora però non ho avuto conferma dell'appuntamento, e penso che il petrarchista mantovano sia rimasto alluvionato.

Per avere le seconde bozze del *Mazzini* mi dicono che occorreranno ancora cinque o sei giorni.

Coi piú cordiali saluti.

Tuo Bollati

Lettera ds con correzioni ms su carta intestata «Giulio Einaudi editore»; AE, cart. 141, fasc. Carlo Muscetta.

[1] Come Cantimori, Franco Venturi era un consulente per le pubblicazioni di storia.

[2] *Panorama europeo* di Carlo Sforza (1945), *Made in Italy* di Igor Markevitch (1948), *Carattere degli italiani di* Silvio Guarnieri (1948) e *Nuova socialità e riforma religiosa* di Aldo Capitini (1950).

A Carlo Muscetta, Roma

Torino, 19 novembre 1951

Caro Muscetta,

c'è un messaggio speciale urgentissimo per te da parte di Einaudi: «Sabato, domenica e lunedí, un apposito corriere ti porterà le seconde bozze del De Sanctis, e attenderà che tu le restituisca deliberate, possibilmente nelle ventiquattr'ore. Ti preghiamo di aspettare questo corriere e di conservarti reperibile. Il *Mazzini deve* uscire, per superiori ragioni di strategia editoriale, con il gruppo del 10 dicembre». Einaudi aggiunge a questo punto i suoi saluti cordiali.

Aspettiamo un cenno di conferma.

Ho visto sabato a Milano il mio collaboratore Ponchiroli. Accetta la proposta e si mette subito al lavoro, cominciando dal Cinquecento: si farà la mano antologizzando i poeti a lui piú familiari.

Io intanto mi occuperò del Trecento. Per la fine dell'anno dovremmo aver fatto almeno un terzo del lavoro complessivo.

Come vedrai dal verbale della nostra ultima riunione, per quanto riguarda i poeti maggiori l'ago del barometro editoriale si è spostato su tutta l'opera[1]. Forse è soluzione preferibile a quella dei brani scelti, a me personalmente discara. Ma comporta nuovi e grossi problemi: per esempio, perché usare un trattamento di riguardo al *Furioso*, e invece scegliere il meglio del *Canzoniere* o dei *Canti*? Passi per la *Divina Commedia*, ma la *Gerusalemme* merita di essere data integrale?

Dimmi cosa ne pensi. Naturalmente, dato il carattere e l'intento dell'antologia, non è il caso di impuntarsi su questioni di metodo: se il capo – grande patrocinatore dell'impresa – vuole cosí, sia. Ma aiutami a risolvere le difficoltà pratiche suscitate dalla nuova tendenza.

Ciao, cordialmente tuo

Bollati

Lettera ms su carta intestata «Giulio Einaudi editore»; AE, cart. 141, fasc. Carlo Muscetta.

[1] Verbale della riunione editoriale del 14 novembre 1951 (*I verbali del mercoledí, 1943-1952* cit., p. 325).

A Ernesto de Martino, Roma

Torino, 21 novembre 1951

Caro de Martino,

ti prego anzitutto di scusarmi per il ritardo: senza sospetto d'ironia, dirò che tu stesso ne sei in gran parte la causa, avendomi mandata una relazione cosí meditata e conseguente e tale da richiedere l'esame piú attento[1].

Una discussione piú approfondita sarà meglio riservarla per la nostra riunione generale, che si terrà nella prima quindicina di gennaio. Mi limito per ora a farti qualche osservazione e soprattutto a chiederti qualche chiarimento.

Trascuriamo per ora le opere per le quali già esiste un impegno di pubblicazione e consideriamo in se stessa la tua proposta di indirizzo generale. L'impegno a uno storicismo rigoroso, indubbiamente garantisce una linea culturale coerente e la possibilità di un programma organico; non solo, ma garantisce anche una piú facile inserzione degli studi etnologici nel quadro culturale italiano, che è storicista in estensione (per la diffusione dell'insegnamento crociano) e lo è nei suoi settori piú avanzati (sulla linea di sviluppo di una cultura marxista). Fin qui, non posso dunque che essere pienamente d'accordo con te; ma la questione per me si complica proprio a questo punto, e ti sarò grato se mi aiuterai a chiarirla.

La prima domanda che dovrei farti è se esiste, e in quale misura, in Italia e fuori, la possibilità di alimentare con una certa continuità e ampiezza la collana viola, mantenendola entro i binari di quell'impegno: se non si dà cioè il pericolo che a un certo punto, anche nel settore etnologico, ci si trovi di fronte a quella carenza di studi che paralizza disgraziatamente altre discipline. In altri termini mi chiedo se, una volta accettato l'aut-aut storicismo (e quel dato storicismo) o niente, non sia da temere di trovarci a un certo punto non dico di fronte a niente, ma di fronte a poco, sia per quantità che per qualità (perché come sai anche lo storicismo ha i suoi facili profeti, gli schematizzatori, gli imbalsamatori). Ben vengano gli studi tuoi, di Toschi, di Cocchiara (sono già meno entusiasta di quelli di Grottanelli): ma poi? Ti confesso che per il momento la situazione non mi induce all'ottimismo.

Se il pericolo che io pavento esiste realmente, noi rischiamo di fare non il vantaggio, ma lo svantaggio della nostra cultura, alla quale già troppo spesso, in attesa di dare tutto, diamo poco o niente affatto. E nel caso particolare dell'Etnologia lo svantaggio sarebbe maggiore, perché quegli studi – come giustamente dici – sono cosa nuova da noi e dovrebbero allargare gli orizzonti tradizionali e portare nuova linfa.

Con questo non voglio arrivare a giustificare un eclettismo indiscriminato, né tanto meno sostenere la necessità di pubblicare le opere del Padre Schmidt o di insistere su Malinowski: le tue critiche in proposito mi sembrano indiscutibili. Voglio soltanto porre la questione se non convenga considerare l'opportunità pur entro le linee generali da te proposte, di una piú svincolata mobilità e ampiezza di interessi e di visuali: il che intendo non come un ripiego, ma come la garanzia che non vadano perdute certe inclusioni forse piú eterodosse, ma comunque vitali; nella persuasione non sofistica, che oltre al compito indispensabile di costituire una larga base di informazione e di scoperta, esse possano assolvere anche a quello necessario di mettere continuamente alla prova il nostro storicismo, di «non lasciarlo dormire». S'intende che i limiti e i modi in cui operare questa attività di arricchimento, anche se non si possono teorizzare una volta per tutte, andrebbero di volta in volta accuratamente studiati, a evitare suggestioni della moda o tendenze culturalmente compromesse, ecc.

E vengo alla questione della psicologia. Anche a questo proposito fai delle giustissime osservazioni, sia per quanto riguarda la necessità di non battere una sola delle tante strade della psicologia, sia quando proponi che certe opere piú strettamente tecniche vengano sistemate in altra sede (cosa del resto già verificatasi). Resto piú perplesso di fronte alla prospettiva di limitare la psicologia unicamente a strumento della etnologia, cioè, in pratica, di escluderla come materia autonoma, togliendola fin dal titolo della collana.

La mia incertezza non deriva solo da considerazioni dello stesso ordine di quelle che ti ho esposto piú sopra e che mi portano a escludere ogni incompatibilità, ma insieme a giudicare non inutili certe coesistenze; essa deriva anche da una convinzione piú strettamente di merito, che non saprei meglio esprimere che parafrasando parole tue (tolte dal tuo saggio su «Società» n. 3 del '49)[2]. È la convinzione che la psicologia possa assolvere una funzione parallela a quella dell'etnologia, della storia delle religioni e del folklore, come scienza che indaga e porta a chiarezza culturale e scientifica il «lato oscuro della nostra anima di occidentali e di moderni», «ciò che di popolare e di subalterno vive in ciascuno di noi».

Se non ti ho frainteso, mi pare sia dunque abbastanza giustificato (tanto piú nell'ambito di un'impresa nuova e per definizione estensiva qual è la collana viola) che si continui la coesistenza della psicologia con la storia delle religioni, l'etnologia e il folklore: quale psicologia, questa se mai è la vera questione, e chiedo a te di studiarla, se sei d'accordo.

Resterebbe ancora molto da dire, scendendo nei dettagli: ma non voglio anticipare la discussione che faremo tutti insieme e per ora mi fermo qui. In una lettera a parte rispondo alle tue richieste di carattere personale. Vorrei soltanto aggiungere di star dietro a Toschi e a Cocchiara, i cui lavori m'interessano molto[3].

In attesa che tu risponda alle mie molte domande, ti ringrazio intanto per la tua ottima relazione e ti saluto cordialmente.

(Giulio Einaudi)

Copia ds siglata da Bollati; AB, fasc. Ernesto de Martino.

[1] Ernesto de Martino, *Carattere e funzioni della Collana viola* (AB, fasc. Ernesto de Martino). Con «collana viola» veniva comunemente indicata la «Collezione di studi religiosi, etnologici e psicologici» ideata da de Martino e Cesare Pavese e inaugurata nel 1948. A dispetto della firma di Einaudi, l'estensore della lettera fu Bollati, come indica la sua sigla in testa al primo foglio.

[2] *Intorno a una storia del mondo popolare subalterno* (pp. 411-35).

[3] Rispettivamente *Le origini del teatro italiano*, pubblicato nel 1955, e *Storia del folklore in Europa*, pubblicato nel 1952.

A Franco Venturi, Casteldelfino

Torino, 18 luglio 1952

Caro Venturi,

i lavori per il tuo libro procedono regolarmente. Appena avrò le bozze degli indici, le riscontrerò attentamente. Nessuna novità purtroppo per la seconda copertina. Altri due viaggi di esplorazione per antiquari e bancarelle (comprese quelle di Porta Palazzo) non hanno dato alcun esito. Quindi, Repin[1].

Ti scrivo soltanto per pregarti di mandarmi le promesse poche righe sul progetto di un Belinskij in quattro volumi. Riassumo il progetto:

1° vol. *Cronache letterarie* (comprende le *Fantasie letterarie* e le cronache scritte da B. a partire dal 1840 fino al 1847)
2° vol. *Saggi su Puškin* (undici saggi)
3° vol. *Saggi su Gogol* (e su Lermontov, Kolkov, ecc.)
4° vol. *Discorso sulla critica e carteggio* (i principali scritti teorici e scelta delle lettere).

Può darsi che tu mi veda arrivare una sera a Casteldelfino, solo o in gruppo[2]. Per ora ti saluto cordialmente anche a nome degli altri

Bollati

Serini, che ha riveduto le bozze, ti raccomanda vivamente la tavola cronologica. Quanto al titolo resta inteso che metteremo: *Il populismo russo*, vol. 1°, vol. 2°, senza indicazioni cronologiche, che potrebbero ridurre l'attrattiva per i lettori; tanto piú che i termini cronologici del tuo studio sono dichiarati nell'introduzione.

Lettera ds con correzioni ms su carta intestata «Giulio Einaudi editore»; AFV.

[1] Franco Venturi, *Il populismo russo*, 2 voll., «Biblioteca di cultura storica», 1952. La sopraccoperta del primo volume fu illustrata da un ritratto di Pugačëv dipinto da un ignoto sopra un ritratto di Caterina II (di cui si scorgono ancora gli occhi nel colbacco di lui); quella del secondo da un particolare della *Processione di Kursk* dipinta da I. E. Repin.

[2] Venturi era lí in convalescenza da alcune settimane.

A Daniele Ponchiroli, Viadana

Torino, 17 settembre 1952

Caro Dan,

innanzitutto abbiti in coro da tutti noi le piú esterrefatte felicitazioni, per l'audacissima e fulminea attuazione dei tuoi sogni matrimoniali. Un colpo da maestro: ci congratuliamo e porgiamo a te e alla tua signora vivissimi auguri. E scusami se passo subito a parlare di questioni di lavoro: a voce, con calma, ti dirò meglio come approvi il tuo matrimonio.

Dovremmo impegnarci a concludere il lavoro del *Parnaso*. Si ritiene a Torino, temo giustamente, che tu solo puoi garantire che tutta l'impresa non si insabbi. I tuoi compiti in ordine cronologico, dovrebbero essere: 1) viaggio e residenza quindicinale a Roma (event. accompagnato da me), per fare la saldatura col lavoro di Muscetta e per costringerlo a concludere (col tuo aiuto se necessario); 2) annotazione di tutta la parte che hai già scelto e, se necessario, anche della parte di Muscetta. In altre parole Einaudi vorrebbe che tu prendessi l'iniziativa e trascinassi Muscetta sostituendolo là dove egli non si lasciasse trascinare.

Dove e come fare il lavoro? La sede migliore mi pare senz'altro Torino; i mezzi del sostentamento sarebbero garantiti in parte dalla cessione a te della mia quota, in parte da una nuova cifra che ti sarebbe assegnata per il supplemento di lavoro che ti viene chiesto. Credo che potresti durare, senza lussi naturalmente, per un periodo uguale a quello che hai già passato tra noi.

Intanto Serini si occupa della tua supplenza: dice che non potrà far molto, perché le graduatorie si compilano su base puramente matematica; ma il suo aiuto potrebbe venir buono in seguito, al momento cioè in cui, a scuola iniziata, si aprono dei vuoti tra i quadri insegnanti.

Rispondimi con cortese sollecitudine e possibilmente assicurandomi sulla sorte del *Parnaso*. Fissa prima di tutto una data per il viaggio a Roma (verso la fine della settimana prossima?) Preferirei che tu passassi da Torino. Luciano ti manderà un assegno.

Ciao, ti abbraccio

[Giulio]

P.S. Come ti dirò meglio un'altra volta, l'annotazione deve cominciare dal *Canzoniere* di Petrarca.

Copia ds siglata; AE, cart. 164, fasc. Daniele Ponchiroli.

Ad Antonio Ghirelli, Roma

Torino, 1° dicembre 1952

Egregio Dottore,

Muscetta ci ha trasmesso il Suo schema per una *Storia del calcio italiano*. L'idea ci interessa e saremmo lieti di poterci accordare. Vorremmo però arrivare a stabilire un po' piú precisamente il piano e i criteri del libro[1].

È chiaro che una vera «storia» del calcio dovrebbe essere, *tutt'insieme*, storia del gioco e dell'ambiente in cui si svolge, dell'ideologia sportiva e dell'incidenza che ha su di essa l'ideologia politica, del giornalismo sportivo e degli interessi affaristici: in altri termini dovrebbe rivelarci tutto il complesso meccanismo di elementi diversi da cui risulta l'importanza sociale e di costume del calcio (per esempio, a fare una ricerca, si scoprirebbe probabilmente che le gerarchie ecclesiastiche hanno idee ben precise sul gioco del calcio e sulla sua utilità, e le hanno anche formulate).

Lei ha nettamente diviso in due parti il Suo lavoro: nella prima la storia del gioco, i regolamenti, la tecnica, la cronaca sportiva. Nella seconda, i problemi di cui ora accennavamo. *Siamo d'accordo con Lei* su questa partizione del libro, che lo rende di lettura piú facile e piú attraente per il piú gran numero di lettori. Vorremmo solo che nella prima parte Lei non trascurasse di richiamare brevemente, ove se ne presentasse l'occasione, qualche motivo della seconda, allo scopo di illuminare piú in profondità l'evoluzione del gioco.

Si potrebbe anche aggiungere un capitolo, che potrebbe fare da capitolo introduttivo: *La fortuna del calcio in Italia*, e qui trattare sommariamente dell'evoluzione del fenomeno del calcio dagli inizi dilettantistici a sport di massa, nelle varie fasi della nostra storia contemporanea (il fascismo e il gioco del calcio, la Chiesa, il calcio come speculazione, il «nazionalismo» calcistico, ecc.).

Non vorremmo che Lei interpretasse questi suggerimenti come richieste vincolanti; li esamini con piena libertà, e ci scriva cosa ne pensa. Il nostro desiderio è di avere un libro di facile lettura e divertente: entro questi limiti, gradiremmo però che fosse il piú possibile completo dal punto di vista sociale e storico.

Nel caso che non li conoscesse Le segnaliamo due scritti di un certo interesse per l'argomento: un articolo di Carlo Doglio su

«Comunità» n. 13[2]; e quanto scrive Cesare Brandi sul calcio nel volume *La fine dell'avanguardia e l'arte d'oggi*, edizione «La meridiana».

In attesa d'una Sua risposta, La salutiamo cordialmente

GIULIO EINAUDI EDITORE

Copia ds siglata da Bollati; AE, cart. 92, fasc. Antonio Ghirelli.

[1] Il libro sarebbe uscito nella «Piccola Biblioteca Scientifico-letteraria» nel 1954.

[2] *Lo sport in Italia*, VI (gennaio 1952), n. 13, pp. 22-31.

Ad Antonio Ghirelli, Roma

Torino, 23 luglio 1953

Caro Ghirelli,

non lamentarti troppo se non scrivo. A parte che in questo periodo c'è molto lavoro, come sempre alla vigilia di ferie e vacanze, rimpiangerai questo periodo di tregua quando la macchina editoriale si metterà in moto per il tuo libro, ed avremo inevitabilmente una gran fretta e tu sarai sollecitato ogni momento per le bozze e tutto il resto. Vorremmo che il libro uscisse per l'inizio del campionato. Quindi per i primi di settembre ci saranno le bozze[1].

Il mio giudizio finale? Restando fermo quanto ti ho scritto finora, trovo che la mano ti si è un po' stancata dalla metà via via verso la fine: nel senso che la cronaca guadagna terreno sulla storia, e le grane di federazioni e regolamenti, implacabilmente rinnovantisi, finiscono per ballare un po' davanti agli occhi. Colpa anche della materia, e del tuo dovere di informatore a oltranza: ma si rimpiange un po' la rarefazione di ritrattini e considerazioni di costume a vantaggio delle date delle classifiche annuali.

Sopporta virilmente queste osservazioni, che del resto non infirmano la sostanziale bontà del tuo lavoro. Vorrei avere il tempo di dirti punto per punto dove farei qualche modifica e qualche piccolo taglio. D'altra parte è molto difficile discutere queste cose per lettera: non sarebbe possibile vedersi? In un giorno sistemeremmo tutto sul manoscritto, evitando di correggere troppo le bozze.

Sarò a Torino fino al 10 agosto circa; poi assente per quindici-venti giorni. Dovresti venire prima del 10.

Il tuo amico Boccali non ha risposto un solo rigo alla mia richiesta di fotografie. Proverei alla biblioteca del Coni. A chi devo scrivere?

Cordialmente

[Giulio Bollati]

Copia ds siglata con correzioni ms; AE, cart. 92, fasc. Antonio Ghirelli.

[1] *Storia del calcio in Italia* cit.

A Gianfranco Contini, Firenze

Torino, 24 novembre 1953

Caro Professore,

sono lieto di comunicarLe che, se Lei è sempre dello stesso parere, la «strenna» Einaudi del '54 sarà il Suo Petrarca con le Sue illustrazioni. Da questo momento è aperta la caccia a equivalenze, analogie o allusioni figurative. In qualità di segretario di edizione o piú propriamente di confezione – sono pronto a cooperare con Lei per la ricerca del materiale. Del piano illustrativo sarà bene occuparsi nell'inverno, e nella primavera-estate del testo, che sarà seguito da Ponchiroli; l'autunno è solitamente riservato ai tecnici. Il libro dovrebbe uscire verso la metà di novembre, che è il momento giusto. Mi scusi se pianifico disinvoltamente prima di conoscere il Suo parere.

Sempre in tema di «Millenni», si era pensato di fare *Le fiabe* del Gozzi. I voti pro e contro si bilanciano; vuole mandare anche il Suo? La proposta è stata fatta nel corso d'una delle nostre solite riunioni editoriali, dedicata appunto al programma futuro dei «Millenni». La letteratura italiana, per quante ricerche e arguzie si siano fatte, figura nel piccolo elenco conclusivo soltanto per i nomi di Gozzi e Porta (vecchissima proposta, la seconda, piú volte lasciata e ripresa). Il pubblico ha dimostrato di non avere molta simpatia per l'Ariosto, chiudendo cosí la porta, per es., a un eventuale Boiardo. Goldoni, benché piú costoso, riscuote piú larghi consensi tra la ricca e colta borghesia. Il *Decameron*, per dirla in gergo, ha un suo pubblico sicuro: ma temiamo forte che un altro novelliere avrebbe scarsa fortuna. Il momento sembra particolarmente propizio alle raccolte di leggende, fiabe, racconti popolari: ma dove mettere le mani, o a chi rivolgerci? Se Le si offrisse qualche idea, intuizione o invenzione, ce la comunichi, per favore; sarà la benvenuta.

La informo d'un'altra proposta (anonima e collettiva, come sopra): chiedere (a Devoto?) una *Italia dialettale* o *I dialetti italiani*, per la collana dei «Saggi». A Devoto è stato fatto un cenno fugacissimo da Serini nei corridoi di non so quale congresso: ha allargato le braccia dicendo che l'idea è meravigliosa ma che il lavoro è superiore alle sue forze ecc.

Vorremmo ora fargli una proposta piú dettagliata e ufficiale, ma per maggior sicurezza vorremmo prima sapere da Lei se l'idea non è per caso avventata.

Altra informazione. Garin ha accettato di curare le *Storie fiorentine* del Bruni per la collana degli «Scrittori di Storia» diretta da Chabod; ha definito interessante e si è riservato di esaminar meglio la proposta di un volumetto sul Rinascimento per la «Piccola Biblioteca Scientifico-letteraria» (Pbsl). Stiamo facendo grandi sforzi per eliminare o ridurre, in questa collana, le traduzioni, e convincere gli studiosi italiani che la divulgazione seria non è un compito indegno di loro. Le risparmio lo svolgimento del tema: ma se Lei per caso non fosse di opinione affatto contraria, La preghiamo di incoraggiare Garin, se Le capita, o chiunque altro sembrasse disposto a rivolgersi a lettori non specialisti.

La invito ora a tornare con la mente al primo argomento proposto da questa lettera, e La saluto cordialmente.

(Giulio Bollati)

Copia ds; AE, cart. 57, fasc. Gianfranco Contini. Già pubblicata con lievi differenze in *Lettere per una nuova cultura* cit., pp. 110-11.

A Franco Venturi, Torino

[Torino,] 1° giugno 1954

Caro Venturi,

ho ricevuto la nutrita scheda iconografica e ti ringrazio cordialmente. Mi sarà certo assai utile, tanto piú che, messa la questione in questi termini, dovrò probabilmente fare una ricognizione a Ginevra.

Non ho ancora visto le illustrazioni del *Radicati*, che la zincografia promette di giorno in giorno[1]. Posso però informarti che i disegnini dell'Olivieri da te inseriti a illustrazione del Piemonte rustico e soldatesco, hanno suscitato una sottile controversia di carattere erudito ed artistico. L'antiquario che ci forní il nome di battesimo del nostro indicandolo in Giandomenico, è stato accusato dall'Einaudi di aver voluto far propaganda di Giandomenico Olivieri (pittore secondario ed epigono del quale detto antiquario vorrebbe smerciare alcuni quadri) a scapito del vero Olivieri, che sarebbe un Pietro Domenico nonno del primo e autore dell'«Olivieri» posseduto da Einaudi. Sono ricorso allora per lumi alla Biblioteca Reale, dove la gentile prof.a Bersano, espletate le opportune ricerche ha stabilito che l'autore dei nostri disegni è inequivocabilmente Olivero Domenico. Dal che si ricava che anche il cognome è controverso e che probabilmente intere generazioni di piemontesi e di italiani sono vissute nella confusione e nell'errore, confondendo il nonno col nipote e storpiando per di piú il nome della famiglia. In attesa che sia fatta una severa indagine, mi accontenterò di segnare sotto i nostri disegnini il nome fornito dalla signora Bersano.

Scusami se ti intrattengo con tali questioni. So che accadono nel mondo cose molto piú gravi: ma di queste, bene o male, ti informeranno i giornali.

Grazie di nuovo e un saluto cordiale

tuo G. Bollati

Lettera ms su carta intestata «Giulio Einaudi editore»; AFV.

[1] Franco Venturi, *Saggi sull'Europa illuminista*, I: *Alberto Radicati di Passerano*, «Saggi», 1954.

A Delio Cantimori, Firenze

Torino, 29 novembre 1954

Carissimo Delio,

ti sono molto grato per le affettuose parole e i rallegramenti con cui hai accolto la notizia del matrimonio di Romilda (tale è il suo nome, barbaricamente desunto dal repertorio onomastico di famiglia)[1]. Ora essa abita nella dimora avita dei Turati, al n. 10 della collinare Strada di San Vito, dove ha fatto il suo ingresso portando con sé un proprio ritratto a olio in formato naturale.

Il tuo giudizio sul marito Turati è esatto. È un giovane semplice d'animo e sobrio di modi e di vita, che va esente da quella implicita o esplicita e sprezzante iattanza che sembra inseparabile dalla figura del capitalista e industriale nostrano.

L'altro tuo giudizio – quello sul Solmi[2] – lo correggerei nel senso che non mi pare soltanto furbo, ma anche dotato di notevolissime qualità intellettuali; e la furberia la interpreterei in questo modo: che S. fa e farà sempre e soltanto «i fatti suoi». Di qui una sottile «superbia» intellettuale e una tematica tipica: «libertà della cultura», «discussioni all'interno del marxismo», «separazione di teoria e prassi» (cfr. a questo proposito la conclusione del suo articolo sulla situazione culturale di Bologna, nel «Notiziario» dedicato alla Settimana Einaudi)[3]. Tematica non pericolosa in se stessa, almeno nel senso che è già da tempo chiaramente individuata e situata; ma pericolosissima perché S. la innesta su esigenze e spunti e problemi che affiorano realmente nel campo marxista (ma nei marxisti con ben diverso accento e tipo di partecipazione e con quella cautela o talvolta timidezza e goffaggine che derivano da un senso sempre vigile di responsabilità). I poveri comunisti che devono quotidianamente fare i conti coi complicati problemi della «prassi», sono facilmente esposti a sentirsi in uno stato di inferiorità se messi di fronte a una sicurezza dottrinaria che si alimenta della propria «purezza» e indipendenza; il che non toglie che il puro dottrinario possa fare una splendida carriera anche come enfant prodige della borghesia radicaleggiante. Questo per me è Solmi: e spero di non aver dato il sospetto che al mio giudizio si mescolino cattiveria e animosità personale.

Altre schede personali, o aggiornamenti di schede. Filogamo, Rosita, Molina ecc. restano tutti[4]. Il primo dei tre rappresentava, fino a poco tempo fa, l'altra soluzione amministrativa, quella della «pianificazione» e della responsabilizzazione collettiva, in vista d'un risanamento finanziario ed economico della casa editrice che procedesse di pari passo con una costante riqualificazione ideologica dell'indirizzo editoriale e della politica di vendita. Pur arrivando anch'io, per via diversa, alle sue conclusioni, non escludo che questa soluzione pecchi, di fatto, di un certo utopismo. Nel senso che, trovandosi l'azienda a dover vivere in un sistema capitalistico, la via normale e logica per la quale essa tenti di superare un momento di crisi, non può essere forse che quella capitalistica (con immissione di capitali dall'esterno e con una amministrazione di questi capitali fondata sulle leggi e sugli usi vigenti in questa materia). Quello che non capisco è però il rifiuto d'un metodo, per cosí dire, socialista all'interno, in una azienda come la nostra; e mi sembra che l'introdurre una piú accentuata divisione del lavoro, che trovi le sue possibilità di mediazioni e di scambio soltanto all'estremo vertice, finisca per essere meno produttivo (redditizio) anche dal punto di vista della ricerca del profitto. Direi che gli americani e Olivetti sono in questo senso piú furbi. Una spiegazione la trovo, io che non sono competente di queste cose, in una dannata convergenza delle arretrate tendenze tipiche di certa tecnica aziendale italiana e dei metodi propri per natura a Giulio E. La sua «tecnica» personale, salvo casi di forza maggiore o l'incontro con personalità piú forti, non è sempre stata quella della «tastiera»? I tasti sarebbero i suoi collaboratori d'ogni tipo e grado, e lui il pianista che solo conosce la musica. Ora, è ammissibile che i tasti vogliano fare i socialisti ed essere informati di quello che il pianista sta suonando o addirittura intervenire nella scelta del programma? – L'ovvia risposta a questa domanda ti dirà come io sia oggi profondamente pessimista sull'intera faccenda e in particolare sulla mia posizione, funzione e avvenire qui dentro. Rispondo, cosí, a una delle tue domande. Mentre Filogamo è stato semplicemente e bruscamente sostituito, e si trova nella triste alternativa di restare come pensionato (E. gli ha detto di restare) o di andarsene; io sono stato insignito del grado di redattore-capo, nel senso non gerarchico, ma tecnico del termine. Ho accettato, naturalmente, ed ho ringraziato nei dovuti modi. Però è logico che io mi chieda se il titolo altisonante sia soltanto una patacca di stagno o se corrisponda davvero a una funzione. La funzione la vedo, e mi sentirei di assolverla: si tratterebbe secondo me di fare da ponte tra ideatori ed esecutori, tra redazione e ufficio tecnico, tra ufficio tecnico e vendita, con compiti, in sostanza, di ufficio studi e insieme di ufficio di coordinamento. Ma temo che per E. questa visione sia troppo ambiziosa (cfr. quanto scrivo piú sopra) e che redattore-capo voglia dire per lui redattore-tuttofare, con particolare competenza per l'illustrazione dei volumi. Il che sarebbe un po' poco. Starò a vedere, e non escludo di potermene andare, se risulterà vero quello che con buone ragioni pavento.

Ma di tutto potremo parlare piú a lungo a Firenze, dove pare confermato che verrò non tanto perché redattore-capo, ma per illustrare e sostenere (se è il caso) la proposta di cui ti accennavo l'altra volta. Dicevo, inesattamente, nella mia lettera che la proposta riguardava la *Storia d'Italia*. La riguarda infatti, ma nel senso che la nega e tenta di seppellirla. Ecco, in attesa che il verbale della riunione in cui presi la parola ti sia spedito da Foà[5], di che cosa si tratta: di un *Dizionario storico del Risorgimento*, o meglio, per andare incontro alla magniloquenza in cui si incontrano il gusto del pubblico «rateale» e le ambizioni einaudiane, di un *Dizionario storico dell'Italia moderna* (moderna sta qui per contemporanea, che sarebbe il termine piú esatto). Limiti cronologici: dal Settecento (i miei ricordi di scuola mi suggeriscono un Congresso di Aquisgrana che il pudore mi vieta di prendere troppo sul serio) alla prima guerra mondiale (tanto per escludere il maggior numero possibile di viventi: cosa ne diresti di arrivare e fermarci a Gramsci? è un'idea che mi viene adesso). Ordinamento per voci, logicamente. La materia: i personaggi grandi e piccoli, i movimenti di idee e politici, i luoghi, i giornali, le guerre (con cartine delle campagne), i congressi, i parlamenti, i partiti. Riassumo con disinvoltura dal verbale, dove tutto ciò è esposto piú solennemente. Nel verbale invece non troverai, se non travestite, le ragioni vere della mia proposta. Innanzitutto la convinzione che allo stato attuale delle cose una Storia d'Italia non si può fare. Venturi non ci crede e farà il possibile per non farla. E non mi sembra giusto che tu debba sobbarcarti la fatica e il fastidio di mettere in moto e di guidare una tal macchina, che per ragioni indipendenti dalla tua volontà si alimenterebbe esclusivamente di compromessi, fino a perdere quei motivi di interesse che soli ne giustificano il faticoso impianto (dico per noi, non per Einaudi o Venturi, che si accorderebbero e accontenterebbero facilmente d'una grossa opera tra la Utet e Marzorati). Un'altra ragione che mi ha indotto a scendere nel campo minato di queste iniziative è che Einaudi non solo vuole, ma *ha bisogno urgente* d'un grosso malloppo che gli consenta – secondo la sua attuale politica di vendita – di reggere alla concorrenza degli altri editori rateali (in prima linea, appunto, la Utet e prossimamente, oltre a tutti gli altri, Mondadori); ha bisogno di un'opera in piú volumi, diciamo di un'opera che pesi una decina di chili, e se non riuscirà a salvare la faccia, culturalmente parlando, si accontenterà di una serie di mattoni comunque confezionati. Allora, dico io, se questa è la situazione, cerchiamo una soluzione in cui si incontrino le sue necessità, le minori difficoltà pratiche e le maggiori possibilità culturali possibili. E mi sembra che il *Dizionario* da me proposto risponda a questi requisiti. Come organizzazione mi sembra infatti che il *Dizionario* ci permetta di compiere un brillante escamotage delle difficoltà programmatiche ed ideologiche iniziali: nel senso che si potrà influire sul suo orientamento finale attraverso un dosaggio delle voci (dando un maggior rilievo, per esempio, ai giacobini, al movimento operaio: senza che nessuno possa protestare, perché si tratta di *questioni di fatto*, approfondite dalla storiografia recente, che sarebbe follia passare sotto silenzio). Come significato culturale, mi sembra che la forma del *Dizionario* ci consenta da un lato di fare realmente una *leva in massa* di tutti i nostri amici che hanno qualcosa da dire (diverso sarebbe se volessimo impegnarli, anziché per voci, per volumi, stanti i loro impegni pratici e personali); dall'altro di accettare il contributo degli specialisti di orientamento tradizionale, là dove essi sono i soli qualificati a parlare, senza escluderli, che porterebbe a evidenti inconvenienti, e senza venire a compromessi troppo gravi, come si verificherebbero se si trattasse di un'opera organica. Tutto questo non mi sembra machiavellico, ma al contrario onesto, e fedele specchio d'una situazione in cui la storiografia di sinistra è molto, ma non è (ancora!) tutto. Col vantaggio, appunto, che la storiografia di sinistra, ancora nella maggior parte dei casi impegnata in ricerche parziali, in lavori di scavo, potrebbe esprimere tutto quello che può dire nella forma piú adeguata, senza affrettare le conclusioni sintetiche. In altri termini: se il pericolo dell'eclettismo potrebbe essere evitato, in una *Storia* distesa, solo restringendosi al tono della pura informazione bibliografica (senza commenti), in un *Dizionario* almeno ognuno potrebbe parlare per sé, coi soli limiti che il galateo della convivenza e una direzione ferma ma discreta saprebbero fissargli.

Mi rendo conto di gettar giú queste idee troppo alla rinfusa: ma l'importante non è tanto che tu possa seguirmi nei dettagli e nelle argomentazioni, forse difettose, quanto piuttosto che tu intraveda l'idea centrale e che, se ti pare almeno degna di esame, ci fantastichi un po' attorno per conto tuo.

(Aggiungo solo una cosa: accanto a una voce Cavour, poniamo, di Maturi, potrebbe stare una voce Giolitti, poniamo, di Togliatti: ma forse in questo momento sono tentato dal demonio, e non so piú se sono nel vero o nell'errore).

Mi pare che con queste mie lettere fiume sto esagerando, pur tenuto conto dei mesi e degli anni in cui non ti ho scritto neppure una cartolina. Continueremo a voce. Scusami per la grafia malcerta e scorretta e consolati pensando che hai in mano dei fogli di autentica carta sovietica.

Un saluto affettuoso a te e ad Emma anche da parte di Graziella, che attende l'erede per il 15-20 dicembre[6].

tuo Giulio

Lettera ms su carta intestata «Giulio Einaudi editore»; ADC, Corrispondenza, fasc. Giulio Bollati.

[1] Sorella di Bollati.

[2] Renato Solmi, redattore dell'Einaudi.

[3] *Bologna tra Nord e Sud (impressioni della «Settimana»)*, in «Notiziario Einaudi», III (1954), n. 7, pp. 3-4.

[4] Il 22 novembre 1954 Bollati aveva scritto a Cantimori di aver firmato, assieme ad altri membri della cellula comunista dell'Einaudi quali «Filogamo (amministrazione), Molina (ufficio tecnico), Traversa (vendite rateali), Rosita [Pedretti] (amministrazione), Boringhieri (ediz. scientifiche)», una lettera al Pci in cui esprimevano preoccupazione per la recente trasformazione della casa editrice in società anonima all'insaputa dei suoi dipendenti.

[5] Verbale della riunione del 3 novembre 1954. Si può leggere in *I verbali del mercoledí* cit., pp. 153-55.

[6] Emma Mezzomonti, moglie di Cantimori, e Graziella Elia, moglie di Bollati.

A Delio Cantimori, Firenze

[Torino,] 13 gennaio 1955

Carissimo Delio,

Albertina e noi ti siamo molto grati del magnifico dono di vini toscani, che sono immediatamente usufruibili dal padre e dalla madre e mediatamente dalla figlia, in quanto, come è noto, il «vino fa latte». La bambina sta bene, mangia e dorme secondo le prescritte tabelle e cresce a vista d'occhio; ma conformista per quanto riguarda la biologia e la fisiologia, non lo è nell'aspetto e, per quel poco che si può capire, nel carattere, e si dimostra d'una vitalità e vivacità molto confortanti. Spero che tu ed Emma possiate conoscerla presto.

Ho passato le feste e i primi giorni dell'anno tra clinica e servizi ausiliari. Poi sono tornato al lavoro per dedicarmi, come molti di noi, all'insolita attività di agente finanziario, incaricato di trovare sottoscrittori alle azioni della società anonima[1]. Qui non si parla che di milioni; si fanno con disinvoltura grossi calcoli e dei libri ci si occupa nei ritagli di tempo. Quando tutta la faccenda sarà finita, torneremo a fare gli editori e ci accorgeremo probabilmente (sia detto senza polemica né inutili rimpianti) che la casa editrice ha cambiato faccia. Non penso a mutamenti di indirizzo, ma alla necessità di pubblicare molti libri che si vendano molto. È aperta fin d'ora la caccia al best-seller. Speriamo che la fase di trapasso, il risanamento finanziario ecc. si compiano in breve tempo, e che si entri in un'era di serenità e prosperità. Quando questo avverrà potremo forse chiedere, non già che la macchina svolti un'altra volta (mi pare che questi processi di sviluppo seguano soltanto traiettorie rettilinee), ma che venga riservata una quota degli investimenti a edizioni valide per se stesse o addirittura sperimentali, a studi e ricerche che *non* si stampano in 5000 copie. Voglio dire, che questo possa essere fatto non piú casualmente e con sacrificio, come ora, ma sistematicamente. Penso agli uffici studi e ai laboratori delle grandi industrie, che restituiscono i capitali investiti nella prospettiva di tempo non di uno o due anni, ma di cinque o di dieci. Forse per questa via torneremo a essere degli editori d'avanguardia.

Scusami se torno a parlare sempre delle stesse cose. Il fatto è che, rinunciando praticamente a studiare se non in forma di hobby, ho creduto per molti anni di non venir meno ai miei impegni intellettuali dedicandomi con molta passione all'editoria. Ed ora debbo un po' rivedere la questione, chiedermi se per caso non sono stato vittima di un giovanile errore e se non siano da prendere dei severi provvedimenti.

Prima di aver occupato tutto lo spazio, e non avendo potuto farlo a Firenze, voglio congratularmi con te per il progetto di rifacimento degli *Eretici* (congratulazioni strettamente private e amichevoli, non ufficiali e burocratiche)[2]. So che l'impresa è grossa e non potendo esserti di aiuto in altro modo vorrei darti un consiglio, se permetti: mettiti al tavolo e scrivi di getto, *a memoria*. Controlli, citazioni, ricerche, sviluppi, correzioni verranno poi. Sono certo che con questo sistema non ortodosso tu puoi fare un magnifico lavoro. Medita un momento su questo suggerimento, della cui bontà, modestia a parte, sono profondamente convinto (N.B.: il metodo proposto non pretende a una validità universale: mi sembra adatto al caso specifico). E qui ti saluto, con Emma, molto affettuosamente

Giulio

Lettera ms su carta intestata «Giulio Einaudi editore»; ADC, Corrispondenza, fasc. Giulio Bollati.

[1] L'8 novembre 1954 l'Einaudi era stata trasformata in una società per azioni, la cui assemblea aveva contestualmente deliberato un aumento del capitale.

[2] *Eretici italiani del Cinquecento* era stato pubblicato dalla Sansoni nel 1939.

A Sebastiano Timpanaro, Pisa

[Torino,] 2 maggio 1955

Caro Timpanaro,

grazie per la segnalazione di Angelini. Ci metteremo in contatto con lui per vedere di concordare qualche traduzione[1].

Come va? E quali notizie di Leopardi filologo? Sono personalmente molto interessato a questo lavoro e curiosissimo di leggerlo. Non sono in grado di valutare il valore della filologia leopardiana: ma sono certo che riuscire a definire con esattezza la parte che Leopardi assegna alla filologia nella costruzione del proprio «personaggio» sarebbe di grande importanza per capire tante cose che finora non mi sembrano sufficientemente spiegate. Nei ritagli di tempo il mio hobby preferito consiste proprio nel dar la caccia alle mutevoli «figure» che Leopardi in vari periodi diede di se stesso. I risultati di questo strano sport domenicale non sono privi di interesse. Eccoti spiegato, sia pure molto sommariamente, perché aspetto di leggere il tuo libro[2].

Non avendolo fatto a suo tempo, ti ringrazio ora della cordiale accoglienza che mi hai fatto a Pisa, nei giorni in cui ero travestito da agente finanziario[3]. Mi dispiace che la distanza non mi permetta di vederti piú spesso.

Con tanti cordiali saluti

tuo

Giulio Bollati

Lettera ms su carta intestata «Giulio Einaudi editore»; AST, fasc. Giulio Bollati.

[1] Il 27 aprile 1955 Timpanaro aveva suggerito a Bollati di tenere presente come traduttore «il mio amico Alceste Angelini, che insegna latino e greco a Montepulciano, ed è uomo di gusto» (AE, cart. 208, fasc. Sebastiano Timpanaro).

[2] *La filologia di Giacomo Leopardi* di Timpanaro sarebbe stato pubblicato dalla Le Monnier alla fine di quell'anno.

[3] Il 31 marzo 1955 si era chiusa la campagna di sottoscrizione azionaria lanciata dall'Einaudi all'inizio dell'anno, che aveva visto Bollati e altri redattori impegnati in giro per l'Italia come promotori.

A Giulio Carlo Argan, Roma

Torino, 27 giugno 1955

Caro Argan,

il progetto Adolfo Venturi è stato approvato. Einaudi, in attesa di poterlo fare personalmente, ti prega di darne comunicazione a Lionello Venturi. Mi incarica anche di dirti che conta su di te come «controparte» editoriale nell'elaborazione del progetto definitivo[1].

Grazie delle indicazioni bibliografiche per le pitture rupestri africane. Ho richiesto i volumi[2].

Ho letto il lavoro di Zeri[3]. Sono anche questa volta pienamente d'accordo con te: idee e spunti di grande interesse e suggestione, in un contesto scorciato fino a sembrare, talvolta, arbitrario. È davvero un peccato che Zeri non abbia organizzato le sue idee in un «libro» vero e proprio. Ma anche cosí com'è (e apportatevi le correzioni che dicevi) il lavoro mi piace e non vorrei perderlo. Federici è dello stesso parere[4].

Einaudi non si è ancora pronunciato perché, per ragioni indipendenti dalla sua e dalla nostra volontà, non siamo ancora riusciti a parlare un po' distesamente della cosa.

Penso che sarà favorevole a patto (facile profezia) che tu segua da vicino Zeri e ottenga da lui tutte le migliorie possibili.

Ho conosciuto Zeri: gli ho detto quello che scrivo a te in questa lettera e gli ho promesso una risposta definitiva entro breve tempo. Era contento, mi è parso, dell'accoglienza e dell'interesse dimostrato al suo libro.

Grazie ancora e un saluto affettuoso

[Giulio Bollati]

P.S. Zeri mi ha parlato incidentalmente d'un suo grosso lavoro sulla pittura marchigiana dal '300 al '500, a cui attende da vari anni. Gli ho detto che non escludiamo a priori che possa interessarci e che ne parli a te.

Copia ds siglata; AE, cart. 8, fasc. Giulio Carlo Argan.

[1] Argan, all'epoca consulente dell'Einaudi per la storia dell'arte, aveva suggerito di pubblicare una raccolta di scritti di Venturi, a cura del figlio Lionello. Il volume uscí l'anno dopo con il titolo *Epoche e maestri dell'arte italiana*.

[2] Il 6 giugno Argan aveva suggerito a Bollati due volumi da cui trarre «ottime riproduzioni a colori» per illustrare l'antologia di *Fiabe africane* pubblicata alla fine di quell'anno nei «Millenni» (AE, cart. 8, fasc. Giulio Carlo Argan).

[3] *Pittura* e *Controriforma. L'arte senza tempo di Scipione da Gaeta*. Fu pubblicato nella «Biblioteca d'arte» nel 1957. Cfr. *infra*, Bollati a Zeri, 22 maggio 1957.

[4] Renzo Federici, redattore responsabile delle pubblicazioni di storia dell'arte.

A Elio Vittorini, Milano

Torino, 27 giugno 1955

Caro Elio,

ho letto *Il cappellaccio* e mi è piaciuto. Certo è qualcosa di piú d'un pastiche linguistico-letterario. Il primo nome che mi è venuto in mente è Queneau (l'inizio del *Pantano* per esempio), ma Ghizzoni mi interessa di piú, lo capisco meglio. Soprattutto è meno gratuito di Queneau.

Mi pare un tipo che non crede nel romanzo, se il romanzo è racconto, svolgimento, scoperta e conclusione. Per lui ogni storia umana è inevitabilmente predeterminata, è un meccanismo che scatta sempre allo stesso modo. Inutile quindi farla lunga. Parlato e stile da copione radiofonico (con didascalie) conducono piú rapidamente all'esito. Il racconto finisce e poi ricomincia da zero. Il paradigma d'una realtà cosí ovvia è la cronaca nera dei giornali; il sesso, in questa prospettiva, è l'ovvietà per definizione. Il gusto linguistico fiorentinesco, che rappresenta il «convenzionale» linguistico della tradizione letteraria (fino alla piú nauseante banalità), si presta magnificamente ad assecondare l'ineluttabile «convenzionale» del materiale romanzesco *all'italiana*. Anche il melodramma perciò serve. Anche lo stilnovo e il petrarchismo dei canzonieri d'amore.

Con tutto ciò Ghizzoni né è cinico né si compiace. Mi pare che rappresenti la situazione reale della sua generazione meglio dei tanti finti tonti e dei tanti specialisti in esami di coscienza che infestano il mercato. Dietro c'è il solito temperamento lirico (ma discreto) e quell'urgente bisogno morale di verità e di significati che in Italia hanno sempre fregato il romanzo, ma hanno anche contraddistinto gli uomini migliori. Un'altra cosa che mi piace in Ghizzoni è che raramente si lascia andare a fare del surrealismo a buon mercato (come sarebbe facile date le premesse).

Insomma a me il libro interessa molto. Non so se avrà fortuna, ma credo che meriti senz'altro di essere pubblicato. Dimmi cosa devo fare del manoscritto[1].

Un saluto affettuoso

[Giulio]

Copia ds siglata; AGB.

[1] Fu pubblicato nella collana «I gettoni», diretta da Vittorini, nel 1957.

Presentazione della collana «Saggi»

La rossa collana dei «Saggi» – giunta in vent'anni a quasi duecento volumi – mal si presta a essere definita con una formula: essa è stata dalle origini, e continuerà ad essere, un vivo organismo pronto a reagire agli stimoli del presente e aperto a un arricchimento indefinito; una raccolta delle opere piú varie che trova unità e coerenza nella costanza del suo impegno culturale, nella continuità e nel mordente della sua presenza.

Proprio per questo loro carattere di strumento editoriale articolato e libero, capace di aderire alle molteplici esigenze e suggestioni della vita contemporanea, i «Saggi» restano la collana tipica della Casa editrice, quella che ne rispecchia piú immediatamente la fisionomia e gli intenti. Nei «Saggi» si raccolgono i fermenti, si cercano i temi, si dibattono in forma problematica le questioni che in altre collane troveranno un piú esteso e specialistico approfondimento: cosí è oggi, cosí è stato in passato. E che nei «Saggi» si ritrovi, quasi anno per anno, l'eco viva degli avvenimenti, dei problemi, delle ansie, delle speranze di questi ultimi vent'anni di vita italiana e internazionale, è come una conferma e una prova di piú che il lavoro della Casa editrice, in ogni suo settore, e comunque se ne vogliano giudicare i risultati, non è mancato all'appuntamento con la nostra storia recente, non ha eluso il difficile compito culturale che si era proposto.

Ispirata dunque a un responsabile impegno di «attualità», la collana dei «Saggi» si è configurata di volta in volta secondo le particolari specificazioni della sua funzione. Essa è stata voce e testimonianza delle generazioni che hanno combattuto per la libertà e la verità, da Gobetti a Giaime Pintor, alle *Lettere di condannati a morte* della Resistenza italiana ed europea; è stata strumento di spregiudicata e ansiosa ricerca nel passato dei motivi ancor oggi vitali della tradizione italiana piú autentica, da riscoprire e riproporre attraverso nomi, per esempio, come Cattaneo e Pisacane suscettibili di essere assunti con pieno valore simbolico e programmatico. E sempre la collana ha svolto un'opera di alta informazione e di mediazione critica, contribuendo ad aprire la nostra cultura verso civiltà ed esperienze dalle quali si era estraniata: e non solo l'America o l'Unione Sovietica, ma la Lucania e la Sicilia di Carlo Levi, perché i valori dei paesi dove piú veloce scorre la storia e quelli piú segreti da ricuperare a una piena convivenza civile contribuissero insieme alla formazione di una nuova coscienza e di un nuovo modo di pensare e di agire. L'interesse etico-politico è predominante nei «Saggi», soprattutto negli anni dell'antifascismo, della Resistenza, dell'immediato dopoguerra; poi quel senso vivo del legame tra la cultura e la società, che era implicito alla collana fin dalla sua formazione, si sviluppa in aperta discussione del rapporto tra i due termini, si richiama a testi essenziali, trae alimento da precisi riferimenti alla storia. Entro i termini di una sofferta esperienza individuale si configura in Pavese come rapporto tra letteratura e vita (e Pavese farà tradurre il *Rinascimento americano* di Matthiessen); mentre un altro scrittore della collana, Norberto Bobbio, lo affronterà con lucido impegno come dialettica tra cultura e politica. Dal *Manifesto* alle opere di Lukács, il marxismo è presente nei «Saggi» come punto di riferimento e reagente indispensabile a questa ricerca, in un dialogo spregiudicato di tendenze e orientamenti diversi.

Questa la tematica che segna il punto di maggior impegno, il momento di inserzione, d'un umanesimo inteso in senso moderno e perennemente espansivo; ben radicato nella consapevolezza delle sue origini rinascimentali e illuministiche e sempre disposto a verificare le proprie convinzioni in un contatto diretto con la realtà, a saggiare la propria capacità d'acquisto in ogni direzione. Di qui l'apertura non solo verso i metodi e le conquiste della ricerca scientifica e i risultati dell'indagine economica; ma anche verso ogni forma della vita d'oggi, dalle piú tipiche ed esasperate manifestazioni della «civiltà delle macchine», con le tecniche e i problemi d'ogni genere che la caratterizzano, a una rinnovata sensibilità per i problemi delle arti figurative, dell'architettura, della musica, del cinema. Alcuni volumi dei «Saggi» sono, tra gli altri, particolarmente indicativi di questo sforzo di allargamento del quadro culturale tradizionale: la *Storia della matematica* di Colerus, la *Storia dell'architettura moderna* di Zevi, la *Storia del cinema* di Sadoul, i *Problemi umani del macchinismo industriale* di Friedmann.

Ma non è detto che questo processo di comprensione e di scoperta del reale debba sempre attenersi a un canone problematico e rigorosamente storico: come nella vita, cosí nella collana dei «Saggi» la fantasia, il gusto per le libere avventure dell'intelligenza, il senso, anche, del romanzesco che traduce l'esperienza in forme già mitiche, non sono concessioni e cedimenti della tensione critica, ma forme diverse d'una medesima curiosità per gli uomini e le cose. Sarà, allora, la riscoperta d'un libro suggestivo e dimenticato, la rarità d'un inedito, il racconto tra «poliziesco» e avventuroso del ritrovamento delle antiche civiltà, come nel fortunato libro di C. W. Ceram. Errori, certo, la collana dei «Saggi» ne ha commessi: com'era in certa misura inevitabile dato il suo stretto legame con l'attualità e la difficoltà di compiere sempre delle scelte sicure e durevoli. E vi si possono anche rilevare delle lacune che appaiono ingiustificate e che è urgente colmare. Ma qui si toccano già i propositi e i programmi del lavoro futuro. Quel che conta è che la collana dei «Saggi» è viva, e che intende svilupparsi e crescere restando fedele a quello che è sempre stato il suo assunto: essere presente sulla linea piú avanzata della ricerca culturale e dell'impegno civile, dare il suo contributo alla formazione d'una nuova coscienza e d'una rinnovata ricchezza e pienezza di vita.

Catalogo generale delle edizioni Einaudi dalla fondazione della Casa editrice al 1° gennaio 1956, Einaudi, Torino 1956, pp. 82-83.

Appello ai comunisti

Di fronte agli avvenimenti ungheresi, alla drammatica situazione in cui si trova il socialismo mondiale; nell'interesse della pace e del socialismo nel quale abbiamo creduto e crediamo; consapevoli della responsabilità che i comunisti hanno verso la classe operaia italiana e internazionale, e verso l'opinione pubblica democratica dell'Italia e di tutti i paesi; noi comunisti torinesi della cellula «Giaime Pintor» dichiariamo:

l'atteggiamento assunto dalla Direzione del Pci di fronte ai fatti ungheresi è un grave errore, compiuto in aperta contraddizione con la politica piú volte affermata di sviluppo del socialismo coi metodi democratici e sulla base delle forze e delle situazioni nazionali; tale atteggiamento è in contrasto aperto col giudizio di ogni comunista responsabile e con il sentimento e la volontà delle masse popolari; tale atteggiamento, anziché favorire il processo di chiarificazione e rinnovamento in campo socialista e il processo di distensione sul piano mondiale, lo pregiudica pericolosamente; tale atteggiamento ripete l'errore compiuto all'indomani dei fatti di Poznań, e non è che l'ultimo di una serie di tentativi intesi a eludere una coraggiosa, spregiudicata, responsabile presa di coscienza della positiva svolta del socialismo nell'Unione Sovietica e di tutte le conseguenze in essa implicite.

Pertanto noi ci appelliamo a tutti i comunisti operai, contadini, intellettuali dirigenti e parlamentari e in particolare al Comitato centrale del Partito, perché:

1) sia sconfessato l'operato della Direzione, affinché la pesante responsabilità assunta da essa non ricada sul Partito nel suo complesso, determinando la rottura dell'unità, e una perdita irreparabile di prestigio morale e politico,

2) si dichiari apertamente e in conformità ai principî e ai sentimenti di tutti i comunisti la nostra piena solidarietà coi movimenti popolari polacco e ungherese e con i comunisti che

non hanno abbandonato le masse protese verso un radicale rinnovamento dei metodi e degli uomini,

3) sia affermato il nostro appoggio e il nostro incitamento ai dirigenti, ai comunisti e alle masse popolari che nell'Unione Sovietica conducono un coraggioso sforzo per rendere operanti, nell'interesse del socialismo e della pace mondiale, i principî sanciti dal XX Congresso,

4) il Pci, cessando di restare alla coda degli avvenimenti, si ponga con vivo senso di responsabilità il problema di facilitare la soluzione delle questioni che incombono su tutte le Democrazie Popolari, adoperandosi con ogni mezzo a evitare che tali questioni giungano a un grado di pericolosità esplosiva, sia all'interno che nei riflessi internazionali.

Noi riteniamo che solo adottando subito, con decisione e con forza, questi provvedimenti, i comunisti potranno assolvere al loro dovere verso la classe operaia e verso il paese, ed evitare, con la sconfitta politica del Partito, una grave sconfitta della classe operaia e di tutti i lavoratori e i democratici italiani.

I comunisti della cellula «Giaime Pintor»
della Casa editrice Einaudi di Torino

I comunisti della cellula «Giaime Pintor» invitano tutti i compagni a far proprio questo ordine del giorno

Torino, 29 ottobre 1956

Ds con correzioni ms di Bollati; ADP. Scritto in collaborazione con Lodovico Terzi: cfr. Daniele Ponchiroli, *La parabola dello Sputnik. Diario 1956-1958*, a cura di Tommaso Munari, Edizioni della Normale, Pisa 2017, pp. 27-28.

Comunicato della casa editrice Einaudi

Di fronte al pericolo che si chiuda davanti ai popoli la prospettiva della coesistenza pacifica che aveva caratterizzato in questo ultimo anno la situazione internazionale, e che si ricostituiscano e prendano baldanza in ogni campo forze oltranziste tendenti alla esasperazione dei contrasti, alla guerra fredda e alla divisione del mondo in blocchi di potenze, noi uomini di cultura di differenti credenze e posizioni politiche, ma legati da una comune esperienza di lavoro ispirata al programma di ricercare e divulgare gli insegnamenti positivi del passato e del presente perché se ne traggano ragioni di fiducia nell'avvenire; noi riteniamo che sia nostro dovere dire ai nostri collaboratori, ai nostri amici e lettori e a quanti vorranno ascoltarci, uomini politici e uomini di cultura, quali sono i convincimenti che, scaturiti da molti anni di serena discussione e collaborazione, guidano oggi la nostra attività in armonia con le forze che in ogni paese lavorano per un pacifico sviluppo della convivenza umana.

Se noi sentiamo come nostro compito quello di contribuire a formare quadri culturali, politici, professionali che traggano l'efficacia del proprio operare dalla conoscenza della realtà politica, economica, sociale, tecnica (come di quella storica e culturale), del nostro e degli altri paesi; se noi ci sentiamo, per questo, civilmente impegnati ad affrontare lo studio di avvenimenti e di problemi con scrupolo di ricerca e rispetto della verità, cosí da favorire, contro ogni confusione propagandistica, la chiarezza e il confronto di posizioni diverse; se noi sentiamo come nostro dovere e responsabilità, anche in situazioni oscure e drammatiche, quello di individuare la verità e di dirla, al di sopra e al di fuori di ogni tattica o compromesso contingente; la nostra posizione di fronte ai gravi avvenimenti che scuotono il mondo in questo buio e minaccioso momento non può che essere, unitaria, di condanna di ogni tentativo di divisione del mondo in blocchi armati; di condanna di ogni ricorso alla forza e di ogni intervento che soffochi l'autonomia e l'indipendenza dei popoli; di condanna di ogni politica che non sia quella delle trattative internazionali; di condanna di ogni forma di esasperazione della politica interna dei vari paesi, dettata da intenti antipopolari, nazionalisti e bellicisti. Noi vogliamo richiamare l'attenzione degli uomini politici italiani sulla grave responsabilità che ad essi incombe in questo momento e che essi potranno degnamente assolvere solo se rifiuteranno di sposare, per interessi di parte, la causa di questo o quel paese, di questo o quel regime, e vorranno invece far propria con decisione e con spirito di iniziativa esclusivamente la causa della pace, dell'accordo internazionale, della democrazia, del progresso, della giustizia sociale. Questa è la sola via che possa consentire ad ogni posizione politica ispirata, se pur in forme diverse, allo sviluppo sociale e civile, di esprimere il meglio di se stessa, il senso piú fecondo e autentico del proprio messaggio. Solo questa è la via che può evitare all'esterno il ritorno e l'inasprimento della guerra fredda, e all'interno il risorgere di forze apertamente reazionarie e fasciste che speculano sulla confusione e sul disorientamento e tentano di interrompere uno sviluppo in senso democratico della vita italiana, quale è presupposto e garantito dalla Costituzione.

Davanti alla inconcepibile eventualità di una guerra mondiale, che significherebbe la fine della nostra civiltà, opponiamo ad ogni forza ritardatrice la nostra fiducia che le piú avanzate esperienze di produzione e di organizzazione economica e sociale che si sviluppano negli Stati Uniti, nell'Unione Sovietica, in India e in altri paesi, possano obiettivamente eliminare la fatalità del ricorso alla guerra. Noi abbiamo coscienza di essere un piccolo gruppo, ma sappiamo anche che la nostra non è posizione di idealisti solitari ed avulsi dalla realtà. Noi siamo certi che esistono oggi in Italia e nel mondo forze, uomini responsabili, e masse sterminate i quali presentono o già vedono con chiarezza, al di là delle tragedie e dei pericoli di oggi, un mondo nuovo, pacifico e progredito. Senza cedere al panico, senza lasciarci tirare indietro verso i peggiori aspetti del passato, crediamo e lottiamo per questo avvenire.

Ds; ADP. Steso l'8 novembre 1956 da Bollati e Italo Calvino: cfr. Ponchiroli, *La parabola dello Sputnik* cit., pp. 40-41.

A Delio Cantimori, Firenze

[Torino,] 20 novembre 1956

Carissimo Delio,

ho ricevuto le tue lettere, che ho fatto leggere anche a Einaudi. Il loro leitmotiv – ritiro, silenzio, lavoro – tocca in me corde profonde. Davvero non so darti torto. Mi sento in questi giorni come una fetta di salame in un sandwich. E poiché l'inutile stoicismo di questi anni non è riuscito a uccidere del tutto l'uomo decadente che pensa all'isola di Robinson, sto male il doppio di quel che dovrei, e ogni gesto, impegno, intervento, mi costa sforzi grandissimi. Ancor piú dolorosi perché avvelenati dal dubbio – ultima sorpresa regalataci dalla situazione – che i circoli Petőfi, con tutta la loro buona fede e il loro scrupolo di verità e di bene, possano essere davvero la scintilla che incendia depositi insospettati di esplosivo. Anch'io sono per un graduale sganciamento dalla cosiddetta lotta politica. Niente piú manifesti, mozioni, proclami. Faremo, se potremo, e con tutto il senso di responsabilità che ciò comporta, dei libri che aiutino a capire (e anche Einaudi si orienta cosí).

Quanto al tuo viaggio a Torino, non c'è nessun motivo di urgenza. Non è legato a riunioni o ad altro di simile. Vieni solo se ti può far piacere e se hai voglia di scambiare quattro chiacchiere. La data che hai indicato – intorno all'8 dic. – va bene per Einaudi e per me.

Sarò molto contento di vederti. Avvertimi in tempo del tuo arrivo.

Un saluto affettuoso anche a Emma

tuo Giulio

Lettera ms su carta intestata «Giulio Einaudi editore»; ADC, Corrispondenza, fasc. Giulio Bollati.

Ad Antonio Giolitti, Roma

Torino, 1° aprile 1957

Caro Giolitti,

il tuo libro è quasi tutto stampato e la sua uscita è ormai questione di giorni[1]. La copertura andrà in stampa dopodomani, mercoledí, ma la fascetta dovrebbe essere diversa da quelle che tu avevi proposto e che erano state trovate un po' faticose e oscure per una fascetta. Dopo uno spoglio accurato dei passi del tuo libro che meglio esprimono il contenuto e lo spirito del lavoro, Einaudi, e noi con lui, ci siamo fermati su questo (p. 22 delle bozze):

> Affrontare questi problemi in questi termini non è «revisionismo senza principî»: ciò comporta non l'abbandono dei principî, bensí di vecchi schemi (...) e il riesame di certi giudizi e di certe previsioni sulla crisi del capitalismo che i fatti hanno smentito e che l'analisi marxista non solo permette, ma impone di correggere.

Questa fascetta è stata approvata all'unanimità da tutti quanti, ed è realmente assai bella e invoglia alla lettura. Piace anche quel tanto di moderatamente polemico che c'è dentro, e che è però adeguatamente compensato dalla professione di marxismo (che è l'elemento sostanziale).

Comunque, benché si tratti di una questione marginale, mi sembra che tu debba esserne informato. Se quel testo non ti va, telegrafami o, meglio ancora, telefonami (in mattinata sul tardi o dalle 16 alle 20 in ufficio; all'ora dei pasti a casa, 770358).

Molto cordialmente

[Bollati]

Caro Antonio,

penso dovrai farci tu la schedina del tuo libro[2]. Ce la puoi mandare per espresso subito? Ricordati di aggiungere qualche notizia biografica.

Cari saluti

[Calvino]

Copia ds siglata; AE, cart. 96, fasc. Antonio Giolitti.

[1] *Riforme e rivoluzione*, «Libri bianchi», 1957.
[2] Scheda di presentazione che l'Einaudi inseriva all'interno dei volumi.

Ad Antonio Giolitti, Roma

Torino, 11 aprile 1957

Caro Giolitti,

mi dispiace di non averti visto sabato. D'ora in poi ogni sabato la prima cosa che farò aprendo gli occhi sarà di informarmi se sei stato segnalato.

Avrei voluto dirti che il tuo articolo su Guiducci mi è piaciuto e credo che piacerà anche a lui[1]. Non solo hai azzeccato il tono giusto, ma hai centrato il problema fondamentale là dove chiedi a Guiducci (e a molti come lui) di non pretendere soltanto, moralisticamente, che qualcuno realizzi quello che lui «anticipa»; ma di scendere anche lui tra i realizzatori, tenendo conto della realtà, delle tradizioni, delle forze esistenti ecc. L'obiezione, in varie forme, gli è stata mossa piú volte, ma troppo spesso allo scopo di liquidarlo. Fatto da te il discorso ha ben altro significato e – tanto per esprimermi in linguaggio guiducciano – delimita uno spazio di colloquio effettivo, una possibilità di reciproca verificazione.

Ma al diavolo il linguaggio guiducciano, che è attaccaticcio come la marmellata. Mi tocca l'ingrato compito di parlarti (e male) di quello di due autori che cadono sotto la tua giurisdizione: Bizzarri e Solaroli. Mi ero accorto, leggendo qualche pagina del loro manoscritto[2], che la sintassi e la grammatica non erano il forte dei nostri scrittori. Pensavo trattarsi della cosiddetta sciatteria stilistica dei competenti, la quale spesso non contraddice, ma anzi conferma l'idea di efficienza tecnica che ci facciamo dei competenti stessi. Senonché, passato il lavoro a Lucentini perché ne rimettesse a posto lo stile, Lucentini lo ha smontato passo per passo ed ha concluso con un giudizio di merito cosí negativo da convincere Einaudi e tutti noi a rinunciare alla pubblicazione[3].

Troverai allegata la bozza di una relazione di Lucentini, nella quale si sottolinea solo una parte degli errori, inesattezze, evasioni dal tema ecc. che lo spietato revisore ha diligentemente schedato.

Dimmi se vuoi parlare tu a Bizzarri e Solaroli o se preferisci che lo facciamo noi e in che forma. Mandandogli parte della documentazione di Lucentini? Sarebbe meglio, crediamo, perché cosí i rei non potrebbero sospettare che respingiamo il libro per chissà quali nostri motivi.

Ciao, ti saluto affettuosamente

[Bollati]

Copia ds siglata; AE, cart. 96, fasc. Antonio Giolitti.

[1] *«Piú democrazia, piú collegialità, piú legalità, attraverso forme nuove»*, in «Notiziario Einaudi», VI (1957), n. 1, pp. 2-3. Il libro di Roberto Guiducci oggetto dell'articolo era *Socialismo e verità* («Saggi», 1956).

[2] Un'inchiesta sull'industria cinematografica italiana.

[3] Franco Lucentini era stato assunto come redattore all'inizio di quell'anno.

A Federico Zeri, Roma

Torino, 22 maggio 1957

Caro Zeri,

abbiamo cominciato a occuparci della illustrazione del Suo libro. Intanto si affaccia un'altra questione importante: il titolo. Com'è noto l'autore e l'editore partono spesso da punti di vista affatto diversi. Ma non disperiamo di raggiungere un accordo soddisfacente per entrambi.

Einaudi dunque sostiene che il titolo *Scipione Pulzone nella pittura della Controriforma* fa torto al Suo libro due volte: la prima, inducendo lui, Einaudi a tirare solo mille copie del volume (perché, senza possibilità di equivoci, è il titolo di una monografia scientifica destinata a specialisti); la seconda perché dice solo in parte *quello che il libro è veramente*, vale a dire un importante capitolo di storia non solo artistica, ma piú largamente culturale, che può essere letto con profitto anche dallo storico, dal letterato, dalla persona colta in generale. Volendo ora tentare: a) di non «reclamizzare» il lavoro con un titolo che metta a repentaglio il suo decoro scientifico; b) di rispecchiare il carattere di ricerca puntuale che il libro ha, ma insieme anche il contesto problematico piú vasto entro cui la ricerca particolare si situa; vorremmo proporLe qualcosa come:

Pittura e Controriforma
Le origini dell'«arte senza tempo»
in Scipione Pulzone da Gaeta

variante:

Pittura e Controriforma
Scipione Pulzone da Gaeta
Alle origini dell'«arte senza tempo»

Le varianti potrebbero moltiplicarsi ma qui si voleva dare solo un'idea del titolo che ci piacerebbe. Come vede, l'intenzione è di invertire l'ordine tra titolo e sottotitolo, chiamando il secondo a definire l'area e lasciando al primo il compito di precisare il luogo. Questo sistema, come Lei sa, ha buoni precedenti anche nell'uso scientifico, e credo che neppure l'accademico piú pignolo avrebbe da ridire.

Ci pensi. Intanto La saluto cordialmente.

[Giulio Bollati]

Copia ds siglata; AE, cart. 226, fasc. Federico Zeri.

A Giulio Carlo Argan, Roma

Torino, 24 maggio 1957

Caro Argan,

come ti avevo detto ho un piccolo favore personale da chiederti. Devo occuparmi delle illustrazioni del *Canzoniere* petrarchesco, che uscirà in autunno. Finora ho individuato tre possibili soluzioni. La prima è di servirmi di uno o piú codici miniati del *Canzoniere*; la seconda è di mettere insieme una antologia di pitture del gotico internazionale; la terza infine è quella di limitarmi a servirmi del ciclo di affreschi di Avignone. Quest'ultima soluzione è quella che preferisco perché mi permetterebbe di fare un'illustrazione graficamente omogenea, e d'altra parte mi eviterebbe di ricorrere nuovamente alle miniature, delle quali ho abusato negli ultimi anni[1]. Ma vorrei il tuo parere anche perché penso che tu possa avere altre idee[2].

Scusami per il fastidio e abbiti i miei piú cordiali saluti

[Giulio Bollati]

P.S. Einaudi aspetta il nuovo programma della tua serie di storia dell'arte italiana[3]. Della questione si è continuato a discutere e Foà ed io gli abbiamo fatto presente le tue giustissime osservazioni sull'aspetto organizzativo ed economico dell'impresa.

Copia ds siglata; AE, cart. 8, fasc. Giulio Carlo Argan.

[1] In particolare nel primo volume del *Parnaso italiano*, *Poesia del Duecento e del Trecento*, a cura di Carlo Muscetta e Paolo Rivalta [pseud. di D. Ponchiroli], 1956: «Abbiamo illustrato il presente volume con una scelta di miniature tratte da codici italiani del Due, Tre e Quattrocento. Sono opere di artisti di ogni parte e scuola italiana: lombardi, bolognesi, veneti, toscani ecc., i quali ci è parso che potessero, piú dimessamente, ma con maggior precisione dei maestri della grande arte, rispecchiare e quasi sottolineare la straordinaria, capillare varietà di voci, di ambienti, di intenzioni proprie della ricchissima produzione poetica di quei secoli. Piú legati alla circoscrizione poetica cittadina o regionale, e piú vincolati all'occasione pratica dell'illustrare, i miniatori rendono con franca immediatezza o con vigoroso estremismo quelle tendenze figurative che nella zona piú alta dell'arte cedono al valore universale di significati irriducibili. Per questo li abbiamo preferiti e li proponiamo ora al lettore come un libero commento visivo ai testi della nostra crestomazia» (p. XXVI).

[2] La risposta di Argan non è conservata. Bollati seguí infine una quarta strada: cfr. *infra*, Bollati a Muscetta, 17 marzo 1958.

[3] Cfr. *infra*, Considerazioni sul progetto di una collana di cultura figurativa [24 maggio 1958].

A Luciano Foà, Torino

[Provenza,] 22 agosto 1957

Caro Luciano,

salto i preliminari e vengo subito alla questione importante. Dopo molte ricerche, piú meticolose del solito ma anche meno fortunate, ho trovato alla Biblioteca naz. due gruppi di illustrazioni per le fiabe francesi, costituiti il primo di una serie *in bianco e nero* di legni popolari dedicati espressamente alle fiabe (tipo Épinal); il secondo di una serie di figure *a colori* di personaggi di teatro (fata, principe, cavaliere, fanciulla bionda, orco ecc.) del tempo di Luigi XIV.

Sia la prima che la seconda serie offrivano vantaggi e inconvenienti (il difetto di essere in bianco e nero, e popolare, delle «images», bilanciava una certa staticità da figurino di mode dell'altro gruppo)[1]. Cosí io le ho commissionate entrambe alla Section Photo della Biblioteca, al prezzo molto conveniente di 500 fr. l'una le foto in nero (che sono una trentina) e di 5000 quelle a colori in formato 13×18 (che sono 14). Ma la Biblioteca non procederà all'esecuzione delle foto se non riceverà un anticipo di almeno 50 000 fr. da spedire alla Biblioteca nazionale, Sezione fotografica, attraverso una banca, o in altro modo tu riesca a escogitare.

Se l'amministrazione manda *subito* i soldi possiamo avere le foto entro il 12-15 sett., che è già tardi, ma non ancora troppo tardi.

Ho pensato a un'altra possibilità: far intervenire Mella perché si occupi di questa operazione e solleciti assiduamente con i suoi corrispondenti. Non so se tu sei favorevole a un'idea del genere: io te la passo senza molta convinzione.

Cosí insomma lascio per il momento la cosa nelle tue, o nelle vostre, mani, non sapendo del resto che altro fare in questa fase delle operazioni.

Anzi forse tarderò qualche giorno oltre il 31. Ti prego di dirlo a Einaudi. Sono riuscito a concludere qualcosa soltanto il 14, e salvo una salutare sosta alla cabane lucentiniana[2], non sono riuscito a fare vera vacanza se non da tre giorni, qui in Provenza. Oggi, poi, si è messo a piovere. Cosí riparto e vado da mia sorella, vicino a Nizza, dove potrete raggiungermi per via postale o telefonica (Mara ha l'indirizzo)[3].

Un saluto affettuoso

Giulio

P. S. Le foto sono state ordinate naturalmente a nome di Giulio Ein. editore.

Lettera ms con appunto di Foà in testa: «Provveduto per la prima parte Luciano 28/8»; AE, cart. 14, fasc. Giulio Bollati.

[1] Bollati diede conto di questa scelta in una *Nota alle illustrazioni* del libro: «Quanto è ricca l'iconografia francese del genere *fable*, tanto è povera quella del *conte des fées*. I racconti delle fate non diedero luogo, nell'ambiente mondano e di corte in cui fiorirono, a una voga figurativa o decorativa parallela a quella letteraria. Illustrazioni specifiche si trovano soltanto nelle edizioni a stampa o, piú tardi, sulla fine del Settecento, nella *imagerie* popolare: non in quella secca e ardita di Épinal, ma nell'altra della rue St-Jacques, aperta a ogni influsso e combinazione di stili e capace perciò di riecheggiare, raggelati come in una ingenua scenografia di melodramma, i segni lontani del Gran Secolo o i ricordi delle grazie rococò. Di queste illustrazioni popolari si dànno, in quattro tavole doppie, altrettanti esempi, scelti tra quelli meno influenzati dalla fortissima attrazione dello stile "direttorio". Le otto tavole a colori vogliono offrire invece qualcosa di piú di una curiosità e suggerire una possibile illustrazione pertinente e contemporanea. La scelta è stata fatta per deduzione: se le fiabe francesi sono oltre al resto un gioco di società e un pretesto per fantasiosi travestimenti, il loro equivalente visivo sarà da cercare nella sfera del balletto, delle feste, delle rappresentazioni in costume in cui il meraviglioso mitologico e classicheggiante d'apparato si sposa al nuovo esotismo delle "preziose". La ricerca cosí indirizzata ci ha condotto ai figurini teatrali che qui riproduciamo: sono tutti dell'età del Re Sole (e appartengono alla Bibliothèque Nationale di Parigi); e ci aiutano a capire, noi crediamo, che l'essenza del "fiabesco" era, per i contemporanei di Luigi XIV, meno lontana dalle intellettuali e raffinate allegorie del Rinascimento che dalle esangui, odierne riduzioni per l'infanzia – figlie di un romanticismo approssimativo e minore. Vedere le fate non come fantasmi vaporosi, ma come dame di composta e classica eleganza, ci eviterà l'errore prospettico di situarle sullo sfondo di castelli gotici o di giardini troppo aggrovigliati e oscuri», Madame d'Aulnoy, Perrault e altri, *I racconti delle fate. Fiabe francesi della Corte del Re Sole e del secolo* XVIII, a cura di Elena Giolitti, Einaudi, Torino 1957, p. XXXI.

[2] Lucentini si era costruito una casa in pietra nei pressi della foresta di Fontainebleau.

[3] Bollati aveva due sorelle: Romilda e Mara. Quest'ultima era allora impiegata all'Einaudi.

A Carlo Muscetta, Roma

Torino, 17 marzo 1958

Caro Carlo,

la tua ultima lettera è stata come un colpo di fucile su un lento piccione finalmente alzatosi in volo. La questione delle illustrazioni a Petrarca mi ha dato piú noia di tutte le altre messe insieme. E pour cause, trattandosi appunto di quel poeta che è dappertutto e in nessun posto. Come sai avevo puntato su una soluzione ovvia e corretta, gli affreschi di Avignone, l'unica legittima a stretto rigore. Ma sono cominciati i guai quando il fotografo avignonese, dopo mesi di laboriosissime trattative, ci ha mandato delle fotografie inutilizzabili. Ho seguito poi le piste indicatemi da te. Bellissimi i disegni di Petrarca, ma troppo scarni di numero. Belli gli arazzi fiamminghi, ma assolutamente impossibile ritagliarvi otto particolari profani. Una ricerca di codici miniati, condotta anche con l'ausilio di Contini che ho visto a Firenze, aveva portato alle conclusioni che i codici miniati di Petrarca sono scarsissimi, e nessuno eccellente. È stato a questo punto che Einaudi si è stancato di aspettare ed ha fatto lui una ricerca e una proposta: Andrea da Firenze nel Cappellone degli Spagnoli. Combinazione ha voluto che in quel ciclo di affreschi ci fosse una bellissima testa di donna che passa per il ritratto di Laura. Questo fatto, si tratti o no di leggenda, era però un dato da esaminare con attenzione: c'era finalmente qualcuno che aveva visto, o creduto di vedere, Laura. Concentrare in un volto la linea, la musica e il personaggio del *Canzoniere*, era un'idea elementare, quale poteva venire a uomini grezzi, ma era un'idea non destituita d'una sua verità. Allora ho guardato meglio, e in una serie di quattordici donne bionde impersonanti altrettante arti e virtú, ho immaginato di scorgere quattordici «variazioni» del tema Laura, ad opera d'una stessa mano che tenta e ritenta sempre la stessa immagine.

Ma a parte questo tipo di discorso, sempre troppo arbitrario e sempre viziato d'estetismo – com'è inevitabile continuando in questo gioco, non strettamente documentario e iconografico, dell'illustrazione allusiva –, quel genere di pittura è storicamente pertinente a Petrarca; le miniature non piacciono piú al nostro pubblico; l'idea di una serie di pin-up girls commercialmente va, e culturalmente non manca di finezza. Ecco le tre ragioni per cui ho aderito con convinzione al suggerimento di Einaudi ed ho messo in moto i fotografi con scale e riflettori[1].

Quando ho saputo del codice della Marciana mi è venuto un accidente. A questo punto fare macchina indietro non è tanto facile. Ti prego perciò di valutare la situazione sia dal punto di vista pratico, sia da quello di merito. Sarei davvero molto spiacente di averti involontariamente scontentato o di saperti insoddisfatto.

Ti manderò al piú presto delle fotografie degli affreschi di Firenze. Il ritratto di Laura puoi vederlo nel Dizionario Bompiani (Autori) alla voce Petrarca. Se poi proprio la soluzione fiorentina non ti va, potremo rimettere tutto in discussione.

Rispondimi per favore. Spero che tu stia bene e che ci vedremo presto.

Un saluto affettuoso

[Giulio]

Copia ds siglata; AE, cart. 141, fasc. Carlo Muscetta.

[1] Cosí Bollati motivò la scelta nella *Nota alle illustrazioni* del libro: «Nelle tavole fuori testo del presente volume si sono riprodotti particolari degli affreschi di Andrea di Buonaiuto nel fiorentino Cappellone degli Spagnoli. Nella figura di donna che si incontra al frontespizio del libro e che è tolta dall'*Allegoria della Chiesa*, un'antica incontrollabile tradizione suole riconoscere Laura. Anche il lettore piú renitente ad accettare per buona l'identificazione o perfino a tollerare che si faccia questione d'un tale riconoscimento, ci perdonerà, noi crediamo, d'esserci lasciati tentare dall'ipotesi quei pochi istanti che bastano a vedere la bella immagine attraverso una leggera nebbia petrarchesca; e di averne preso spunto per il gioco illustrativo che segue: una galleria di volti che sono variazioni insistite d'un solo volto, anzi d'un solo tema, entro una cornice metrica sempre uguale in cui per magia di stile si dissolve ogni scoria corporea. Nell'affresco di Andrea (*Il trionfo di san Tommaso*) le donne rappresentano invece altrettante arti religiose e liberali, e l'ultima pubblicata da noi, l'attonita suonatrice di viella, vuol significare, secondo l'intenzione del pittore, i "piaceri dell'udito"» (Francesco Petrarca, *Canzoniere, Trionfi, rime varie e una scelta di versi latini*, a cura di Carlo Muscetta e Daniele Ponchiroli, EInaudi, Torino 1958, p. LI).

Considerazioni sul progetto di una collana di cultura figurativa

A proposito della collana Argan, e dopo aver parlato con lui, desidero esporre alcune considerazioni[1].

Dal punto di vista pratico e organizzativo risulta sempre piú evidente e urgente la necessità di affiancare ad Argan un vero e proprio responsabile esecutivo della collana. Ma considerata la difficoltà di trovare una persona adatta, e la spesa relativa, e considerata piú in generale l'entità complessiva degli impegni che la collana comporta, forse sarebbe opportuno riesaminare a fondo tutto il progetto.

A mio parere, dal punto di vista culturale la collezione non è impostata con la precisione necessaria. I criteri informatori variano da volume a volume, gli autori appartengono a tendenze disparate e talvolta sono scelti in base al criterio «non ce n'era un altro disponibile». Alcuni volumi è prevedibile che saranno impostati come «saggi» personali, di carattere eminentemente interpretativo; altri saranno volumi di pura e semplice compilazione manualistica. L'ampiezza del programma rende ancora piú grave questi difetti e accentua la casualità dei contributi. Argan mi diceva di aver dovuto ridimensionare le sue aspirazioni riguardo a molti volumi, concepiti inizialmente come «molto intelligenti» (per es. un volume sulle armi), perché nessuno è in grado di scriverli come lui avrebbe voluto: e di aver concluso che bisogna accontentarsi di quello che si trova.

Questi difetti (se ne potrebbero indicare altri) non trovano, a mio parere, nessun compenso sul piano editoriale-commerciale. Anzi qui si sommano ad altre difficoltà abbastanza marcate. Per esempio: la casualità con cui procede la pianificazione e la realizzazione del piano, diventa secondo me rischiosissima quando si traduce in una serie di «uscite» destinate a comporre un quadro organico *solo* sulla distanza di almeno sei-otto anni. La mancanza di coordinamento indurrebbe nel pubblico prima diffidenza e, presto, stanchezza, di fronte a titoli cosí disparati: solo l'intelligenza e l'estrosità delle proposte, il mordente e la vivacità di ogni singolo volume potrebbero tenerlo sveglio, ma sono appunto le qualità che non possiamo aspettarci di avere, andando le cose come vanno.

Non ho parlato ad Argan di questi miei dubbi, perché penso sia meglio parlarne prima all'interno.

Secondo me ci sono due soluzioni possibili. a) Una messa a punto della collana, che porti a una precisazione dei criteri culturali-editoriali, a un riordino (e a una riduzione) del programma, a un progetto di direzione-segreteria, a una pianificazione dell'edizione.

Oppure b) Una sostituzione di questo progetto con un altro, tale che ci permetta di utilizzare i volumi già pronti o già commissionati (quelli che saranno sicuramente consegnati), e soprattutto l'attuale rete di collaborazioni in atto o potenziali. I volumi pronti potrebbero essere editi nelle collane esistenti. I collaboratori (aggiungendone dei nuovi e possibilmente piú importanti) potrebbero essere chiamati alla redazione collettiva di una storia dell'arte italiana in due o tre grossi volumi[2].

Questo progetto andrebbe illustrato molto piú ampiamente di quanto possa fare qui. Accenno solamente al grande interesse di un'opera simile, che manca e che prima o poi un editore penserà a fare; alla sua maggiore realizzabilità, trattandosi di chiedere agli specialisti (ai migliori) dei capitoli e non dei volumi (che non farebbero); alla maggiore rapidità di esecuzione; alle minori spese di impianto e di lavorazione; al successo crescente che hanno altre opere impostate secondo questa formula.

Bl.

Ds con correzioni ms databile al 24 marzo 1958; AE, cart. 8, fasc. Giulio Carlo Argan.

[1] Questo promemoria è preceduto da una breve relazione dell'incontro con Argan avvenuto il 24 marzo 1958: «Abbiamo parlato prima dei suoi saggi. I volumi sono due: uno di scritti su questioni di architettura, che sarà pronto per primo. Un secondo volume (eventuale) di scritti su artisti e maestri (comprendente per es. un saggio sul realismo di Caravaggio, uno su Tasso e le arti figurative e altri). Collana di Cultura figurativa. Abbiamo rifatto insieme un esame degli impegni presi e da prendere e abbozzato un possibile programma di pubblicazione dal 1959 al 1965. Siamo restati con l'intesa che da Torino scriveremo a un certo numero di collaboratori (di cui abbiamo la lista) per mettere a punto l'attuazione del piano per i primi due anni. Sollecitando le consegne, occorrerà pagare e apprestarsi a pagare anticipi di varia entità. Subito dopo bisognerà fare dei nuovi contratti per i volumi non ancora affidati». Il progetto di questa collana non si concretizzò.

[2] Appunto ms a margine: «d'accordo G.E.».

A Roberto Battaglia, Lido di Ostia

Torino, 26 marzo 1958

Caro Battaglia,

ti scrivo per incarico di Einaudi e d'ora innanzi sarò io il tuo corrispondente per tutto quanto riguarda la lavorazione del tuo libro[1].

Non so se sai già che il tuo libro è piaciuto molto a Einaudi e a Venturi, che sono i soli finora ad averlo letto. Credo che l'uno e l'altro ti scriveranno direttamente per congratularsi con te. Dicono che il tuo libro è bellissimo: nuovo, importante, ineccepibile dal punto di vista storiografico, ma anche appassionante a leggersi, perché scritto in modo molto piacevole e brillante. Insomma, a quanto pare, hai fatto centro e anch'io (che mi ripromettevo di leggere il manoscritto nei prossimi giorni) dopo quello che ho sentito dire sento di poterti anticipare le mie piú vive congratulazioni.

Intanto rispondo ai tuoi quesiti d'ordine pratico:

1) Siamo contrari in linea di massima e salvo un esame piú approfondito ad apportare dei tagli. Stamperemo se mai su una carta piú sottile della solita e comporremo le citazioni piú lunghe in corpo piccolo. La scelta delle citazioni da comporre in corpo piccolo non è cosa facile, come tu stesso fai osservare. Ma possiamo, credo, stabilire fin d'ora questo criterio empirico: che dove la citazione non è strettamente intrecciata al tuo discorso ed è sufficientemente lunga, si può senz'altro comporla in corpo piccolo (come del resto facciamo sempre).

2) Data di pubblicazione. Einaudi vorrebbe uscire nella seconda metà di giugno, e a questo proposito ha disposto che tu cominci a ricevere le bozze a partire dal 15/20 aprile circa. Tu cosa ne dici? I tuoi impegni elettorali ti permetteranno di tener dietro al ritmo abbastanza veloce della lavorazione?[2].

3) Illustrazioni. Siamo d'accordo per illustrare il libro con una certa ricchezza, e naturalmente la tua collaborazione anche per questa parte ci è assolutamente indispensabile. In linea di massima, ti proponiamo di orientare la ricerca in due direzioni: stampe, disegni, documenti e quanto altro potrai trovare di parte etiopica; per la parte italiana, invece, soprattutto o soltanto fotografie. Siamo in età fotografica o, se preferisci, del tardo dagherrotipo e noi incliniamo a dare la preferenza a questo tipo di materiale cosí raro e importante piuttosto che alle solite incisioni e ai soliti disegni e

caricature. Appena ci saremo messi d'accordo su questo punto, se credi, potrò darti una mano anch'io cercando a Torino e a Milano. Penso che a Roma si dovrebbe trovare qualcosa di interessante nella Fototeca Nazionale.

4) Concludendo. Passiamo senz'altro il libro in composizione. Riceverai le bozze in colonna e su di esse potrai aggiungere le note.

Per questa volta non ho altro da dirti. Aspetto una tua lettera e resto a tua disposizione. Ti saluto cordialmente

(Giulio Bollati)

Copia ds; AE, cart. 16, fasc. Roberto Battaglia.

[1] *La prima guerra d'Africa*, «Biblioteca di cultura storica», 1958.

[2] Battaglia si era candidato alle elezioni politiche del 1958 nella lista del Partito comunista.

A Carlo Ludovico Ragghianti, Firenze

Torino, 5 marzo 1959

Caro Professore,

dopo un lungo intervallo di silenzio desidero innanzitutto salutarLa cordialmente. L'occasione di scriverLe mi è offerta dal vecchio Riegl, che Einaudi ha deciso di stampare. Il volume, come Lei ricorda, era arrivato alle terze bozze di stampa, e teoricamente è pronto per andare in macchina. Ma bisogna prima sentire la curatrice[1], e bisogna anche risolvere un problema relativo alle tavole fuori testo: non abbiamo piú trovato il menabò con le prove incollate, e speriamo, senza troppa convinzione, che sia rimasto da voi. Se no dovremmo ricostruire l'impaginazione deducendola dai rimandi nel testo, oppure rifarla interamente e correggere i rimandi. Naturalmente nell'un caso e nell'altro ci dedicheremo noi al gioco di pazienza, salvo a chiedere poi la vostra approvazione.

Per la sopracoperta penso starebbe assai bene un dettaglio di sarcofago fotografato a colori (ha notato come sono belle le foto a colori di oggetti in bianco e nero?). Oltre tutto, dato l'importante gusto archeologico del pubblico, una tal sopracoperta faciliterebbe la via del recupero al nostro ritardatario Riegl[2].

La prego di ricordarmi a Sua moglie. Con viva cordialità

[Giulio Bollati]

Copia ds siglata; AE, cart. 169, fasc. Carlo Ludovico Ragghianti.

[1] La moglie di Ragghianti, Licia Collobi.

[2] Bollati utilizzò «foto a colori di oggetti in bianco e nero» per le sopraccoperte di quasi tutti i «Saggi» di archeologia e storia dell'arte pubblicati in quegli anni. Nel caso dell'*Arte tardoromana* di Riegl, scelse infine quella di una moneta romana del IV secolo d.C.

A Cesare Cases, Pisa

[Torino,] 18 marzo 1959

Carissimo Cases,

forse Solmi ti ha già parlato di una nostra nuova collana (per ora *top secret*) della quale tu potresti essere uno dei motori. È una grande universale (per quanto non sia «universale» nel senso editoriale corrente), una grande raccolta di classici d'ogni letteratura e d'ogni disciplina, di costo medio, di solida presentazione e peso, di ritmo sostenuto. Non ne esistono di simili in Italia, i suoi modelli sono in Germania, Inghilterra e Usa (la Francia, mettendo insieme Pléiade, Belles Lettres e Classici Garnier, e agitando bene, offre un esempio ancora parziale). I piani dell'ordigno sono stati accuratamente disegnati e calcolati dal prof. Solmi[1].

È inutile, per il momento, che cerchi di dirti di piú. Un'idea spero di avertela data. Sono molti i libri di questa collana che tu potresti progettare, prefare, immaginare, affidare ad altri, avallare. A te e ad alcuni altri pochi amici essa collana può porgere frequenti occasioni di divertimento e perfino di guadagno.

Perciò vogliamo parlartene in forma solenne, a voce, e ti invitiamo a venire a Torino in occasione delle vacanze pasquali. Questo invito è concordato col Solmi; il quale sarà presente. Dovresti metterti d'accordo con lui sul giorno e l'ora.

Dopo Pasqua terremo una conferenza col Cantimori, che è molto interessato e che speriamo voglia essere anche lui un sostegno di quest'impresa.

A proposito di Cant., non mancherò di mandarti il suo libro se uscirà a qualche distanza dalle feste. Se tardasse te lo darò quando vieni[2].

Ti saluto affettuosamente e ti prego di ricordarmi ai comuni amici, al «poeta», a Timpanaro, a Mirri, a Torresin[3].

Ciao Giulio Bollati

Lettera ms su carta intestata «Giulio Einaudi editore»; ACC, fasc. Giulio Bollati.

[1] Il progetto di questa collana, intitolata «Nuova libreria», non fu realizzato, ma sarebbe stato in parte ripreso dalla «Nuova Universale Einaudi» (Nue) inaugurata nel 1962.

[2] *Studi di storia* fu pubblicato alla fine di quell'anno nella «Biblioteca di cultura storica».

[3] Il «poeta» è Attilio Bertolucci, ex professore di Bollati al Convitto Maria Luigia.

A Daniele Ponchiroli, Torino

[Positano,] 14 agosto 1959

Caro Daniele,

come va? Qui tutto bene. Uno si accorge di com'è stanco solo quando comincia a riposarsi, ed io, che mi riposo molto, mi accorgo di essere molto stanco. Ma naturalmente, riposandomi, elimino gradatamente la stanchezza. Hai capito bene?

Ti mando la fascetta per il Venturi[1]. Copia a macchina e sottoponi al boss (Venturi ha già approvato):

Attraverso Herzen e un gruppo di emigrati russi l'incontro dell'Oriente contadino col Piemonte socialista.

Herzen e un gruppo di emigrati russi negli Stati sardi in un momento cruciale della vita politica italiana.

Preferiamo la 2. Se invece di gruppo preferisci «e altri emigrati russi», bene lo stesso. Domani spero di avere infine la schedina. Spedirò per espresso.

Se c'è qualcosa che io possa fare scrivimi. Scrivimi comunque due righe di notizie. E Solmi? Dalla mia calligrafia capirai che sono piú avvezzo al remo che alla penna. Ti abbraccio

Giulio

Ms su carta intestata «La Caravella Positano»; AE, cart. 25, fasc. Giulio Bollati.

[1] *Esuli russi in Piemonte dopo il '48*, «Studi e ricerche», 1959.

A Delio Cantimori, Firenze

[Torino,] 20 novembre 1959

Carissimo Delio,

ancora un giorno di ritardo perché ho passato la giornata di ieri in colloqui con E. sulla mia sistemazione. D'ora innanzi sarò soltanto un consulente, non piú un redattore. Nessun obbligo di frequenza, un fisso mensile per i lavori tipo «art department» (libri d'arte, figurati ecc.), piú, eventualmente, uno o piú contratti per volumi che farei come autore o meglio ancora come coordinatore del lavoro d'altri (per es. grandi opere collettive da «inventare» e da dirigere, edizioni speciali, sia di interesse culturale, sia di valore soltanto editoriale)[1].

Come vedi non ho seguito il tuo consiglio del taglio netto, che pure riconosco fondato. Grosse considerazioni pratiche mi hanno indotto ad accontentarmi per il momento di questo accomodamento, che significa per me innanzitutto la possibilità di finire l'antologia del «Giornale italiano» e di avviare l'edizione del Leopardi senza dovermi preoccupare *subito* della ricerca di un nuovo lavoro, dei problemi di un trasloco ecc.[2]. Il colloquio con E. è stato un colloquio calmo e per niente recriminativo o polemico.

Voglio a questo proposito rassicurarti su un punto: la fosca scena da me interpretata la mattina della tua partenza non aveva avuto precedenti e non ha avuto alcun seguito. Ti confesso che mi rendevo conto di aver perso il controllo sia dentro che fuori, nelle parole che dicevo: ma questo invece di calmarmi mi inaspriva ancora di piú. La scintilla che ha provocato quella specie di esplosione a catena emotiva e psicologica è stato il sospetto che E. avesse tentato di «metter male» fra te e me: tentativo che io, certamente a torto, ho creduto di poter indovinare al di là delle tue stesse parole. Ma il fatto era già accaduto una volta, e le conseguenze non erano state meno violente ed evidenti.

Una sola cosa non accetto delle molte che con molta amicizia mi dici e che *quasi* tutte colpiscono il bersaglio: ed è l'invito alla routine, che proprio non merito, perché da quando quattordicenne ho esordito come fattorino e telefonista («niente piú liceo»!) fino all'altro ieri quando ho pagato il conto delle tende bianche di nailon (nylon) comprate da Graziella non ho fatto altro che accettare o cercare disciplinatamente una vita disciplinata. Quel tanto di essa, almeno, che è compatibile con la mia statura e organizzazione fisica e con un sistema nervoso non propriamente di ferro (come tu sai fin troppo bene): e qui voglio dire soltanto che sono fisicamente negato a una vita *troppo* dura, stoica ed eroica, perché non ce la faccio. Ma a parte ciò mi considero un modello di buona volontà media, capace di cavarsela anche in condizioni parzialmente sfavorevoli. Quanto al troppo cinema e televisione e fantascienza: non vado quasi mai al cinema, non vedo quasi mai la televisione, e di fantascienza (debbo pur confessarlo) ho letto qualche racconto anni fa, e poi piú niente: mi interessa come argomento di conversazione, con te, per esempio, ma come letteratura mi annoia a morte.

Questa autodifesa, che limito soltanto a uno o due punti, è per dirti che non ho corso finora e non corro nessun pericolo grave e che sono piú o meno sulla retta via. Ma delle tue affettuose e graditissime preoccupazioni per me verrò presto a ringraziarti a voce. Saluta la Emma.

tuo aff.mo Giulio

Lettera ms su carta intestata «Giulio Einaudi editore»; ADC, Corrispondenza, fasc. Giulio Bollati.

[1] Questa modifica contrattuale non fu messa in atto.

[2] L'edizione della *Crestomazia italiana* di Leopardi, a cui allude Bollati, fu pubblicata nella «Nuova Universale Einaudi» nel 1968; quella del «Giornale italiano» di Vincenzo Cuoco, destinata alla «Collana di periodici italiani e stranieri» della Feltrinelli, non fu invece portata a termine.

A Federico Zeri, Roma

Torino, 17 febbraio 1960

Caro Zeri,

spero di non essere troppo in ritardo. Abbiamo letto il Suo libro finora io e Einaudi[1]. Adesso lo sta leggendo l'amico Castelnuovo[2], ma intanto posso già confermarLe la piena accettazione di Einaudi (della quale del resto, come Le avevo detto, non c'era minimamente da dubitare).

A me il libro è piaciuto molto. È un virtuosismo sulla quarta corda della filologia, il rigore filologico fila in perfetto accordo con l'«invenzione», facoltà di cui dice il mio amico Alessandro Verri che forse non ve n'ha un'altra piú grande e meravigliosa quaggiú per noi[3]. A parte i rapimenti verriani, mi scuserà se mi esimo dall'entrare nel merito della Sua tesi, che è compito da specialisti. Piuttosto mi riservo di segnalarLe piú avanti alcune lievi imperfezioni formali e un punto, marginale, dove mi è parso di scoprire una contraddizione logica nell'argomentazione.

Quanto alla pubblicazione non sono ancora in grado di indicarLe una data probabile, ma ad ogni modo non ci sarà troppo da aspettare. Invece posso già dirLe, perché ne abbiamo discusso, che per quanto riguarda la presentazione editoriale Einaudi si orienta per un libro del formato delle nostre collane di cultura, piuttosto che per un ottavo grande tipo *Pulzone*[4]. La ragione, che mi sembra valida, è che le dimensioni ridotte del lavoro e il suo carattere tecnico renderebbero esageratamente alto, in proporzione, il prezzo di una edizione grande, con conseguenti serie difficoltà di mercato.

Beninteso il volume sarebbe ugualmente rilegato, dotato di sovracoperta a colori ecc. Tutto sommato mi pare che il Suo libro abbia tutto da guadagnare da una presentazione non «dilatata», ma rispondente alla sua vera natura.

Mi dica cosa ne pensa. Intanto La saluto molto cordialmente.

[Giulio Bollati]

Copia ds siglata; AE, cart. 226, fasc. Federico Zeri.

[1] *Due dipinti, la filologia e un nome. Il Maestro delle Tavole Barberini*. Fu pubblicato nei «Saggi» nel 1961.

[2] Lo storico dell'arte Enrico Castelnuovo era appena stato assunto dall'Einaudi come consulente.

[3] *Le notti romane*, Notte V, colloquio I.

[4] Federico Zeri, *Pittura e Controriforma*.

A Giulio Carlo Argan, Roma

Torino, 23 settembre 1960

Caro Argan,

nel breve intervallo tra il mio ritorno dall'Urss e un nuovo viaggio a Francoforte, Einaudi mi ha incaricato di scriverti a nome suo per pregarti d'un favore di grandissima importanza per noi.

Il nostro libro di punta della campagna invernale sarà un tutto Shakespeare in tre volumi, nella fortunata traduzione di C. V. Lodovici già pubblicata da noi in volumetti separati della Pbsl. Il punto di forza dell'edizione, la sua novità editoriale e culturale sarà costituita dall'illustrazione, fatta con quadri, disegni e incisioni di soggetto shakespeariano di H. Fuseli provenienti da Zurigo e da Londra (nella proporzione di sette dipinti a olio, dieci disegni «pen ink and wash» e circa venticinque piccole incisioni su disegni di Fuseli dall'edizione londinese del 1804).

Vorresti incaricarti tu di fare una «nota», naturalmente firmata, su Fuseli illustratore di Shakespeare? Ci sembra assolutamente fuori discussione che per la tua conoscenza della pittura e del gusto inglese, e di quella pittura e di quel gusto in particolare, sei la persona piú qualificata a parlare di Fuseli: e noi abbiamo una necessità estrema di completare al piú presto l'edizione con questo indispensabile complemento.

Resta da spiegare perché non ti abbiamo interpellato «prima» di decidere per Fuseli: ma tu sai come vanno queste cose, l'incertezza assoluta da principio, poi un mio viaggio a Zurigo e la decisione presa sul momento, incalzati dalla fretta (ma anche dalla persuasione di aver azzeccato il colpo, almeno dal punto di vista editoriale, se non altro perché una cosí ricca «esposizione» del Fuseli shakespeariano è una novità mondiale).

Aspettiamo dunque una tua risposta, pronti a spedirti, se accetti, una copia fotografica delle riproduzioni che in questo momento si stanno facendo in Svizzera.

La misura della «nota» è a tua discrezione: per noi bastano poche cartelle, se vorrai scrivere di piú tanto meglio. Non ci saranno altre prefazioni all'edizione[1].

Un saluto molto cordiale

[Giulio Bollati]

Copia ds siglata; AE, cart. 8, fasc. Giulio Carlo Argan.

[1] Giulio Carlo Argan, *Fuseli, Shakespeare's Painter*, in William Shakespeare, *Il teatro*, 3 voll., Torino 1960, I, pp. XXIX-XLI. Una nota a p. XLII precisa che «L'illustrazione dell'opera è stata curata da Giulio Bollati di Saint Pierre».

A Delio Cantimori, Firenze

[Torino,] settembre 1961

Carissimo Delio,

finalmente, dopo due giorni, trovo un momento di tempo per scriverti due righe. Abbiamo ricevuto la prefazione al De Felice[1]. Ottima: è una lunga, chiara e ricca «lezione» (conversazione) sul tema, piena di suggestioni e suggerimenti. Rendi merito all'autore e intanto gli completi il lavoro e «castighi» molto urbanamente certe sue debolezze. Credo che non ci sia niente da toccare di sostanziale: basterà correggere qualche svista formale o di battitura a macchina. Ti manderò le bozze segnandoti a matita le mie osservazioni.

Non ci vediamo da un pezzo e avrei da dirti tante cose. La casa editrice è, tanto per cambiare, in una delle sue crisi ricorrenti di trasformazione. Foà se n'è andato alla fine di luglio: voleva tornare a Milano e tentare forse una piccola impresa editoriale in proprio[2]. E proprio questa settimana anche Carlo Fruttero se ne va, per andare a dirigere «Urania» di Mondadori[3]. A colmare questi vuoti arriveranno (forse) dei giovani laureati, molto brillanti, a quanto si sente dire: ne ho conosciuti finora tre, tutti usciti dall'università di Torino (due scolari «marxisti» di Getto, un anglista che lavora con Melchiori) e mi hanno sorpreso per la loro serietà e vitalità[4]. Mi sono ricordato quello che mi dicevi: che dopo una lunga pausa, adesso ci sono di nuovo dei giovani molto interessanti, intelligenti, che lavorano.

Il mio lavoro è molto aumentato, le mie responsabilità anche, forse troppo. Non si tratta soltanto di mandare avanti il lavoro solito, ma di rifare un po' la redazione, su basi piú ordinate, con gente nuova da istruire, e tutto questo cercando di salvare per quanto si può il vecchio spirito, un certo stile di lavoro tramandato dai vecchi tempi; e cercando contemporaneamente di tener testa alla concorrenza scatenata, alle pressioni del mercato – che risente in forme incontrollate e impetuose del boom economico. Insomma, in poche parole, un mare di guai e una prospettiva di lavoro duro e ingrato. Era meglio quando ero all'«opposizione» e chiedevo le riforme: adesso mi hanno messo nel governo e le riforme dovrei farle io, e tutte in una volta. Troppa grazia. Farò onestamente il mio tentativo, ma fammi i tuoi auguri, perché la mia situazione si è fatta davvero difficile, ed avrei bisogno per esempio di una resistenza fisica che purtroppo non ho.

Appena potrò verrò a Firenze (ma ti avvertirò in tempo) per spiegarti piú particolarmente tutte queste cose, ma soprattutto per dimenticarmene completamente e parlar d'altro. Ho delle idee nuove da esporti (idee personali, ipotesi e ricerche), e alcune mi sembrano ottime (questa volta mi pare proprio di poterlo dire). Ho studiato molto quest'anno, e tutto il mese d'agosto non ho fatto altro. Avevo anche cominciato a scrivere, poi è arrivata la tegola Foà e tutto il resto. Insomma ho bisogno di sentire cosa ne pensi tu.

Emma è tornata? La ringrazio di avermi scritto da Ischia, e vi saluto tutti e due affettuosamente

Giulio

P.S. Al momento di spedire, ricevo il tuo espresso. Vedo che per la Menchi avevi già pensato[5]. Leggerò la sua lunga lettera, mediterò, ti dirò qualcosa.

Vivanti, preoccupato, mi dice che scrivendogli tu ti preoccupi che tra me e Einaudi ci sia qualcosa che non va, e teme di essere stato lui a fartelo, involontariamente, pensare[6]. Rassicurati. Sono la perla dei suoi occhi e lo sarò finché mi durerà la voglia di lavorare e finché riuscirò a «tenere» nel clima di genio sregolatezza e dissipazione che è suo.

Grazie per gli estratti. Li porto al mare con me. Ricambio con l'estratto del mio articolo, esiguo e solitario, ma che costituisce alla data di oggi il 50% della mia intera produzione a stampa[7].

Ti rinnovo i miei saluti piú affettuosi

tuo Giulio

Lettera ms su carta intestata «Giulio Einaudi editore»; ADC, Corrispondenza, fasc. Giulio Bollati.

[1] Renzo De Felice, *Storia degli ebrei italiani sotto il fascismo* («Biblioteca di cultura storica», 1961).

[2] La «piccola impresa editoriale» fu fondata l'anno successivo con il nome Adelphi.

[3] Collana di fantascienza nata nel 1952. Nel 1964 a Fruttero si affiancò Franco Lucentini.

[4] Gli scolari di Getto erano Guido Davico Bonino e Gigi Livio; quello di Melchiori, infine non assunto, Ruggero Bianchi.

[5] Cantimori aveva suggerito all'Einaudi di affidare alla sua allieva Silvana Menchi la traduzione di una raccolta di scritti pacifisti, libelli e lettere di Erasmo da Rotterdam, in seguito non pubblicata.

[6] Già allievo di Cantimori, Corrado Vivanti stava traducendo per l'Einaudi una raccolta di saggi di Lucien Febvre. L'anno successivo, per intercessione di Cantimori, sarebbe stato assunto come collaboratore.

[7] Probabilmente *Due nuovi volumi dei carteggi Melzi d'Eril*, in «Rivista storica italiana», LXXIV (1962), n. 1, pp. 120-35, che proseguiva il discorso cominciato in *I carteggi di Francesco Melzi d'Eril*, ivi, LXXI (1959), n. 3, pp. 457-73.

A Renato Poggioli, Cambridge (Mass.)

Torino, 2 ottobre 1961

Egregio Professore,

Luciano Foà in questi giorni si trasferisce a Milano, per seguire piú da vicino la sua Agenzia letteraria e per sistemare piú convenientemente la sua famiglia[1]. La nostra vecchia guardia si assottiglia, e tuttavia resiste sulle posizioni, decisa a continuare e ad ampliare l'attività nello spirito di sempre, mentre si rafforza per l'arrivo di giovani rincalzi appena usciti dall'università. Mi perdoni questo linguaggio militaresco: un vecchio collaboratore della Casa come Lei capirà come la partenza di un amico possa indurre i rimasti a contarsi e a rinnovare propositi e programmi.

D'ora innanzi potrà corrispondere con me, se crede, o direttamente con Giulio Einaudi, che ne sarà lietissimo.

Rispondo alla Sua lettera del 30 agosto. L'anticipo mondadoriano è rimasto quello che era (200 000 lire, pagabili metà subito, metà entro sei mesi). Siamo invece riusciti a portare al 5% la percentuale sulle copie vendute. È molto spiacevole che Lei non abbia avuto la possibilità di rivedere a fondo il Suo lavoro, per la fretta del collega editore milanese[2]. Queste cose, purtroppo, sono spesso al di fuori di un nostro efficace controllo.

Giulio Einaudi La ringrazia delle amichevoli parole con cui Lei ha chiuso la Sua lettera e glieLe ricambia. Coi nostri piú cordiali saluti,

(Giulio Bollati)

Copia ds; AE, cart. 163, fasc. Renato Poggioli.

[1] Foà era proprietario dell'Agenzia letteraria internazionale, fondata dal padre Augusto nel 1898.

[2] Il libro in questione era *Il fiore del verso russo* («I millenni», 1949), che l'Einaudi aveva ceduto alla Mondadori assieme ad altri titoli del proprio catalogo per una diffusione in edizione economica.

A Leonardo Sciascia, Caltanissetta

Torino, 3 aprile 1962

Caro Sciascia,

desidero anch'io congratularmi vivamente della Sua vittoria nel Premio Crotone[1]. Siamo tutti convinti che questo successo meritatissimo non è per Lei che l'inizio.

Rispondo alla Sua lettera del 25 marzo. Le cifre esatte sono le seguenti: I edizione, copie 4000; II edizione, copie 2800; totale 6800. Restano in magazzino, oggi, meno di 50 copie, alle quali si aggiungeranno entro pochi giorni le 4000 copie della ristampa nei «Nuovi coralli».

La risposta al Suo quesito: come mai un libro su un delitto d'onore arriva a 30 000 copie e oltre[2], e uno sulla mafia appena a 10 000? Prima di tutto le 10 000 copie sono destinate a crescere ancora. Ma non è questo che conta. Forse è vero che i nostri autori crescono piú lentamente: pensi a Cassola, pensi a Bassani. Ma quando raggiungono il grande successo, quello che si misura in 30 o in 50 o in 70 000 copie, stia pur certo che non si tratta di una folata di vento, di una fortunata montatura pubblicitaria, ma si tratta piuttosto d'un risultato acquisito e lungamente duraturo. Non dubiti che *Il giorno della civetta* crescerà; e che il nuovo romanzo, quando ci sarà, partirà da posizioni molto piú alte e sarà fin dall'inizio un successo.

Cosí la vedo io, e in base a una lunga esperienza vorrei invitarLa a un ragionevole ottimismo. Sono certo che d'ora innanzi non avrà che da rallegrarsi d'averci dato la Sua fiducia e la Sua amicizia.

Molto cordialmente

suo Giulio Bollati

P.S. La sua proposta d'un libro sulla Sicilia è stata accolta con molto favore. Vuole mandarcene qualche informazione in piú, in modo da poter fissare un accordo?

Lettera ds su carta intestata «Giulio Einaudi editore», poscritto ms; ALS, fasc. Giulio Bollati.

[1] Per *Il giorno della civetta*, «I coralli», 1961.

[2] Allusione a *Un delitto d'onore* di Giovanni Arpino, pubblicato l'anno prima dalla Mondadori.

La situazione dell'industria editoriale oggi

Il tema della mia conversazione: la situazione dell'industria editoriale oggi, è troppo vasto perché io possa trattarne compiutamente con quella ricchezza di dati che sarebbe necessaria. Anche se l'editoria mostra oggi nei vari paesi delle tendenze comuni, e conferma quel processo di unificazione generale che è il risultato d'uno sviluppo sociale e tecnologico tendenzialmente omogeneo, bisogna però ancora fare i conti con tutta una serie di situazioni e tradizioni locali profondamente differenziate. Nei paesi di piú antica tradizione culturale, l'Inghilterra, la Francia, la Germania, l'Italia, le forme dell'editoria sono ancora profondamente influenzate dal passato e dal costume politico e culturale di ognuno di quei paesi; invece in paesi piú giovani, come gli Stati Uniti o l'Unione Sovietica, l'editoria si è sviluppata sulla base non di una tradizione, ma dei bisogni particolari di società sottoposte a un impetuoso ritmo di sviluppo economico e sociale, ed ha assunto compiti e forme organizzative nuovi e diversi. Si affacciano intanto sulla scena della storia popoli nuovi, che faranno certamente sentire il loro peso nello sviluppo futuro dell'editoria; e allo stesso modo, in ogni paese, nuovi ceti e classi si presentano alla ribalta e modificando il panorama sociale pongono all'editoria, con l'imperioso linguaggio delle masse, nuovi doveri e nuovi problemi.

Non potrò dunque addentrarmi in un'analisi particolareggiata dell'editoria nei vari paesi, né indicare se non sommariamente a quali trasformazioni essa è sottoposta sotto la spinta di circostanze che variano da luogo a luogo. Invece della varietà, cercherò piuttosto di indicare le costanti comuni, anche perché sono convinto che l'editoria, che è una delle molteplici funzioni della cultura, deve tendere, come la cultura, all'unità: unità non intesa come una meccanica riduzione all'uniformità, al livellamento, alla scomparsa delle distinzioni, ma intesa come coscienza della sostanziale unità della vita umana e dei suoi problemi sotto qualsiasi cielo, in qualsiasi paese.

D'altra parte non potrei, nemmeno se lo volessi, prescindere dalla mia personale esperienza di editore, e di editore italiano. Il guardare alla situazione dell'editoria mondiale da questo particolare punto di vista offre del resto alcuni notevoli vantaggi. Innanzitutto perché mi permette di portarvi quella testimonianza concreta, empirica, di vita vissuta che voi certamente vi aspettate da me. In secondo luogo perché le vicende italiane dell'ultimo trentennio offrono una pietra di paragone estremamente significativa. L'Italia infatti ha sperimentato in questo periodo condizioni diversissime, passando con particolare intensità per tutta una serie di fasi che sono tipiche del mondo contemporaneo, e rispecchiando in un solo paese le situazioni di molti paesi: in politica è passata dalla dittatura fascista alla democrazia ed ora si affaccia a forme nuove di collaborazione tra democrazia e socialismo; in economia ha visto coesistere sullo stesso territorio aree depresse quanto e piú di certe zone del mondo sottosviluppato, accanto ad aree sottoposte a un travolgente sviluppo industriale; e parallelamente si sono avuti in Italia, e sono ancora in corso, fenomeni di trasformazione sociale che hanno portato, in certe regioni, a passare rapidamente da situazioni quasi ancora feudali a situazioni di civiltà di massa analoghe a quelle dei paesi piú fortemente industrializzati e meccanizzati.

Un editore italiano ha sperimentato nel corso di pochi anni i problemi connessi a trasformazioni politiche ed economiche che i suoi colleghi di altri paesi hanno affrontato nel corso di decenni. Si è trattato di un'esperienza difficile, ma estremamente stimolante; apparentemente marginale e periferica, in realtà tale da portarlo nel cuore dei problemi piú vivi e piú attuali dell'editoria mondiale.

Fissiamo intanto, per chiarezza, alcuni punti di riferimento cronologico: 1) periodo *entre deux guerres*; 2) guerra e immediato dopoguerra; 3) il periodo della guerra fredda; 4) il momento attuale, che vorrei porre sotto il segno augurale della volontà di coesistenza tra i due blocchi. Nel loro complesso queste diverse fasi compongono quell'epoca di contrasti ideologici e culturali, di conflitti armati, di rivoluzioni, di sviluppo economico, di speranze e di terrori, che ha impegnato e impegna a fondo la vita, il lavoro, la coscienza di ognuno di noi.

Nel primo di questi periodi, ho fatto personalmente l'esperienza di che cosa sia l'editoria sotto una dittatura: e permettetemi, per inciso, di rivolgere un pensiero e un saluto a quei colleghi editori che ancora oggi sono costretti a lavorare in una cosí amara e difficile e pericolosa situazione. Se l'editoria è innanzitutto cultura, cioè ricerca organizzazione e comunicazione della verità, fare editoria sotto una dittatura vuol dire fare attiva opera di opposizione e di lotta. Il lavoro dell'editore, costretto dalla censura a tacere o a mutilare la verità e a non avere contatti col mondo esterno, diventa il lavoro di un contrabbandiere del pensiero e dell'informazione. Quando non si può parlare chiaramente, ci si deve far capire a gesti. Ripenso con commozione alla pubblicazione di certi libri, che assumevano, nella situazione particolare in cui eravamo, un chiaro significato allusivo e polemico. Il fascismo gridava la sua stolta e superficiale esaltazione della civiltà cristiana e occidentale, di cui, sappiamo quanto a torto, si presentava come un paladino: e noi pubblicavamo *La crisi della civiltà* di Huizinga, per seminare nella coscienza dei giovani il seme della riflessione e della critica. Il fascismo gridava la sua terroristica esaltazione della guerra e del militarismo: e noi pubblicavamo *Tsushima* di Frank Thiess, storia drammatica di una catastrofe militare e messaggio di umanità e di pace.

Quale straordinaria importanza ebbero allora la pubblicazione della *Storia della Rivoluzione russa* di Chamberlin, o la scoperta della letteratura americana e la creazione, attraverso la letteratura, del mito dell'America: un favoloso paese, in parte reale, in parte immaginario, dove la realtà si affermava sulle mistificazioni del falso idealismo, e la libertà restituiva all'uomo la responsabilità di se stesso e delle sue opere. Cesare Pavese ed Elio Vittorini sono i due scrittori italiani che compirono questa importante operazione culturale, contribuendo ad aprire la letteratura italiana verso gli orizzonti della cultura mondiale. Altri due collaboratori della mia casa editrice, Giaime Pintor e Leone Ginzburg, portarono il contributo della loro lucida conoscenza, il primo del mondo tedesco, il secondo del mondo slavo; e chiusero coerentemente la loro vita di combattenti della cultura morendo Giaime Pintor in guerra contro i tedeschi, Leone Ginzburg in un carcere fascista.

Il lavoro di un editore di opposizione non si misura dal numero dei libri che pubblica o dal loro successo commerciale; si misura dall'efficacia dei suoi «gesti» editoriali, dal significato di esempio della sua attività. Mi sia consentito di affermare che molti giovani italiani che si formarono una nuova coscienza politica nelle terribili prove della guerra e nella dura battaglia della Resistenza contro i tedeschi e i fascisti, avevano idealmente nel loro zaino un libro pubblicato da noi. Cosí sono convinto che dovunque uomini lottano per innalzare il loro paese a condizioni di vita piú civili, là ci sono anche degli editori che forniscono alla lotta le armi essenziali della cultura e del pensiero. Tra le molte figure che l'editore assume nel mondo contemporaneo, questa dell'editore combattente è sempre attuale e presente: e seguendo il filo della mia esperienza personale sono lieto di averla ricordata per prima.

Nel dopoguerra l'editoria si trovò in Italia di fronte al compito gigantesco di colmare i vuoti e di riparare alle rovine causate dalla tragica esperienza della dittatura e della guerra. L'Italia nel '45 era come un paese nuovo, come un paese appena nato. Non credo sia troppo azzardato supporre che noi facemmo allora un'esperienza analoga a quella d'uno dei tanti paesi nuovi arrivati all'indipendenza in questi anni.

Il primo e il piú urgente dei compiti di un editore in situazioni di questo genere è quello di colmare rapidamente il vuoto d'informazione e di stabilire dei contatti tra la cultura nazionale e la cultura internazionale. Per noi il periodo immediatamente successivo alla guerra fu caratterizzato dal grandissimo numero di traduzioni da lingue straniere di opere d'ogni genere: narrativa, filosofia, storia, scienze, pensiero politico ed economico. L'editoria doveva fornire alla nuova classe dirigente italiana e al pubblico gli strumenti piú aggiornati d'informazione e di formazione. In particolare bisognava accompagnare e arricchire la lotta politica con contributi di discussione ideologica e di documentazione sulla realtà di altri paesi. E al tempo stesso occorreva assecondare una presa di coscienza della nuova situazione italiana, da un lato con opere di ripensamento della storia nazionale e di documentazione sulle vicende recenti del paese (fascismo, antifascismo, guerra, resistenza); dall'altro con studi e ricerche sulla realtà economica e sociale, per facilitare la soluzione degli infiniti problemi strutturali e organizzativi del nuovo stato.

Anche in questa fase l'editoria deve lasciare in secondo piano gli scopi commerciali e di profitto che ha in comune con ogni altra industria, per assumere la fisionomia d'un servizio d'utilità pubblica e porsi come suo primo scopo quello di giovare agli interessi della collettività. La piú grande apertura ideologica, la capacità di rispecchiare i piú diversi orientamenti culturali, una illimitata fiducia nell'utilità della discussione e della critica sono i criteri che la guidano. Noi ci auguriamo che l'editoria dei paesi che nascono oggi a nuova esistenza politica sappia evitare il rischio mortale della faziosità politica e nazionalistica, che è la negazione della cultura e della sua insostituibile funzione di controllo, di stimolo e di guida.

A questo ideale della cultura come critica, come confronto, come metodo nella ricerca della verità, noi cercammo di restare fedeli anche nella fase successiva, che fu quella della guerra fredda.

Furono gli anni dell'estrema fase stalinista nell'Unione Sovietica, e della «caccia alle streghe» del senatore McCarthy negli Stati Uniti. La caratteristica di questa epoca fu quella di una rigida, intransigente contrapposizione delle ideologie. La polemica e la propaganda delle due parti tendevano a soverchiare col loro rumore ogni tentativo di ricerca culturale che non fosse immediatamente legata alla lotta in corso. A un pesante e aggressivo conformismo di destra corrispondeva un duro e combattivo conformismo di sinistra; all'uno e all'altro dobbiamo imputare molti errori e molti sprechi.

In queste condizioni – che noi ci auguriamo vivamente non debbano piú verificarsi – ogni posizione autonoma rischia di passare per astensionistica, ogni posizione che non coincida esattamente con quella d'una delle parti è sospettata di fare il gioco dell'altra. Una sorta di ricatto permanente è nell'aria: sembra che non si possa essere che estremisti di sinistra o reazionari di destra.

Questa situazione, che rendeva cosí difficile il nostro lavoro di editori sinceramente progressisti, noi l'abbiamo condivisa coi colleghi di molti paesi. Ma in Italia la vivacità della lotta politica, se da un lato rendeva l'atmosfera particolarmente rovente e piú frequenti le crisi acute e gli scontri fra i due opposti schieramenti, dall'altro consentiva una certa varietà di posizioni e quindi una relativa possibilità di discussione. Di questa possibilità noi ci siamo largamente giovati, non tanto per conciliare l'inconciliabile e per trovare la via di impossibili e inutili compromessi, quanto piuttosto per portare nella lotta politica e culturale il contributo di nuove idee, per alimentare la funzione della critica, per incoraggiare la tendenza a riesaminare di continuo la realtà fuori dagli schematismi e dai pregiudizi.

Cosí abbiamo cercato di far leggere dai conservatori e dai liberali il meglio del pensiero marxista; e di richiamare i marxisti alla considerazione dei risultati piú alti della tradizione politica e storiografica liberale, che ha improntato di sé la parte migliore della cultura italiana dell'Ottocento e del Novecento. A chi accentuava con estremistico esclusivismo i princípî dell'ideologia abbiamo ricordato le lezioni della tradizione e della storia; a chi si faceva forte esclusivamente della tradizione per negare il passo alle forze nuove, abbiamo offerto i documenti della realtà in movimento e cercato di indicare quali potessero essere le tendenze profonde del movimento stesso, attraverso opere di analisi sociale ed economica.

Ecco la ragione della coesistenza, nelle nostre edizioni, di opere di Gramsci, di Marx, dello stesso Stalin, accanto a opere di Pareto, di De Sanctis, di Luigi Einaudi, di Gobetti. Ecco anche la ragione della nostra rivendicazione dei valori autentici della letteratura, della poesia, dell'arte, in un periodo che minacciava l'integrità dell'esperienza umana per ridurla a una pura questione di forze economiche e politiche in contrasto. Ecco infine perché abbiamo incoraggiato la libera ricerca culturale in ogni campo, invitando soprattutto i giovani a verificare continuamente i loro presupposti ideologici e metodologici in un confronto diretto coi documenti, coi fatti, con le cose.

A proposito di questo incoraggiamento da noi dato agli studi e alle ricerche originali, mi sia consentito di aprire una parentesi. Uno dei problemi piú difficili tra quelli che dovemmo affrontare nel periodo piú acuto della guerra fredda, fu quello del rapporto tra specializzazione e totalità della cultura. So di non dire nulla di nuovo ricordando che le idee generali sono vuote, se non sono continuamente revocate in dubbio e messe alla prova dalla ricerca specialistica; e che la specializzazione è cieca, se diventa fine a se stessa, se non rispetta una tabella di priorità nella scelta dei temi di studio, se non collabora a formare un contesto culturale unitario. Ma questo rapporto, sempre difficile, diventa difficilissimo in epoche di crisi, quando le idee generali si irrigidiscono in slogans imperativi e la specializzazione, guardata con sospetto, si ritira nel suo splendido isolamento. Questo problema, che tante volte ha attirato l'attenzione degli uomini di cultura, è fondamentale per l'editoria del nostro tempo e l'editore deve sempre porselo con molta chiarezza nel corso del suo lavoro, tenendosi pronto a vederlo farsi rovente nei momenti in cui si accentua la tensione politica.

Ma per tornare al periodo della guerra fredda: io credo che il compito di un editore in un periodo di grandi contrasti si possa cosí riassumere: combattere la cristallizzazione delle parti; ristabilire una circolazione attiva tra la politica e la cultura; ripristinare di continuo l'ideale di un'umanità intera e la fiducia che sia possibile risolvere le questioni anche piú gravi per altra via che non sia quella della violenza e della guerra.

Avevo cercato per anni di assolvere a questo compito, e la fine della guerra fredda non mi trovò impreparato.

Il disgelo sovietico, i primi inizi di un dialogo tra i due blocchi, la crisi finale del colonialismo e l'avvento dei paesi del «terzo mondo» sulla scena internazionale: questi fatti sembrarono confermare la fondatezza delle nostre speranze in una evoluzione pacifica del corso delle cose e la nostra fiducia nella funzione essenziale, creativa, della cultura. Da quel momento il nostro lavoro poté dirigersi con maggior decisione verso lo studio di tutto ciò che avrebbe potuto rendere il mondo, nel suo complesso, piú sicuro e piú razionalmente ordinato. Ricordo che fu un sollievo per noi poterci dedicare a libri nei quali si consideravano le conquiste della fisica atomica dal punto di vista del loro impiego pacifico, e si parlava della fissione nucleare come d'una fonte di energia, e non come di uno strumento di sterminio. (Gli inglesi in questo ci furono maestri). Ricordo che le conquiste tecnologiche, l'elettronica, l'automazione dei processi produttivi, il primo avvio della conquista dello spazio, ci appassionarono, prima ancora che per la loro importanza specifica e per le loro conseguenze pratiche d'ogni genere, per le meravigliose prospettive che aprivano al lavoro intellettuale e alla immaginazione degli uomini, come altrettanti tests offerti alla loro intelligenza e alla loro buona volontà.

Beninteso, questo ottimismo non poteva, non può prescindere dalla consapevolezza di tutto il male che ancora esiste intorno a noi, nelle nostre società nazionali come nel resto del mondo; e dalla continua considerazione d'un pericolo di catastrofe sempre incombente. Questo ottimismo doveva, deve misurarsi con la preoccupazione di possibili ritorni di forze regressive, e di errori che potrebbero sfociare nell'apocalisse atomica: è un ottimismo che deve continuamente tradursi in una tensione della volontà, in un'azione volta a fronteggiare e a eliminare giorno per giorno le cause del pericolo. Come ignorare che intorno a noi esistono ancora il razzismo, la tortura, la fame, l'ignoranza, lo sfruttamento, il cieco fanatismo nazionalistico, la volontà di sopraffazione di popoli su altri popoli, di uomini su altri uomini? Credere nella razionalità dello sviluppo storico non vuol dire altro che essere decisi a conquistarla. Noi non possiamo avere la rosea fiducia dei nostri nonni nelle «magnifiche sorti e progressive» della famiglia umana. Il progresso non è piú né gratuito né automatico.

Ho voluto accennare sommariamente agli elementi che compongono il quadro della nostra vita attuale non solo per indicare i temi di cui dovrebbe occuparsi l'editoria oggi, i titoli di altrettanti possibili libri, e lo spirito con cui l'editoria dovrebbe, a mio avviso, affrontare tali temi; ma anche per situare alcune considerazioni tecniche sull'industria editoriale odierna, in ogni paese, in una prospettiva storica concreta.

A quale titolo un editore italiano può prendere la parola sull'editoria internazionale nel momento presente? Io credo che possa farlo per una doppia ragione: la prima, è che l'editoria italiana, negli ultimi anni ha raggiunto un alto standard qualitativo e quantitativo, e partecipa ormai pienamente al dialogo, dirò cosí, tra le maggiori potenze editoriali; la seconda ragione è che l'editoria italiana arrivata buona ultima a questo appuntamento internazionale, e ancora sospesa tra passato e avvenire, affronta i comuni problemi dello sviluppo editoriale con l'entusiasmo dei neofiti, e mentre ha ancora molto da imparare dalle piú anziane consorelle straniere, può forse in qualche caso offrire il contributo di una consapevolezza piú fresca e piú dinamica, perché piú complessa, piú contraddittoria, piú recente.

Come ricordava l'«Economist» in un recente articolo sull'industria libraria in Italia, si può datare l'inizio del boom editoriale italiano dal 1956, anno in cui si pubblicarono 13 000 nuovi titoli. Tale cifra scese a 11 000 nel 1958, per risalire a 14 000 nel 1961 (si tenga presente, per avere un termine di confronto, che nello stesso anno si pubblicarono in Inghilterra 18 500 nuovi libri). Il giro d'affari del mercato librario italiano è passato da 24 milioni di sterline nel 1957 a 42 milioni di sterline nel 1962. Queste cifre danno un'idea sufficiente della brusca impennata quantitativa dell'editoria italiana (che fino alla guerra e all'immediato dopoguerra lavorava per una ristretta élite di lettori su basi organizzative prevalentemente artigianali). Tra i fattori che hanno contribuito a questa espansione bisogna ricordare in primo luogo i successi della nuova letteratura italiana, grazie ai quali per la prima volta nella sua storia l'editoria italiana ha superato la «barriera del suono» delle altissime tirature e conosciuto l'ebbrezza dei best-sellers. Scrittori della qualità di Carlo Levi, Alberto Moravia, Giorgio Bassani, Italo Calvino, Carlo Cassola, Vasco Pratolini, Natalia Ginzburg, Elsa Morante, sono letti in Italia da un pubblico che si valuta normalmente in decine di migliaia, e spesso in centinaia di migliaia di lettori.

Il prestigio letterario di questi scrittori ha superato i confini nazionali ed ha certo influito in misura considerevole sul netto miglioramento della bilancia degli scambi editoriali con l'estero:

si calcola che ogni anno gli editori italiani vendono all'estero i diritti di traduzione di circa 600 libri.

Questi sono i dati piú appariscenti del boom editoriale italiano. Un'analisi piú approfondita delle sue cause porterebbe sicuramente a coglierne la connessione col cosiddetto «miracolo economico» e col generale miglioramento del tenore di vita verificatosi in Italia nello stesso periodo di tempo. L'editoria e il pubblico hanno fruito in Italia d'una stessa ventata di benessere, di facilità e di euforia.

Lascio volentieri ai cronisti piú frettolosi di manifestare un compiacimento eccessivo per i successi che ho elencato finora, di cui vorrei mettere in dubbio la reale consistenza e capacità di durata. Il vero e piú autentico successo del boom editoriale italiano – dovuto in gran parte a fattori contingenti e reso brillante da una letteratura che attraversò un momento di grazia – è a mio avviso quello d'aver portato alla luce alcuni problemi vitali. Innanzitutto questo; che uno sviluppo non illusorio dell'editoria è in stretto rapporto con le strutture culturali di base del paese in cui opera; vale a dire, l'editoria può raggiungere nella migliore delle ipotesi tutti i lettori esistenti in un paese, ma non può crearne dei nuovi, compito che può essere affidato esclusivamente a un efficiente sistema scolastico, a una buona attrezzatura bibliotecaria, a una efficace organizzazione dei servizi d'informazione. Cose tutte che in Italia sono ancora ben lontane dall'essere perfette. Si ricava da ciò la conseguenza che l'editore deve pensare al proprio lavoro come a una delle funzioni d'una società che si sviluppa organicamente e promuovere per quanto sta in lui questo sviluppo e sentirsene parte responsabile. In altre parole l'editore non deve pensare al suo pubblico semplicemente come a un «mercato» ma sempre come a una «società». Tra i doveri che una concezione di questo genere pone all'editore, il primo mi pare quello di non essere mai indifferente al contenuto di ciò che offre, e di ricordare sempre che un libro prima d'essere una «merce» o un «prodotto», è e deve restare un «libro» e rivolgersi non a un «cliente» ma a un «uomo».

Non sono un filosofo e non ho intenzione di denunciare l'estrema forma di alienazione rappresentata, secondo certi filosofi, dall'«industria culturale», cioè dalla cultura industrializzata destinata a essere consumata da uomini totalmente condizionati dalla pubblicità. Ma senza fare della filosofia, mi pare che anche gli editori debbano prendere coscienza di operare all'interno della cosiddetta «civiltà del consumo» e imparare a maneggiare le tecniche senza lasciarsene travolgere.

Il problema diventa molto evidente quando si considera il grande sviluppo assunto dall'editoria economica in tutti i paesi del mondo. I pocket-books costituiscono uno dei fenomeni piú significativi dell'attuale momento editoriale. Essi possono simboleggiare altrettanto bene la tendenza a un puro e semplice aumento dei consumi, come la tendenza a una controllata e consapevole diffusione dei beni della cultura. Non è soltanto una questione di parole: il risultato delle due impostazioni è in effetti molto diverso. In ragione del loro basso prezzo e della loro vertiginosa capacità di moltiplicarsi i pocket-books possono diventare l'avanguardia dell'editoria culturale nelle vaste zone sottosviluppate della lettura – ne esistono in ogni paese. Ma possono anche produrre gravi disastri se non c'è un criterio critico a dirigerli, se non c'è una mente che li sceglie e li ordina in base ad eventuali ragioni di valore e secondo un piano omogeneo: perché, se cosí non è, i pocket-books diventano strumenti di confusione, di ignoranza, di livellamento d'ogni qualità a un minimo comun denominatore di automatismo e di indifferenza.

Con l'esempio delle collezioni economiche mi pare di aver toccato il problema centrale dell'editoria contemporanea, che a mio parere consiste nel tenere in equilibrio il rapporto tra la qualità e la quantità. Sappiamo che la quantità è in aumento in ogni paese. La richiesta del mercato induce molti editori ad aumentare la produzione, a stampare carta e a metterla in commercio a un ritmo sempre piú veloce. Tutto andrebbe bene se scrittori e studiosi e quanti altri forniscono all'editoria la materia prima delle idee, potessero, a loro volta, accelerare i tempi e alzare il loro coefficiente di produttività. Ma scrittori e studiosi non sono automi, e le idee non si producono a macchina. Ecco allora gli editori ricorrere agli espedienti piú ingegnosi per stampare carta anche senza il sussidio delle idee: ecco certi libri d'arte la cui unica ragion d'essere è quella di fornire al pubblico un certo oggetto colorato a un certo prezzo; ecco certe collezioni di classici basate essenzialmente sulla considerazione che i classici non chiedono diritti d'autore e non protestano se li usate, senza nessuno scrupolo critico, come riempitivo di una certa serie di volumi; ecco certe coedizioni internazionali, nate secondo un processo che consiste nell'accordarsi prima sulla tiratura e sul prezzo del volume, poi sulla stampa, poi sulla carta, poi sui caratteri, sulle illustrazioni, sulla tela della legatura, e finalmente, da ultimo, sul contenuto del libro.

L'editoria «quantitativa» confina con la pura e semplice industria tipografica. E forse non metterebbe conto di parlarne in questa sede, se questo tipo di editoria non facesse sentire il peso della sua massiccia influenza sull'altra editoria, la sola in fondo degna del nome: voglio dire l'editoria «qualitativa», l'editoria culturale, che purtroppo è tutt'altro che immune dal contagio. Uno scrittore di valore, la cui opera abbia avuto fortuna, è spinto dalla logica stessa del successo a scrivere un secondo, un terzo, un quarto libro: e l'editore solo raramente trova il coraggio necessario a rifiutare la pubblicazione di quello che sembra garantito dalla qualità e che invece sta chiaramente slittando verso la commercializzazione. Anche gli studiosi piú appartati sono fatti oggetto di inviti e di allettamenti perché vogliano scrivere su «ordinazione» certe opere: inviti legittimi, allettamenti leciti, se la serietà dello studioso si incontra con la discrezione dell'editore e ne risulta un'opera utile; ma troppo spesso accade che il rapporto tra i due uomini degeneri in una sorta di infernale complicità, che li porta a ledere sia gli interessi della cultura che quelli del lettore.

Quali sono allora i mezzi per garantire la salvaguardia della qualità in una situazione editoriale sottoposta a una cosí intensa spinta all'aumento quantitativo?

Innanzitutto occorre a mio avviso che l'editore consideri gli scrittori e gli studiosi non come strumenti di produzione, ma come uomini di cultura costretti a lavorare in condizioni di estrema difficoltà. Invece di metterli faccia a faccia col pubblico, invitando quest'ultimo, quasi belva assetata del loro sangue, a farli liberamente a brani, l'editore deve piuttosto proteggerli, anche se talvolta questa protezione può manifestarsi nella forma sospetta di una protezione *dal* denaro e *dal* successo.

Non è compito specifico dell'editore quello di promuovere l'alta ricerca scientifica, che è per definizione libera e che ha i suoi istituti nelle università, nelle accademie, nelle fondazioni. Ma è dovere dell'editore rispettare da un lato tale libertà, e adoprarsi dall'altro a mettere in circolazione i risultati della ricerca, a tutti i possibili livelli di comunicazione e di divulgazione. L'editore deve rispettare il professore universitario, lo scienziato. Si tratta di macchine costose e complicatissime dal cui funzionamento dipende se sapremo o no la verità.

Una condizione essenziale perché l'editoria culturale non si lasci soffocare da una montagna di libri poco o niente significanti da lei stessa prodotti è che si accentui la collaborazione internazionale tra editori. Finora questa collaborazione è avvenuta soprattutto sul piano dei rapporti commerciali. Mi pare venuto il momento di spostarla decisamente sul terreno della cooperazione culturale. Non mancano esempi, anche insigni, di grandi opere collettive realizzate da équipes internazionali di studiosi per un editore e per piú editori associati. Io credo che questo tipo di lavoro collettivo possa essere intensificato, e articolato in forme nuove. Un editore solo non può costituirsi in fondazione e finanziare degli studi disinteressati. Molti editori, di vari paesi, riuniti insieme possono farlo.

Il discorso mi porta inevitabilmente a concludere ancora una volta sulla particolarissima figura dell'editore nella società moderna: figura che è quella di un imprenditore privato il quale opera in un settore di rilevante interesse pubblico, con una stridente contraddizione in termini, fa *commercio* di *idee*, *compra* e *vende* beni *morali*. Se l'editore riuscirà a conservare, o ad acquisire, una chiara coscienza di questa sua delicatissima posizione e delle immani responsabilità che gliene derivano, saprà trovare in ogni caso la via per salvare i valori in un dilagante mondo di fatti. Se ciò non avvenisse, egli dovrebbe cedere il suo compito allo stato, con tutte le pesanti incognite del caso; o – che è perfino peggio – egli finirebbe per trasformarsi in una semplice macchina tipografica, priva di cervello.

Ma, come ho cercato di dimostrarvi piú volte nel corso di questa mia conversazione, io ho fiducia, signori.

Giulio Bollati

Ds con correzioni ms databile al 1963; AGB. Scritto per Giulio Einaudi in occasione di un suo viaggio a Londra.

A Leonardo Sciascia, Caltanissetta

Torino, 24 gennaio 1963

Caro Sciascia,

per la tua copertina ho proposto a E. (che ha approvato l'idea) un disegno di Goya, che sembra fatto apposta per il tuo libro[1]. È il disegno che si intitola *Malos poetas* e mostra di profilo un uomo in tricorno e veste lunga, seduto su una scranna di legno e cuoio a spalliera alta, col viso ironicamente voltato verso l'«obbiettivo» e tra le mani un vecchio codice aperto. Di dietro la seggiola, in basso, spunta una testa di gaglioffo ridente e grottesca. Fortissimo e drammatico il contrasto dei neri (la veste del seduto) e i bianchi. L'effetto di copertina è veramente notevole. La rispondenza stilistica mi sembra particolarmente precisa.

In attesa di sapere se in linea di massima sei d'accordo per questa soluzione, voglio dirti che ho letto d'un fiato il tuo libro e che l'ho trovato bellissimo. La costruzione è perfetta: due storie parallele che procedono prima slegate e con un andamento piano e quasi noncurante, e poi di colpo si saldano in un tragico emblema. Il centro poetico che si rivela in quel punto con straordinaria intensità, illumina à rebours tutto il racconto; e la sua vibrazione dura a lungo, una volta chiuso il libro: è nel contrasto tra la fede nella ragione e una dolorosa consapevolezza pessimistica del male che è nella storia e che si oppone alla ragione con ottusa e crudele inerzia. Tradurre in poesia questo contrasto non era da poco: tu ci sei perfettamente riuscito.

Vorrei dirti di piú e meglio, ma lascio la parola ai critici e al pubblico, con molta fiducia che il tuo libro saprà farsi ricevere come merita.

Ti saluto affettuosamente

tuo Giulio Bollati

Lettera ds su carta intestata «Giulio Einaudi editore»; ALS, fasc. Giulio Bollati.

[1] *Il consiglio d'Egitto*, «I coralli», 1963.

A Gianni Rodari, Roma

Torino, 1° agosto 1963

Chiarissimo Scrittore,

rispondo con qualche ritardo alla Sua lettera, ma Ella sa quali cure di governo e d'anime mi assillano, per non dire dei viaggi, delle malattie, degli embouteillages stradali e delle furiose grandinate che affliggono la nostra regione.

Sono a Lei per dirLe che la Sua proposta d'una *Itaglia sbaliata* ci ha commosso e persuasi tutti a primo colpo d'occhio[1].

Ma – ed ecco profilarsi sullo sfondo riunioni di esperti e di tecnici convocati per l'occasione – sembra opportuno a questo comando che il Suo nuovo libro esca non a Natale, bensí a febbraio o giú di lí. SpiegarLe le complesse ragioni di mercato e strategiche che consigliano questa mossa ardita, esula dai limiti di questa lettera. Il fine è quello d'una sempre maggiore Sua gloria e prosperità, e forse (per il momento) la mia assicurazione può esserLe sufficiente.

Spero che nel frattempo Ella non abbia passato il libro ad altro editore: che sarebbe passo non dico contrario alle regole e, alla luce del Suo abituale attaccamento alla Casa, addirittura stupefacente, ma certamente rovinoso per me, ché in tal caso sarei costretto a dimettermi con danno della mia famiglia.

Mi creda, con stima e affetto

(Giulio Bollati)

Copia ds; AE, cart. 175, fasc. Gianni Rodari.

[1] Titolo iniziale del *Libro degli errori*, «Libri per ragazzi», 1964.

A Cesare Cases, Kiel

Torino, 2 dicembre 1963

Caro Cases,

due righe sugli ultimi sviluppi dell'affaire Fofi[1]. Mercoledí scorso la commissione Solmi-Bobbio-Einaudi, incaricata di studiare le proposte di correzione da sottoporre all'autore, si è presentata in consiglio con due relazioni, una di maggioranza (B. E.) l'altra di minoranza (S.), orientata la prima per una revisione approfondita la seconda per una revisione leggera del testo. La scelta era solo apparente, avendo fatto sapere Fofi che non era disposto a rimettere le mani nel suo lavoro, salvo che per pochi ritocchi; mentre E. e B. escludevano in modo assoluto di poter pubblicare il libro cosí com'è, o ritoccato in una misura che giudicavano insufficiente.

In pratica si è finito per votare la fiducia a E. o a S.; o, altrimenti detto, l'adesione a questa o a quella concezione della politica editoriale nel momento attuale (come Solmi del resto richiedeva fin da principio). L'errore di S. è stato di porre l'alternativa sulla base di un libro per lo meno discutibile; e di porla in termini drastici, di «rottura», senza lasciare a E. alcuna possibilità di accogliere «dialetticamente» la parte di verità contenuta nella sua posizione.

La rigidezza e intransigenza con cui S. ha condotto la sua battaglia si sono manifestate numerose volte nel corso di queste giornate tormentate. E sono culminate, dopo la votazione che lo ha visto perdente, in una sua dichiarazione clamorosa di separazione e di condanna.

Per il momento, dunque, la «rottura» c'è stata e sembra irrimediabile.

Ti risparmio i commenti, che non sarebbero lieti. Disagio e malessere per ciò che è avvenuto si accompagnano ora alla preoccupazione e al desiderio di sbloccare la situazione editoriale, cristallizzata da troppo tempo su due posizioni antitetiche (quasi due case editrici in una, con momenti di coesistenza ed altri di tensione ostile). Ho fiducia in Einaudi e credo che questo restauro (sia pure chirurgico) dell'unità editoriale sarà comunque positivo. Ma molto dipende da noi, e innanzitutto la possibilità di ricuperare le indicazioni che finora venivano offerte da Solmi in forma apocalittica e paralizzante.

Mandami due righe. Un saluto affettuoso

tuo Giulio B.

Lettera ds su carta intestata «Giulio Einaudi editore»; ACC, fasc. Giulio Bollati.

[1] Programmata sin dal 1961, la pubblicazione di un'inchiesta di Goffredo Fofi sull'immigrazione meridionale a Torino era stata sospesa alla fine del 1963 a causa della presenza di alcuni passi ritenuti offensivi sulla Fiat e sulla «Stampa». Ne derivò una spaccatura all'interno del consiglio editoriale che avrebbe portato al licenziamento dei due redattori che si erano opposti alla modifica del libro: Renato Solmi e Raniero Panzieri.

I rapporti culturali fra Italia e Stati Uniti

Potrei dirvi subito che l'editoria italiana in questi ultimi anni è entrata in una fase di sviluppo ottimistico e impetuoso, in una fase di «boom» che ha lusingato l'orgoglio nazionale e indotto tutti i giornali e le riviste a occuparsene lungamente. Potrei aggiungere che questo miracolo editoriale italiano pone un certo numero di problemi culturali, sociali, organizzativi, che sono tipici dell'editoria in una società moderna altamente industrializzata. E potrei finalmente concludere che i rapporti tra l'editoria italiana e la cultura americana, già cosí intensi e fertili di splendidi risultati nel passato, non potranno che farsi ancora piú intensi e piú fertili nel futuro. Forse voi salutereste con un applauso cortese la fine del mio discorso, ma io lascerei questa sala con l'impressione di aver fatto soltanto un discorso di circostanza, scegliendo la via facile e della correttezza diplomatica.

Sono troppo sensibile all'onore di parlarvi per limitarmi a questo. Io vorrei farvi un discorso non oso dire piú serio, ma piú personale. Sono sicuro che voi apprezzerete almeno la mia intenzione di stabilire con voi un dialogo amichevole esponendovi quello che so per esperienza personale e quello che penso su un problema cosí affascinante e difficile com'è quello dei rapporti editoriali, che in ultima analisi sono sempre rapporti culturali, tra gli Stati Uniti e l'Italia. Questi rapporti hanno una storia, e questa storia ha una parte considerevole nella mia esperienza di editore. Vorrei cominciare dal principio, dal momento in cui, trent'anni fa, io feci i miei primi passi nell'editoria, proprio mentre sull'orizzonte culturale italiano saliva un nuovo astro luminoso che si chiamava America.

Forse quello che sto per dirvi dell'America – dell'America come noi la vedevamo in quegli anni – non corrisponde in tutto alla realtà americana. Me ne scuso in anticipo. Ma penso che debba interessare gli Americani vedere la loro immagine riflessa, come in uno specchio, nell'esperienza di altri popoli; e d'altra parte l'America, proprio perché è un grande paese che esercita un'influenza decisiva nella vita del mondo contemporaneo, non appartiene soltanto a se stessa ma a tutti i popoli, che interrogandola e studiandola e cercando di capirla, interrogano se stessi e scrutano una delle componenti del loro destino.

«Verso il 1930», cioè in pieno regime fascista, «accadde ad alcuni giovani italiani di scoprire nei suoi libri l'America, un'America pensosa e barbarica, felice e rissosa, dissoluta, feconda, greve di tutto il passato del mondo e insieme giovane, innocente. Per qualche anno questi giovani lessero, tradussero, scrissero con una gioia di scoperta e di rivolta che indignò la cultura ufficiale italiana...» (Pavese, p. 193)[1]. Cosí racconta Cesare Pavese, lo scrittore scomparso, che fu mio amico e mio stretto collaboratore, e che fu insieme a Elio Vittorini, anche lui mio amico e mio stretto collaboratore, il capofila di quei giovani entusiasti che negli anni '30 scoprirono l'America.

Beninteso l'America era già stata scoperta e riscoperta dagli italiani piú d'una volta; e anche nel periodo di cui vi parlo, o subito prima, la letteratura americana e la vita americana erano conosciute e studiate e amate. C'è per esempio un libro, pubblicato dalla mia casa editrice, che ha un titolo bellissimo, rivelatore dello spirito romanzesco e affettuoso con cui fu scritto: *America primo amore*, di Mario Soldati. E non si può dimenticare un altro libro, che fin dal titolo rivela lo spirito distaccato ed elegante e l'atteggiamento critico del suo autore: *America amara*, di Emilio Cecchi.

Ma i giovani scopritori dell'America di cui parla Pavese non si limitarono a registrare impressioni o sentimenti, non avevano verso l'America soltanto l'atteggiamento del viaggiatore o del cronista o dello studioso. Per loro l'America significò davvero la scoperta d'un nuovo universo, la rivelazione d'un nuovo modo di concepire l'uomo e la vita, la società, la tecnica, la poesia. L'America offrí loro l'immagine d'una modernità finalmente raggiunta, non ostile all'uomo, ma esaltatrice delle sue capacità vitali e aperta a un libero, creativo, avventuroso sviluppo.

«La cultura americana, – scrive Pavese, – divenne per noi qualcosa di molto serio e prezioso, divenne una sorta di grande laboratorio dove si perseguiva il compito di creare un gusto, uno stile, un mondo moderni... Quella cultura ci apparve... un luogo ideale di lavoro e di ricerca... La cultura americana – continua Cesare Pavese – ci permise in quegli anni di vedere svolgersi come su uno schermo gigante il nostro stesso dramma. Ci mostrò una lotta accanita, consapevole, incessante, per dare un senso un nome un ordine alle nuove realtà... della vita individuale e associata, per adeguare a un mondo vertiginosamente trasformato gli antichi sensi e le antiche parole dell'uomo...» (pp. 194-95).

Cesare Pavese scrive queste parole nel 1947, quando considerava questa esperienza americana ormai conclusa e poteva parlarne col pacato distacco dello storico. Per ritrovare il clima ardente e vittorioso della scoperta basterà leggere le pagine che Elio Vittorini scriveva pochi anni prima, presentando una antologia della narrativa americana che fu come l'aggressivo e appassionato manifesto d'una nuova scuola letteraria. «L'America – scriveva Vittorini – non è piú America, non piú un mondo nuovo: è tutta la terra... Le particolarità vi giungono da ogni parte e vi si incontrano: aromi della terra; la vita vi si afferma coi gesti piú semplici, e senza mai sottintesi ideologici, intrepidamente accettata anche nella disperazione e nella morte...»

A Vittorini faceva eco Giaime Pintor, un giovane critico del nostro gruppo che sarebbe morto poco dopo, a ventiquattro anni, combattendo contro i tedeschi. Una sua recensione all'antologia di Vittorini illumina con precisione e commozione il significato di questa presa di coscienza della realtà americana nella vita culturale italiana. Dove altri hanno visto orrori, malattie e decadenza, scriveva Pintor alludendo a certi intellettuali che rifiutavano ogni credito al mondo americano, «noi abbiamo sentito una voce profondamente vicina, quella di veri amici e dei primi contemporanei. Vuoti e oscurità sono stati colmati nella nostra anima dalla presenza di quest'America» (p. 211)[2]. E scriveva ancora: «... Il grande orgoglio dell'America per i suoi figli... sarà la consapevolezza che essi hanno corso sulla strada piú ripida della storia, che hanno evitato i pericoli e le insidie d'uno sviluppo senza soste... Questa è la sola storia dell'America, un popolo che cresce, che copre con il suo continuo entusiasmo gli errori già commessi e riscatta nella buona volontà i pericoli futuri» (p. 215).

«Nelle nostre parole dedicate all'America – scrive ancora Pintor – molto sarà ingenuo e inesatto, molto si riferirà ad argomenti forse estranei al fenomeno storico Usa o alle sue forme attuali. Ma poco importa: perché, anche se il Continente non esistesse, le nostre parole non perderebbero il loro significato. Questa America non ha bisogno di Colombo, essa è scoperta dentro di noi, è la terra cui si tende con la stessa speranza o la stessa fiducia dei primi emigranti e di chiunque sia deciso a difendere a prezzo di fatiche e di errori la dignità della condizione umana» (p. 219).

L'America era dunque per i miei giovani amici di allora se stessa ed anche altro: un'allegoria letteraria, un ideale morale, un mito politico. Forse riuscirà difficile a chi non ha vissuto l'esperienza culturale di cui vi parlo, rendersi conto di quale immensa forza di opposizione al fascismo fosse carica questa immagine dell'America: l'America paese dell'industria e della tecnica contrapposta alle stolte idealizzazioni fasciste d'una Italia rurale; l'America paese tutto calato nel presente e protesa con ogni sua energia verso il futuro, contrapposta alla retorica esaltazione fascista del passato, della bimillenaria civiltà romana; la letteratura americana cosí immediatamente legata alla vita, ai sentimenti, alle vicende dell'uomo in un mondo reale, contrapposta alle esercitazioni accademiche e umanistiche incoraggiate dal fascismo; un senso di libertà e di pienezza di vita contrapposto al soffocamento e alla costrizione d'ogni slancio vitale, d'ogni aspirazione alla verità, al movimento, alla creazione.

La letteratura americana alimentò l'opposizione politica al fascismo e fu combattuta dal fascismo: «il furore di rivolta e di sincerità che anche i piú impreparati sentivano pulsare in quelle pagine tradotte riuscirono irresistibili a un pubblico non ancora del tutto intontito dal conformismo e dall'accademia... Per molta gente l'incontro con Caldwell, Steinbeck, Saroyan, e perfino col vecchio Sinclair Lewis aperse il primo spiraglio di libertà, il sospetto che non tutto nella cultura del mondo finisse col fascismo» (Pavese, *Ieri e oggi*, pp. 193, 194). Intorno alla cultura americana si combatté una battaglia politica. La prima edizione di *Americana*, l'antologia curata da Elio Vittorini e della quale vi ho già parlato, venne sequestrata dalla polizia perché nella prefazione dell'editor l'amore per l'America tradiva troppo esplicitamente la polemica e la rivolta contro il regime fascista.

Questa naturale alleanza tra la cultura americana e l'antifascismo non andò esente da qualche equivoco, ma giovò certamente all'uno e all'altra. Giovò agli intellettuali antifascisti per le ragioni che abbiamo appena detto; e giovò alla cultura americana perché i piú preparati fra quegli intellettuali non si limitarono ad accogliere i romanzi sorprendenti che venivano in quel periodo dagli Usa, ma vollero rintracciare le radici della pianta e si misero a studiare e a tradurre anche i classici americani: Melville, Whitman, Poe, Hawthorne. Cesare Pavese fu tra gli iniziatori di questo lavoro al quale contribuí con le sue magistrali traduzioni delle opere di Melville e i suoi saggi critici. Vittorini scrisse sulla storia letteraria americana pagine libere da ogni influsso scolastico e sorrette da una fantasia vigorosa e sicura. E la curiosità per l'America si estese oltre i campi della letteratura verso la storia, le scienze, la sociologia, il pensiero politico americano.

È un fatto però che finita la guerra e caduto il fascismo, venne meno uno dei motivi che avevano alimentato e sostenuto il mito americano nella nostra cultura. Proprio mentre l'editoria si impadroniva delle grandi riserve di opere americane fino allora vietate dalla censura, e mentre un pubblico entusiasta si gettava a leggere una serie di libri americani che sarebbe bastata per molti anni, si spegneva tacitamente l'idillio durato cosí a lungo tra la cultura militante italiana e l'America, la favolosa e reale America che essi avevano scoperto e insieme inventato.

È triste registrare la fine d'un amore, soprattutto d'un amore giovanile; ma è nella natura degli amori giovanili di finire, per dar luogo ai rapporti piú duraturi della maturità. Ancora una volta dovrò servirmi delle lucide parole di Cesare Pavese, che nel 1947 prese atto della situazione mutata con quel fare sgarbato che gli era proprio e che mascherava un animo tutt'altro che insensibile: «A esser sinceri, insomma, ci pare che la cultura americana abbia perduto il magistero, quel suo ingenuo e sagace furore che la metteva all'avanguardia del nostro mondo intellettuale. Né si può non notare che ciò coincide con la fine, o la sospensione, della sua lotta antifascista». Non si tratta però per Pavese soltanto d'una coincidenza cronologica, come è chiarito dalle parole che seguono: «Senza un fascismo a cui opporsi, senza cioè un pensiero storicamente progressivo da incarnare, anche l'America, per quanti grattacieli e automobili e soldati produca, non sarà piú all'avanguardia di nessuna cultura» (Pavese, pp. 195, 196). Non ci sarà nessuno, io credo, che non senta, dietro queste parole forse irritanti, la verità di un avvertimento che vale non solo per l'America ma per ogni paese. Del resto, Pavese ha amato troppo l'America ed era troppo amico degli Americani perché io potessi tenervi nascosto questo suo leale e scontroso commiato.

Cosí finí la nostra giovanile scoperta dell'America, scoperta alla quale siamo debitori di una parte essenziale di quello che siamo stati e che siamo. Quella scoperta ha del resto continuato a fruttificare nell'editoria e nella cultura italiana, in un rigoglioso rinnovarsi e intensificarsi di studi sulla storia, la letteratura, le scienze e le tecniche americane. Questa tendenza oggi è in piena espansione e impegna schiere sempre piú larghe di giovani ricercatori e studiosi. Ma il nostro rapporto con l'America, a distanza di neppure vent'anni, è oggi diverso. La storia ha camminato, la politica internazionale ha occupato, in certi periodi, tutto intero il nostro orizzonte intellettuale. Il rapporto attuale tra la cultura italiana (e per cultura intendo sempre anche l'editoria) e la cultura americana è innanzitutto un rapporto meno idealizzato, piú realistico. Direi poi che è un rapporto piú complesso, perfino contraddittorio, perché le vicende della politica mondiale continuano a esercitare un peso determinante e fanno sí che nel nostro modo di guardare all'America la fiducia e la speranza si mescolino talvolta di inquietudine, che la chiarezza della visione sfumi talvolta in un alone di enigma.

La posta in gioco è l'avvenire del mondo, ed è una posta troppo grande perché ci si possa semplicemente cullare in visioni mitiche, siano esse ottimistiche o pessimistiche. Noi dobbiamo guardare all'America in uno spirito di collaborazione che comprenda insieme la fiducia, la simpatia e la possibilità della critica. Che cosa è l'America, che cosa farà l'America: tutti siamo interessati, americani e non americani, a cercare una risposta esatta, fuori da pregiudizi e da polemiche, a queste domande decisive.

L'epoca in cui viviamo ci impone dunque di assumere verso l'America un atteggiamento di attenta e scrupolosa obiettività, di partecipe ricerca. Ma se da queste considerazioni generali scendo al particolare e guardo all'America d'oggi dal particolare angolo visuale del mio mestiere di editore, di uomo che vive entro il campo della cultura, debbo francamente ammettere che all'antico mito dell'America che rallegrò la nostra giovinezza, si è sostituito forse un altro mito, vale a dire una visione fortemente schematizzata, anche se affonda le radici nella realtà e nella verità. Il mito al quale mi riferisco è piú problematico e inquietante che esaltante. È quello dell'America Paese della «cultura di massa», dell'«industria culturale»: cioè della cultura prodotta in serie e ridotta alla condizione di una merce come le altre, destinata a essere consumata in larghissima scala da uomini fortemente condizionati dalla pubblicità. Il problema della «cultura di massa», che molti studiosi americani hanno affrontato, oggi è di moda anche in Europa e se ne capisce la ragione. L'americanismo inteso come civiltà di massa, come civiltà del consumo, come civiltà dell'industrializzazione e dell'organizzazione, non è piú un fenomeno lontano da studiare sui libri o da indovinare e giudicare secondo i moti dell'animo, ma è un fenomeno che sorge all'interno di ogni paese in fase di sviluppo, fa parte della realtà quotidiana della nostra vita, condiziona tutte le attività, compresa quella editoriale.

Non vi ripeterò le argomentazioni di certi filosofi, come Horkheimer o come Adorno, sulla «cultura di massa» e sui terribili effetti alienanti che essa è in grado di produrre attraverso i poderosi strumenti di cui dispone: cinema, televisione, una certa editoria. Per capire la genesi del fenomeno e per rendermi conto in quale misura e in quale senso possa definirsi come tipicamente americano, preferisco rifarmi a un innocente libretto uscito a New York nel 1893. Si intitola *The Novel: What It Is* e ne è autore Francis Marion Crawford, uno scrittore americano vissuto per oltre vent'anni in Italia sulla fine del secolo scorso.

Con una franchezza ammirevole, Crawford definisce il romanzo «una mercanzia da vendere» (*a marketable commodity*), appartenente alla classe degli oggetti di lusso. Compito principale di un romanzo è di divertire e interessare il lettore (*to amuse and interest the reader*) e il romanziere è, per cosí dire, obbligato da una specie di tacito contratto con il compratore a procurargli il divertimento che questi si aspetta dalla lettura del libro. Quindi niente sotterfugi, niente tentativi di contrabbandare lezioni o prediche, cioè cultura o pensiero, ma limitarsi a fornire al cliente nient'altro che un «piccolo teatro tascabile». In altre parole il compito del romanziere, secondo Crawford, consiste nel far ridere la gente; nel far talvolta versare al lettore delle lacrime; meglio di tutto, nel farlo pensare un poco, ma non tanto da impedirgli di vedere davanti a sé dei personaggi ai quali sarebbe lieto di rassomigliare, dei personaggi che agiscono in scene alle quali sarebbe lieto di prendere parte. A questi consigli Crawford ne aggiunge uno di fondamentale importanza: non dipingere la vita com'è, con tutte le sue angosce e brutture, ma dipingerla «come dovrebbe essere». Il moralismo e il lieto fine sono gli accessori indispensabili di una letteratura cosí concepita.

Vi confesso che la prima cosa che mi ha colpito leggendo questa ingenua e onesta teoria del romanzo è stata una sua vaga somiglianza con le teorie in voga ai tempi di Ždanov, quando gli scrittori del «realismo socialista» dovevano attenersi al precetto di far trionfare comunque il bene sul male, di mettere in luce soltanto gli elementi positivi della vita, di anteporre sempre alla realtà com'è la realtà come dovrebbe essere. Le grandi società moderne – riflettevo – sembra non possano reggersi se non sulla superficialità e sul conformismo delle masse; la letteratura è obbligata, o da un censore, o dalle leggi del mercato, ad alimentare questo conformismo.

Ma torniamo al nostro amico Crawford. Come non accorgersi che egli ha dato una perfetta definizione della cosiddetta letteratura di consumo? Anche se gli ingredienti possono variare (sesso e violenza e realismo esasperato oggi sono ammessi, mentre Crawford li escludeva), l'essenziale rimane ed è che non si dia al lettore piú di quello che egli è supposto aspettarsi, cioè divertimento ed evasione. L'importante è che il lettore non pensi.

Vorrei fare subito un'osservazione su quanto vi ho appena riferito: è soltanto un caso che Crawford sia americano. La sua definizione del romanzo è quella della «letteratura amena» comune nell'Ottocento a tutti i paesi. Le sue idee in proposito non differiscono dalle idee di infiniti altri scrittori italiani o francesi o inglesi della stessa epoca.

Ma quand'è che il fenomeno diventa tipicamente americano e si trasforma in un fenomeno di «cultura di massa», degno di essere considerato con la piú viva preoccupazione da filosofi, sociologhi e pedagoghi? Quando la «letteratura amena» diventa una grande industria e le sue leggi - che erano ingenui e bizzarri precetti in Crawford - fanno tutt'uno con le leggi della produzione e del consumo su vastissima scala, le leggi cioè su cui si basa tutta la vita sociale di un paese. Tutto ciò è tipicamente americano perché questo passaggio si è verificato in America prima che altrove, vi si è verificato allo stato puro, senza temperamenti, secondo il ritmo e la forza di una colossale economia qual è quella americana.

La capacità che si manifesta in America di portare fino agli estremi limiti possibili lo sviluppo di certi fenomeni, produce effetti paragonabili a quelli che si ottengono nei laboratori di fisica, dove macchine che accelerano fino a limiti inauditi il ritmo dei fenomeni naturali consentono agli scienziati di modificare le strutture della materia, traducendo in realtà le fantasticherie dei maghi medievali. L'America oggi rischia forse di essere questo: un paese in cui certi fatti culturali, in se stessi positivi, come i mezzi di comunicazione di massa, sono sottoposti a una tale incontrollata spinta di sviluppo che ne risultano modificati la loro natura e il loro scopo originari. Creati per diffondere il pensiero, l'informazione, la cultura, i mezzi di comunicazione di massa possono trasformarsi in certi casi in strumenti diabolici che annullano il pensiero, distorcono l'informazione, contrastano la cultura.

Il fenomeno, che ho definito tipicamente americano, si riproduce ormai anche in altri paesi: in Francia, in Germania, in Italia, forse un po' meno in Inghilterra. Esso si riproduce secondo il meccanismo che ho indicato. Nel campo dell'editoria, può essere utile considerare l'esempio dei pocket-books o dei paperbacks, che sono su scala mondiale uno degli elementi piú rappresentativi dell'attuale momento editoriale. Questo tipo di libro, considerato in se stesso, è un meraviglioso strumento di diffusione culturale, e merita tutta la nostra riconoscenza. Esso è per cosí dire l'avanguardia della cultura nelle vaste aree depresse della lettura – ne esistono in ogni paese. Ma i pocket-books sono come una pianta tropicale dotata d'una vertiginosa capacità di moltiplicarsi: se non li coltivate razionalmente tendono a invadere tutto lo spazio disponibile e a formare una caotica foresta vergine. Non bisogna lasciarsene sfuggire il controllo. Se debbono servire alla cultura, bisogna che ci sia sempre un criterio culturale a dirigerli, a sceglierli, a ordinarli secondo ragioni di valore e secondo un piano omogeneo. In caso contrario diventano strumento di confusione e di ignoranza, perché producono il livellamento d'ogni valore a un minimo comun denominatore di automatismo e di indifferenza.

Con l'esempio delle collezioni economiche mi pare di aver toccato il problema centrale dell'editoria contemporanea, in America come in ogni altro paese. Questo problema consiste a mio avviso nel tenere in equilibrio il rapporto tra la quantità e la qualità. La quantità è in aumento in ogni paese, e l'espansione del mercato, di cui questo aumento è al tempo stesso causa ed effetto, induce gli editori ad aumentare la produzione, a stampare carta e a metterla in commercio a un ritmo sempre piú veloce.

Tutto andrebbe relativamente bene se scrittori e studiosi e quanti altri forniscono all'editoria la materia prima delle creazioni originali e delle idee, potessero a loro volta accelerare i tempi e alzare il loro coefficiente di produttività. Ma scrittori e studiosi non sono automi, e le idee non si fabbricano a macchina. Ecco allora verificarsi sempre piú spesso il caso di editori che ricorrono agli espedienti piú ingegnosi, o se preferite, piú riprovevoli, per stampare carta anche senza sussidio delle idee. Ecco certi libri d'arte la cui unica ragione d'essere è di fornire al pubblico un certo oggetto colorato a un certo prezzo, ecco certe collezioni di classici della letteratura, del pensiero, della scienza, basate essenzialmente sulla considerazione che i classici non chiedono diritti d'autore e non protestano se li usate come riempitivi di una certa serie di volumi; ecco certe coedizioni internazionali nate da accordi prima commerciali che culturali; ecco le collezioni ipocritamente destinate all'educazione del largo pubblico che allineano i libri piú disparati in una indistinta e ibrida mescolanza di valori.

Questa editoria «quantitativa» confina con la pura e semplice industria tipografica, col puro e semplice commercio di carta comunque stampata. I danni che essa produce sono di due tipi: innanzitutto essa diseduca i lettori, li disorienta, ne fa dei consumatori di carta e non di cultura. In secondo luogo, per il meccanismo stesso del mercato e per la forte pressione economica che essa esercita, questa editoria finisce fatalmente per influenzare anche l'editoria «qualitativa», l'editoria cioè che si ispira a criteri di valore culturale. Questa influenza negativa può esercitarsi sia nel senso che l'editoria culturale, l'editoria seria si separa dal resto e si barrica in un sempre piú accentuato isolamento specialistico; sia nel senso che anche l'editoria culturale adotta metodi e forme della cultura di massa, e si lancia nel vortice del mercato sottoponendo i suoi scrittori, i suoi cavalli di razza, alle pericolose acrobazie e ai tours de force distruttori imposti dalla pubblicità e dalla legge infernale del successo.

Tutto questo rappresenta un pericolo, un pericolo veramente grave. Se editoria e cultura dovessero persistere in questa loro inclinazione al divorzio, il risultato paradossale sarebbe questo: che il trionfo dell'arte della stampa porterebbe a una situazione simile a quella in cui l'umanità viveva prima di Gutenberg e di Aldo Manuzio. Una situazione cioè in cui gli intellettuali resterebbero confinati nei loro conventi, coi loro codici e le loro verità, e il resto dell'umanità resterebbe fuori a pascersi di favole e di superstizioni.

Come sventare questo pericolo, come evitare che l'editoria seguiti a scivolare sul piano inclinato d'una industrializzazione e commercializzazione fine a se stessa?

Nel tentativo di rispondere a queste domande parlerò insieme degli Stati Uniti e dell'Italia, come vuole il tema della mia conferenza.

Una delle condizioni fondamentali per contrastare e arrestare queste tendenze negative dell'editoria contemporanea è di contrapporre alla cattiva editoria, dei lettori preparati, educati criticamente, capaci di distinguere. Intendo dire che uno sviluppo sano dell'editoria è in stretto rapporto con le attrezzature culturali di base del paese in cui si opera, vale a dire le scuole con quello che vi si insegna e le biblioteche pubbliche di cui può disporre la popolazione. In questo campo voi Americani siete troppo piú avanzati di noi, e formate l'oggetto della nostra ammirata invidia. So che si discute molto da voi sul tipo piú opportuno di istruzione da dare ai giovani, per trovare il giusto equilibrio tra la necessità pratica di fornire il grande numero di tecnici indispensabili allo sviluppo del paese e la necessità di non ridurre troppo lo spazio riservato alla cultura generale, e non soltanto strumentale, di questi tecnici. Ma la vostra attrezzatura è formidabile e le cure che dedicate all'istruzione sono un modello per ogni paese. Per quanto riguarda le biblioteche io non posso ricordare senza la piú sincera ammirazione che le vostre prime biblioteche pubbliche risalgono agli inizi del 18° secolo. Voglio alludere ai clubs di lettura fondati da Beniamino Franklin, clubs nei quali i soci versavano un piccolo contributo mensile per l'acquisto di libri che poi circolavano tra i membri del gruppo; e alla rapida trasformazione di questi clubs in vere e proprie biblioteche popolari, aperte a sottoscrittori che pagavano una quota cosí piccola da essere alla portata di tutti. Esiste certamente una stretta relazione tra questa diffusione della lettura tra il popolo e il fatto che nel 1776, quando Thomas Payne pubblicò il primo dei suoi opuscoli politici, se ne dovettero stampare in pochi mesi piú di centomila copie.

Un'altra condizione perché l'editoria si sviluppi in forme non contrastanti col progresso civile, è a mio parere che si riduca la distanza tra l'alta cultura e la cultura generale. La specializzazione è una necessità insopprimibile sia nelle attività pratiche che nelle attività intellettuali. Ma altro è divisione del lavoro, altro è separazione in compartimenti stagni, in cassetti non comunicanti. Parafrasando il detto di John Donne che Hemingway ha posto a epigrafe di *Per chi suona la campana*, vorrei dire che nessuna istituzione culturale, scuola, università, casa editrice, è un'isola in sé compiuta. Certi professori universitari, per esempio, i quali pensano di potersi disinteressare di quello che accade nel mondo dell'editoria, dimostrano di non capire che, se le cose dell'editoria andassero male, la campana suonerebbe anche per loro. La cultura è un tutto unico, ed è un dovere per tutti quelli che lavorano per lei d'adoperarsi a gettare dei ponti tra le varie specializzazioni, e tra queste e i vari livelli d'istruzione, per stabilire la circolazione della linfa culturale in ogni parte della collettività. In particolare gli editori debbono sentire come uno dei loro compiti fondamentali quello di farsi intermediari tra il mondo dell'alta cultura e il pubblico.

In Italia esiste una separazione molto marcata tra la ricerca che si svolge nelle università e negli istituti di studi superiori e l'editoria che si rivolge al lettore comune. Non so fino a che punto in America la situazione sia la stessa. Gli Americani hanno una grande tradizione nel campo delle opere divulgative, che gettano un ponte tra l'attività scientifica delle University Press e il pubblico. Queste opere sono in Italia assai scarse, e noi dobbiamo importarne in gran numero soprattutto dagli Stati Uniti e dall'Inghilterra. Ma i libri di divulgazione sono soltanto uno degli strumenti con cui si può risolvere il problema che ho posto. Questo problema, dal mio punto di vista di editore, lo riassumerei cosí: una cultura separata dall'editoria è muta; un'editoria separata dalla cultura è cieca.

Una terza condizione perché le sorti dell'editoria volgano al meglio, è che gli editori siano consapevoli della responsabilità che comporta il loro lavoro nella società contemporanea. Dirò molto francamente che sono contrario alla figura dell'editore come puro industriale, come puro imprenditore, come puro uomo d'affari. Anche se l'editore è sottoposto, alla pari di ogni altro produttore, alle leggi del mercato, il suo fine non può limitarsi alla ricerca del profitto. Egli opera in un settore delicatissimo, di rilevante interesse pubblico, qual è quello delle idee, della loro formazione e circolazione. Egli compra e vende come ogni altro imprenditore, ma i beni che egli commercia sono beni morali, il cui valore non può misurarsi in cifre contabili.

L'editore deve avere una chiara coscienza di tutto ciò, e pensare al proprio lavoro come a un vero e proprio servizio pubblico. In altre parole, l'editore non deve concepire l'insieme dei lettori semplicemente come un mercato, ma sempre come una società civile. Questo lo obbliga a non essere mai indifferente al contenuto dei libri che offre e a ricordare sempre che un libro prima di essere una merce è e deve restare un libro, e rivolgersi non a un cliente, ma a un uomo.

Io credo che l'avvenire dell'editoria, in Italia come da voi, dipenda essenzialmente dal modo in cui evolveranno e saranno risolte le questioni che vi ho accennato. Per quanto riguarda le relazioni editoriali tra i nostri paesi, sono sicuro che dagli Stati Uniti continueranno ad arrivarci, come oggi, opere scientifiche e tecniche di altissimo livello, in particolare libri di fisica e matematica, di economia e di sociologia, di storia e di storia dell'arte. E avremo da voi altre opere di poesia e altri romanzi, e agli scrittori di valore che oggi tengono il campo se ne aggiungeranno dei nuovi ad ogni stagione. Ma il vero nodo delle relazioni editoriali tra gli Stati Uniti e il nostro paese sta proprio alla radice del lavoro editoriale, del costume editoriale, del sistema editoriale. In questo come in altri campi gli Stati Uniti sono, rispetto agli altri paesi, un po' come la locomotiva che trascina un lungo treno. La speranza e l'augurio è che essi sappiano sempre trovare il binario giusto.

Ds con correzioni ms di Bollati databile al 1964; AGB. Scritto per Giulio Einaudi in occasione di un suo viaggio negli Stati Uniti.

[1] Questa e le successive citazioni da Pavese sono tratte da *Ieri e oggi*, in Id., *La letteratura americana e altri saggi*, prefazione di Italo Calvino, Einaudi, Torino 1951, pp. 193-96.

[2] Questa e le successive citazioni da Pintor sono tratte da *La lotta contro gli idoli*, in Id., *Il sangue d'Europa (1939-1943)*, a cura di Valentino Gerratana, Einaudi, Torino 1950, pp. 208-19.

A Ernesto de Martino, Roma

Torino, 17 gennaio 1964

Caro de Martino,

Einaudi mi incarica di scriverti per scusarsi innanzitutto con te del lungo silenzio e per illustrarti la situazione.

Come sai, Solmi e Panzieri non sono piú con noi. Sarebbe lungo spiegarti per lettera come si è svolto questo spiacevolissimo episodio, sul quale circolano tante dicerie piú o meno inesatte. Spero di poterlo fare a voce, alla prima occasione. Ad ogni modo, si deve proprio a quelle discussioni e al clima un po' teso in cui si sono svolte se c'è stata una soluzione di continuità nei nostri rapporti[1].

Quel che conta dirti ora, è che nulla è mutato del nostro programma editoriale, ivi compresa la parte che vi ha e vi avrà la tua collaborazione. Anzi, si è sempre piú rafforzata in tutti noi la convinzione che si debba intraprendere al piú presto – vale a dire entro quest'anno – il tentativo di una ripresa in grande stile del settore culturale Einaudi.

L'organizzazione di questo settore ha posto seri problemi. Si tratta, come forse sai almeno in parte, di iniziare, oltreché le scienze religiose (de Martino), l'economia (Steve), di riprendere la serie giuridico-politica (Bobbio) e di avviare una serie sociologica e una scientifica. A parte la filosofica e la storica, collane già esistenti e solidamente impiantate, si tratta, come vedi, di un ampio arco di discipline che dovrebbero teoricamente dar luogo ad altrettante collane nuove. Ma ecco sorgere la questione: piuttosto che avviare tante collane autonome, che avanzerebbero quasi a spese l'una dell'altra, e come contendendosi lo spazio, e darebbero luogo in pratica ad altrettanti tronconi in lenta o lentissima crescita, non sarebbe meglio concepire coraggiosamente una collana unica, suddivisa al suo interno in tante serie quante sono le discipline?

Questa è la tesi che ha finito per prevalere. Da un punto di vista pratico questa unica collana, proprio perché collettiva o «confederata», si presenterebbe con un ritmo, un'intensità, un mordente risultanti dalla somma di tutti i contributi che vi confluiscono. Né manca una giustificazione culturale del tentativo, dal momento che tutte queste serie possono essere considerate come altrettanti approcci alla realtà presente, nella sfera «fisica», come in quella «morale» mediante l'impiego delle tecniche scientifiche e dei reagenti piú aggiornati e sempre da un angolo problematico e non sistematico.

Anche questo discorso è poco agevole a farsi per lettera. Vorrei continuarlo a voce: ma spero di averti dato un'idea dell'orientamento attuale di G. E., che risponde a una convinzione profonda e – io credo – a un'intuizione editoriale veramente nuova e felice.

In particolare, qual è la quotaparte destinata quest'anno alla tua serie e quali le date d'uscita? Per l'esordio della nuova collana, ad aprile, si pensava al Mauss, poi forse a un secondo dei tuoi libri dopo agosto. La scelta non ti sembri troppo avara: le altre serie contribuiscono tutte con uno o due volumi ciascuna, volendosi dare subito un'idea dell'ampiezza del fronte su cui si avanza. Una volta avviata l'impresa, sarà possibile incrementare questa o quella serie secondo il bisogno o secondo la ricchezza o l'interesse del materiale disponibile[2].

A parte sarà da considerare la questione dei manuali Kohlhammer, che potranno esordire però solo piú tardi, in sede separata.

Scusa la lunghezza e al tempo stesso l'inevitabile incompletezza della mia lettera.

Ti prego, in ogni modo, di considerare attentamente quanto ti ho esposto e di voler collaborare – se credi, naturalmente – a definire meglio e a realizzare questo progetto che potrebbe veramente segnare una data nella storia della Casa editrice e un notevole fatto culturale.

Sono disposto a venire eventualmente a Roma per parlare ancora con te.

In attesa, credimi, con molta cordialità,

(Giulio Bollati)

Copia ds; AE, cart. 66, fasc. Ernesto de Martino.

[1] Cfr. *supra*, Bollati a Cases, 2 dicembre 1963.

[2] Bollati stava descrivendo il progetto della «Nuova Biblioteca Scientifica Einaudi» (Nbse), inaugurata nel 1965 da *Il concetto del diritto* di Herbert L. A. Hart e *Teoria generale della magia ed altri saggi* di Marcel Mauss; consulenti, oltre a de Martino, i citati Sergio Steve e Norberto Bobbio.

A Natalia Ginzburg, Roma

Torino, 6 luglio 1964

Cara Natalia,

alla lettera che hai scritto a Davico rispondo io, perché Davico si è ammalato e ne avrà per molti giorni. Giulio Einaudi, che non aveva letto la tua lettera, ha risposto a uno solo dei suoi molti punti, e adesso gli dispiace.

Ti rispondo non a titolo personale ma a nome della «casa editrice», i cui sentimenti e pareri e intenzioni ho cercato di interpretare attraverso discorsi, documenti, indizi di ogni genere (hai ragione tu, l'ente casa editrice è un po' misterioso, com'è sempre stato, del resto, anche ai tuoi tempi – solo che non te ne ricordi piú).

La casa editrice ti è amica e la tua lettera le ha procurato una grande amarezza. La casa editrice mi incarica di dirti che vuole ristabilire al piú presto la pace e l'armonia con te. L'ente però trova giusto che non si facciano, adesso, solo dei sentimentalismi. Parliamo subito d'affari.

Dunque, quanto al regolamento dei rapporti ordinari (per quelli straordinari, in qualsiasi circostanza, puoi contare sia sulle persone che sul «congegno») tu hai troppo evidentemente ragione circa la scarsa puntualità delle rimesse e non è neppure il caso di abbozzare delle scuse. Si cercherà d'ora in poi di essere puntuali per non costringerti a chiedere e richiedere quello che ti è dovuto. Ma c'è anche un altro modo per garantirti la puntualità, e cercherò di spiegartelo come posso.

Noi potremmo mandarti subito tante cambiali corrispondenti a tante mensilità quante sono quelle di cui sei in credito. Di queste cambiali potresti servirti in due modi: potresti girarle in pagamento a eventuali tuoi creditori o fornitori, se ne avessi; oppure potresti, ad ogni scadenza, «passarle all'incasso», cioè incaricare una banca di convertirle in denaro (è un'operazione che le banche fanno con una modica spesa). In questo modo tu ti pagheresti da sola le mensilità, senza piú passare per la nostra amministrazione.

Copie in omaggio. Non è che noi abbiamo mandato in omaggio diecimila copie, che sarebbe una follia. Quel dieci per cento di copie per servizio stampa e omaggi di cui parlano i nostri contratti, comprende oltre alle copie che si mandano in giro per recensione o in dono, anche quelle che si regalano abitualmente ai librai nella misura di una ogni dodici che loro comprano (la famosa «tredicesima»), e di cinque se ne comprano cinquanta tutte insieme (che si dice in gergo «fare 50-55»: cinquanta che pagano piú cinque gratis). È l'uso, non una concessione speciale: e naturalmente piú noi vogliamo lanciare un libro, piú cerchiamo di imbottire le librerie, e piú cresce in proporzione il numero di copie che regaliamo.

Inoltre devi considerare che quando c'è un libro che vogliamo lanciare molto (com'era il caso del *Lessico*), diamo anche, eccezionalmente, molte copie in deposito ai librai, copie cioè che loro ci pagano solo se le vendono, e che se no ci restituiscono. Di solito ce le restituiscono sciupate, da mettere nel mucchio degli scarti. I quali scarti sono anche compresi nel famoso dieci per cento, come puoi vedere nel contratto. Insomma la cifra diecimila fa un po' effetto, ma non è senza spiegazione. Se di un libro fai solo tremila copie e ne sottrai trecento (cioè sempre il dieci per cento) fa meno impressione, ma è la stessa cosa.

Diritti d'autore. È vero, non c'è un trattamento unico per tutti gli autori. Ci sono alcune pochissime eccezioni di percentuali superiori al 10%. Ma la norma è il 10%, come può dirti Calvino che anche lui è trattato cosí. Il margine dell'editore è molto, molto inferiore al 10%. E quando l'autore prende piú del 10%, il margine dell'editore se ne va via *tutto*, e qualche volta si va addirittura sotto.

Perché allora abbiamo dato qualche volta piú del 10? Perché abbiamo calcolato che su certi libri potevamo guadagnare in pubblicità, quello che non guadagnavamo in denaro. Se però avessimo esteso questo sistema, avremmo già dovuto chiudere.

Rendiconti. Adesso lo rifaremo per vedere se ci sono errori. Quella cosa misteriosa che hai notato, è troppo lunga da spiegare, ma riguarda la rilegatura. Il principio è che né l'editore né l'autore devono guadagnare percentuali sulla tela e il cartone (se no il prezzo del libro salirebbe chissà quanto). Ma è anche vero che messa cosí nei rendiconti la cosa è oscurissima e proprio non va. Stiamo studiando di modificarla.

Autori. La casa editrice non si dimentica mai degli «autori». Forse dovevi dire che tratta con eccessiva confidenza (o disinvoltura) proprio gli autori piú amici, cercando sollievo a una vita che non è poi facile come sembra[1].

Questo comunque è un difetto da correggere. Però bisogna ancora dire che non tutti gli «autori» sono da difendere in blocco. Ci sono quelli buoni (amici o no), e quelli cattivi, dai quali siamo *noi* che dobbiamo difenderci.

Molti autori ci trattano proprio da cane, e noi qualche volta dobbiamo cedere a pretese anche assurde; ma è molto sbagliato trattarci come se noi cercassimo di guadagnare a spese loro. Sarà forse un male, ma nemmeno oggi per noi l'editoria è per prima cosa un modo di fare dei soldi. E tutti quelli che guadagniamo non finiscono nei forzieri, ma tornano subito in circolazione sotto forma di altri libri, la piú parte faticosi e costosi da fare e pesanti da vendere.

Altri editori sono piú ricchi e piú precisi, verissimo. Ma guarda combinazione, hanno sempre un'altra o altre attività collaterali, industrie e speculazioni d'ogni tipo. Facile allora farci la concorrenza, ma è una concorrenza vorrei dire sleale, perché non rischia niente; e pericolosa per tutti, perché potrebbe togliere di mezzo chi vive esclusivamente sulla buona qualità di quello che fa, e aprire la strada a una editoria totalmente commercializzata.

Scusami per la digressione. Resta inteso che in linea di principio gli autori vanno trattati bene. In particolare vanno trattati bene gli autori nostri amici.

Conclusioni. Non ci sono conclusioni, se non che cercheremo di non farti arrabbiare oltre, eliminando possibilmente alcune delle cose storte che hai notato, migliorandone altre. Se c'è qualcosa che non è chiara, scrivimi ancora.

Un saluto affettuoso

(Giulio Bollati)

Copia ds; AE, cart. 95, fasc. Natalia Ginzburg.

[1] Nella sua lettera a Davico del 23 giugno 1964, Ginzburg aveva scritto: «C'è nel vostro atteggiamento verso gli autori il presupposto – falso – che i denari che si guadagnano con i libri non appartengono per nulla agli autori, ma a voi soli. Invece appartengono in parte a voi, ma in parte anche agli autori. E voi della figura dell'autore, a un certo punto, ve ne dimenticate totalmente» (AE, cart. 95, fasc. Natalia Ginzburg). Nel tentativo di appianare un altro, piú aspro contrasto sorto un anno dopo, il 26 novembre 1965 Bollati le avrebbe scritto: «Pensavo che tu e noi avremmo potuto accordarci nel credere a uno sbaglio, causato dalla ben nota teoria che pone sempre un libro (Einaudi) al centro del mondo e considera periferia tutto il resto, compresi i teatri (ma anche gli ospedali, le chiese, le accademie scientifiche, i musei, gli allevamenti di cani, le strade e foreste, gli asili d'infanzia, ecc.)» (AGB).

A Giovanni Pirelli, Varese

Torino, 8 ottobre 1964

Caro Giovanni,

ho letto il tuo libro, prima con una certa fatica, poi attirato da una certa inquietudine e suspense in crescendo[1]. La scrittura è coraggiosa per eccesso di sgradevolezza, insomma è molto sgradevole, grigia e spoglia, con un lessico sgradevole, deliberatamente maleodorante. La tesi non è chiara (se c'è tesi: il sospetto viene, poi se ne va, poi torna: credo proprio che una tesi ci sia, ma siccome il libro non è costruito in funzione della tesi, si può ancora parlare di tesi?) Mi pare che i protagonisti abbiano tutti ragione e tutti torto; la conclusione prevalente è che lo schifo è generale, a livello biologico come a livello ideologico, perché è nel «sistema», anzi (con trapasso leopardiano) è nella vita. La sola distinzione possibile è tra uomini e non-uomini; e nello sfondo c'è una remota, utopistica possibilità che tutto possa cambiare in modo radicale.

La chiave è dunque morale. Il significato del libro lo trovo nell'irritazione, nella rabbia, nella pietà scontrosa, nel caricaturale (autoirridente) amore per gli uomini e la loro dignità, nella speranza non detta, nella frustrazione non accettata. È un libro di sconfitta, ma con dentro il «merde» di Cambronne, e una sorta di sprezzante ottimismo che il «vincitore» finirà per perdere, alla lontana. Ma intanto la vecchia guardia muore.

Un libro serio, che ispira rispetto. Un libro pignolo. Un libro onesto, che vuole evitare la letteratura e quasi sempre ci riesce.

Un libro sul quale si potranno anche fare dei discorsi importanti – trasformazioni tecnologiche, capitalismo e classe operaia e sindacati e rivoluzione nel nuovo contesto di oggi e di domani – ma che io preferisco capire come la testimonianza di un mio coetaneo, romantico nel fondo, e molto molto incazzato.

P.S. Dovevo dirlo prima: non ho capito il «suicidio» di Marianna, anche se intuisco che lí è il clou del racconto. Mi pare che dia sul simbolico, in modo che contrasta con tutto il resto. Ma non ti consiglierei di cambiare. Dopo averti detto che scrivi male e che ti fai un punto d'onore nell'evitare le false consolazioni della letteratura, devo aggiungere che ci sono alcune pagine di vera bravura. Pubblicherei senza esitazioni. Tuo

Giulio B.

Scusa se ti mando una lettera piena di sgorbi in misura superiore forse al tollerabile.

Minuta su carta intestata «Giulio Einaudi editore»; AE, cart. 160, fasc. Giovanni Pirelli.

[1] *A proposito di una macchina*, «I coralli», 1965.

A Gianfranco Contini, Firenze

Torino, 6 novembre 1964

Caro Professore,

non dubito Ella converrà che le società semisviluppate sono, fra tutte, le peggiori; perché privano l'uomo della spontanea civiltà che adorna i popoli primitivi, né gli concedono, d'altra parte, i benefici di quella assoluta e quasi serena disumanizzazione, che i sociologi assegnano alle nazioni pervenute al culmine dell'industrialismo.

Onde accade che il Ponchiroli ed io, non del tutto immemori dei dolci costumi appresi in giovinezza nella nostra pianura, e non ancora del tutto abbrutiti dalla deformazione cui ci assoggetta la metropoli monoindustriale, siamo addolorati e pervasi da rimorso per non aver mai degnamente ringraziato Lei e la Sua gentile famiglia dell'accoglienza riservataci a San Quirico e delle piacevoli ore passate discorrendo in attesa che l'umidità serale risalisse dal giardino alle finestre della veranda.

L'autunno, qui da noi, se non meno intriso di acque palesi o segrete, è forse piú cruento, a giudicare dai colori che sparge sulla varia e folta vegetazione dei terreni alluvionali; per non dire delle viti, che l'industre langarolo educa sui dossi delle colline argillose. E Dogliani, se pure i malevoli la ricordano situata proprio all'estremo margine della zona del barolo, e sterile di tartufi (dei quali peraltro è ricchissima per la facilità e vicinanza del commercio), merita nonpertanto il nome di regina dell'autunno, ricca com'è di ogni maniera di foglie e di odori e di sapori propri di questa stagione.

Perché non verreste nostri ospiti a Dogliani domenica 15, cogliendo l'occasione (o il pretesto) dell'ultima delle quattro manifestazioni che abbiamo organizzato in quella biblioteca civica? La prima fu dedicata al bilancio d'un anno d'attività della biblioteca stessa; la seconda a una commemorazione di Luigi Einaudi; la terza si avrà domani con la presentazione alla stampa dell'ultimo romanzo di Cassola[1]; con la quarta e ultima ci si restringerà in confini regionali, o provinciali, col dare il benvenuto al libro di un amico, la *Storia di una formazione partigiana* che operò nelle valli del cuneese[2]. Ci sarà l'autore, ci saranno i suoi compagni della provincia granda e ci saremo noi: regista il Ponchiroli all'estremismo del quale, che avrebbe amato l'irrompere di autocarri carichi di armati e gli spari festosi dei mitra, lo stile britannico della casa ha imposto i necessari limiti della convenienza e l'obbligo di facilitare la cordiale partecipazione del parroco e del sindaco (ormai uscente) cav. Taricco.

Se arrivate a Torino la sera del sabato, dandocene annuncio tempestivo per disporre l'albergo, la giornata di domenica potrebbe essere spesa nella visita di Dogliani e dintorni; con rientro alla sera, dopo la riunione alla biblioteca, e prima o dopo una cena rustica, a vostra scelta.

Ci auguriamo, Giulio Einaudi e noi, che vorrete accettare l'invito; che non fu fatto prima perché ce ne mancò il tempo, e anche perché è forse proprio quest'ultima volta quella in cui ci sentiamo meno impegnati in una cerimonia ufficiale, piú disinvolti nei movimenti e liberi di dedicarci agli amici.

In attesa d'un cenno, rinnovo i ringraziamenti e saluto cordialmente, ancora e sempre d'intesa col regista Ponchiroli.

[Giulio Bollati]

Copia ds siglata con correzioni ms e appunto di Bollati in testa: «Non inoltrata»; AE, cart. 57, fasc. Gianfranco Contini. Già pubblicata in *Lettere per una nuova cultura* cit., pp. 307-9.

[1] *Il cacciatore*, «Supercoralli», 1964.

[2] Di Mario Giovana.

A Delio Cantimori, Pisa

[Torino,] 29 novembre 1964

Carissimo Delio,

la persona che ha scritto la prefazione manzoniana e quella alla quale tu mandi le tue osservazioni non è la stessa: quella aveva voglia e capacità di pensare, questa corruga la fronte come uno scimpanzé e tenta con poco successo di tenersi all'altezza del discorso che tu hai avviato[1]. Non credevo neppure io che ci fosse tanta differenza tra quando sono libero (leggi: tra quando fruisco delle mie «ferie pagate») e quando lavoro. Sono sopraffatto, sommerso: di me emerge un braccio teso sopra la testa, e nella mano stringo un cartiglio con sopra scrittovi «Manzoni». In attesa di riemergere e di pensare da capo tutto quello che ho scritto (che è poco, ahimè) e tutto quello che mi hai messo voglia di pensare (che è davvero molto), ti dirò soltanto che hai fatto centro: il tema «mani sporche» è in fondo una traduzione – spero abbastanza personale – dell'impostazione tradizionale del problema; e non mi soddisfa gran che. Il tema della «delega» è mio: e purtroppo, come tu non hai mancato di notare, è soltanto accennato[2]. Non avrò modo di migliorare sensibilmente la situazione, perché il libro è in bozze e vogliono che esca a metà gennaio, e col poco tempo che ho sarà già tanto se riesco a modificare qualcosa (ho anche fatto un'appendice con lettere, varianti e altro). Certo che il richiamo a Sartre lo tolgo. E farò tesoro (senza ironia) delle molte osservazioni particolari che mi hai fatto. Tra l'altro mi hai fatto accorgere di tante improprietà di linguaggio – che non sono soltanto formali.

Ripeto: mi hai fatto venir voglia di ricominciare tutto da capo, non buttando via quello che ho fatto, ma partendo appunto di lí. Ma forse è piú saggio che io mi limiti a qualche correzione essenziale e che ritorni sul problema appena si ripresenti un momento di libertà; se no rischio di rimandare il libro a chissà quando, che può voler dire non pubblicarlo piú.

Oltre a voler sistemare, senza l'incubo di Einaudi (che ironizza pesantemente sulla mia capacità di dargli in tempo il volume), le mie idee su Manzoni, vorrei scrivere qualcosa su Leopardi; poi su Mazzini; poi su Cuoco e Melzi; i giacobini e i moderati: temi tutti collegati strettamente e interdipendenti, nella mia mente di fissato (dico fissato perché, come sai, da vent'anni penso con ostinazione maniaca a quei signori). Mi accontento di pezzettini, ma ho già in mente il titolo d'un libro «unitario e organico», come si dice in gergo. Il mio libro si chiama: «L'ideologia italiana» (titolo provvisorio, pregasi di non ridere: non intendo certo fare la concorrenza, né la parodia, al sommo Carlo. Presuntuoso lo sono, ma ho anche un po' di senso dell'umorismo: il titolo provvisorio si deve alla combinazione dei due elementi). Dirti questi miei desideri e propositi è il mio modo di ringraziarti, di manifestarti in modo «ingenuo» i miei piú riposti sentimenti per come hai accolto la novità che io avessi scritto qualche pagina: sei un amico, e il constatarlo (una volta di piú) mi ha fatto piacere ancor piú degli elogi di cui sei stato prodigo – e di cui sono ragionevolmente ghiotto (ma mi domando cosa succederebbe se all'occorrenza tu dovessi essermi altrettanto prodigo di biasimi: forse soccomberei).

L'ho tirata in lungo finora pavoneggiandomi e parlando di me come critico letterato storico ecc. per non dirti la cosa che avrei voluto dirti fin da principio, cioè che ho saputo della morte di tuo cognato e che immagino lo stato d'animo di Emma, e il tuo (del quale peraltro mi hai offerto un saggio descrivendomi l'imminente concorso di Storia della Chiesa). Vi sono molto vicino e mi dispiace profondamente che la distanza, e la vita insensata che noi torinesi conduciamo, mi impediscano di essere con voi tutte le volte che mi viene in mente: che è piuttosto spesso.

Ricordami alla Emma. Ti abbraccio con affetto

Giulio

Lettera ms; ADC, Corrispondenza, fasc. Giulio Bollati.

[1] *Le tragedie di Alessandro Manzoni*, in Alessandro Manzoni, *Tragedie*, a cura di Giulio Bollati, Einaudi, Torino 1965, pp. VII-XXXVI. Il 6 e il 30 ottobre, nonché il 2, il 22 e 26 novembre 1964 Cantimori aveva inviato a Bollati varie glosse a questo saggio introduttivo (conservate in AGB).

[1] Nella sua lettera del 30 ottobre 1964 Cantimori aveva scritto di aver colto nel testo di Bollati due «motivi fondamentali»: uno «è quello che prende il sopravvento con il richiamo a Sartre [*Les mains sales*] e alla sporcizia che si finisce sempre per produrre quando si rompono le uova per fare una frittata», l'altro «quello che tu indichi con il discorso, purtroppo solo accennato, sulla delega, che è anche, per dirla in modo brutale e pedagogico, delega ad altri della propria». Di entrambi rimase solo un accenno nella frase: «C'è coincidenza, per esempio, tra la condanna dell'agire storico-politico perché ripugnante alla coscienza morale, e la tendenza a delegarlo a chi ne sia, per cosí dire, lo specialista» (Bollati, *Le tragedie di Alessandro Manzoni* cit., p. XXVIII).

A Gianni Pozzi, Roma

[Torino, fine gennaio 1965]

Caro Gianni,

ti mando un'altra rata di bozze[1]. Il sabato e la domenica sono arrivati in buon punto a farmi fare un passo avanti decisivo, e ormai la conclusione è a portata di mano. Non so se le mie osservazioni ti serviranno a qualcosa. Con un tipo impaziente e sospettoso qual è quello che mi rivela la tua lettera del 28 non si sa bene cosa aspettarsi: forse ironia per certi miei interventi pedanteschi, fastidio per certi rilievi inutili, scherno per certe manifestazioni di prudenza. Vedi tu[2].

La tua scrittura non è «indecente» né la mia è una «revisione lunga ed elaborata». Non è neppure una revisione, perché lascio sempre a te di decidere se accettare o no un'osservazione e di farne l'uso che credi. Si tratta piuttosto di una lettura attenta e *filata* (come prima non avevo fatto), attenta nello stesso tempo all'insieme e ai particolari. A proposito di questi ultimi so per esperienza di lavoro quanto siano importanti: una imprecisione, una piccola sciatteria formale, per sé prese non contano niente. Sommane un certo numero e ti velano tutto il libro.

Inoltre: tu sai bene che parli di gente viva, per lo piú velenosa, e talvolta potente; e parli di una materia, la poesia, che ha addetti ai lavori di particolare suscettibilità e di carattere vilissimo; e ne parli talvolta con la (dovuta) decisione e mancanza di riguardo. Vorrei evitarti che ti volassero addosso per delle fesserie: ecco tutto. Un saluto affettuoso.

Giulio

Copia ds con correzioni ms; AGB.

[1] Gianni Pozzi, *La poesia italiana del Novecento da Gozzano agli Ermetici* («Piccola Biblioteca Einaudi», 1965). Pozzi era il direttore della Libreria Einaudi di Roma.

[2] Insospettito dal suo lungo silenzio, il 28 gennaio 1965 Pozzi aveva chiesto a Bollati: «Tu trovi proprio che la scrittura fosse cosí indecente da richiedere una lunga ed elaborata revisione?» (AGB).

A Corrado Vivanti, Rignano sull'Arno

Torino, 21 luglio 1965

Caro Corrado,

l'ultima mattina il tempo restò bello e indeciso e noi restammo a lungo sui prati oltre il torrente a parlare di varie cose. Si parlò di storia universale, ed io lessi a voce alta la tua lettera[1]. Poi si parlò di Ruggiero Romano e della sua proposta[2].

1) *Storia universale*. Preso atto, fuori da ogni polemica, interferenza, incomprensione, delle possibilità reali illustrate da te, G. E. e Cerati[3] hanno esaminato il progetto nella prospettiva del tempo, dell'organizzazione, della spesa necessaria, e dell'esito commerciale prevedibile. Il timore di avviare una «fabbrica del duomo» a scadenza indeterminata (e ciò in relazione alle difficoltà obiettive dell'impresa, non alla capacità degli uomini o dell'uomo ad essa preposto), e l'acquisita consapevolezza che lo stato attuale della storiografia non consente voli di pensiero e sintesi epoch-making tali da giustificare i rischi e le fatiche col lustro di una folgorante creazione storiografica; si è formulata l'ipotesi di un progetto ridotto, che ti è già noto ma che qui riassumo. Non storia universale, ma enciclopedia storica universale; ridotti i volumi a sei, con testo su doppia colonna; da realizzare sotto la tua direzione con uno o due redattori fissi, e con la collaborazione, per «voci» alfabetiche, di tutti gli esterni necessari, a cominciare dagli studiosi che hai visitato. L'omogeneità stilistica, l'orientamento ideologico e l'equilibrio generale risultante dal sapiente taglio e dosatura delle voci, la tessitura di un connettivo con funzione di basso continuo, sarebbero, nei limiti della discrezione e delle possibilità umane, altrettante leve di governo nelle mani della redazione centrale, e conferirebbero il piú alto grado di manovrabilità all'imbarcazione (che mi si configura di tipo vichingo, sottile e ardita e procedente a forza di remi piuttosto che di motore Diesel).

Le conseguenze pratiche di questa nuova impostazione sarebbero per te le seguenti (ammesso che tu sia d'accordo): a) non rinunciare al viaggio a Vienna e a Monaco; b) studiare il progetto del dizionario anche sotto il profilo organizzativo, indicando cioè il numero dei redattori fissi e le modalità e i tempi della redazione e pubblicazione del dizionario; c) in linea di massima, e compatibilmente con quanto richiesto in b), prevedere il tuo rientro e presenza a Torino a partire dalla fine delle vacanze.

Per brevità rimando i commenti a un'altra occasione; dirò soltanto che la «svolta» mi sembra ragionevole e che comincio a vederci piú chiaro.

2) *Ruggiero Romano.* Sono incaricato di prendere contatto con lui e di fargli le controproposte di Einaudi (che mi è sembrato persuaso della necessità di fare tutto il possibile per averlo con noi). Sono proposte difficili da spiegare a quel personaggio spinoso e paradossale, ma sono anche proposte generose, che potrebbero portare a sviluppi successivi del massimo interesse.

Dunque: offrirgli la direzione firmata di una sezione storica della collezione «Studi o ricerche» espressamente rinnovata (e le cui caratteristiche e latitudine d'impiego sarebbero da stabilire insieme); offrirgli ospitalità ampia nella Nbse, con garanzia che G. E. si farebbe mallevadore verso il consiglio; idem nella «Storica». Vedi bene che non si tratta della collezione proposta da Romano: ma d'altra parte appare politicamente e tecnicamente difficile *creare da un giorno all'altro* un doppione della «Storica», collana che come sai (e pur con tutta la negatività che si porta dentro, foriera di esaurimento) costituisce uno dei piloni dell'attuale assetto editoriale-commerciale. Se Romano accettasse, io credo che in breve tempo la situazione si sposterebbe nel senso da lui auspicato, con conseguenze pratiche che per il momento non si possono prevedere. Spero di riuscire a convincerlo a starci. Se no sarebbe un traditore degli amici e della storiografia, che lo hanno carissimo[4].

Sarò qui fino ai primi di agosto. Scrivimi due righe. Un saluto affettuoso anche a A. e L.[5].

[Giulio Bollati]

Copia da siglata; AE, cart. 222, fasc. Corrado Vivanti.

[1] Nel luglio precedente Vivanti era stato incaricato «di studiare un piano di storia universale che riprendesse la proposta di F. Chabod per un'opera collettiva, compiuta da specialisti di tutto il mondo, ognuno dei quali avrebbe dovuto fornire sull'argomento di sua pertinenza un contributo di circa 50/80 pagine; e che tenesse conto dell'indirizzo stabilito da D. Cantimori perché la narrazione avesse una struttura "policentrica", articolata fondamentalmente sulla storia di Stati e nazioni, a seconda che il diverso progredire delle civiltà li avesse posti in situazione di egemonia politica, culturale, economica» (*Memoria di C. Vivanti sul progetto di Storia universale*, 21 dicembre 1964, in AE, cart. 222, fasc. Corrado Vivanti).

[2] Il 5 luglio Romano, che stava allora curando per l'Einaudi un volume di saggi sulla storia dei prezzi, aveva sottoposto a Bollati il progetto di una collana di storia economica, materia che insegnava all'École pratique des hautes études.

[3] Roberto Cerati era il direttore commerciale dell'Einaudi.

[4] Cfr. *infra*, Bollati a Romano, 22 luglio 1965.

[5] Anna Salmon e Luca, rispettivamente moglie e figlio di Vivanti.

A Ruggiero Romano, Parigi

Torino, 22 luglio 1965

Caro Romano,

i mesi delle vacanze non sono i piú propizi alla soluzione dei «casi» editoriali di una certa importanza e complessità: gli interessati (sia pure ridottissimi di numero) non sono mai tutti insieme, arrivano inaspettati, ripartono lasciando il discorso a metà. Pertanto sarai cosí generoso da riguardare quanto vado a esporti come un paziente mosaico ricco di interessanti implicazioni, e certamente meritevole d'un piú approfondito discorso da condurre a Torino o a Parigi alla ripresa di settembre. In questo momento sia Einaudi che Corrado Vivanti sono nuovamente lontani, ed io sono qui solo a mantenere acceso il fuoco delle speranze storiografiche di tutti noi.

Posso dirti subito con sicurezza che c'è accordo pieno sui principî generali e sulla persona che li enuncia (che saresti tu); e c'è pure la «volontà concreta» di passare dalla teoria alla prassi. Ha sollevato invece delle difficoltà obiettive il tipo di proposta «prendere o lasciare subito e a queste condizioni»: perché, per quanto il progetto sia convincente (e lo è), una sua realizzazione immediata e per cosí dire improvvisa, creando una nuova collana storica accanto alla vecchia, metterebbe immediatamente in crisi l'attuale assetto editoriale-commerciale della casa editrice, di cui la «Storica», pur covando germi di decadenza, è ancora uno dei pilastri importanti. Non si tratta di tenere in piedi a ogni costo un palazzo decaduto, ma di evitare che crolli la casa che ci ospita. Sul che invoco la tua solidale comprensione, anche in nome dei comuni destini culturali[1].

E allora? Il problema si configura cosí: inserire il Romano, dargli lo spazio necessario e le garanzie richieste, pur evitando la soluzione «a colpo d'ariete». E qui si affacciano proposte pratiche, che io ritengo di notevole interesse o suscettibili di ulteriori interessanti sviluppi. a) Rinnovare la collezione «Studi e ricerche» (quella, per intenderci, che ospitò il *Senso della morte* di Alberto Tenenti)[2], creando una sezione storica diretta da R. R.; l'ampiezza di tale sezione e la sua caratterizzazione sarebbero naturalmente da determinare con cura. b) Aprire largamente a contributi romanici di tipo piú specificamente tecnico la Nbse («Nuova Biblioteca Scientifica»), collana i cui volumi sono sempre firmati dal «proponente». c) Convincere il Romano a non escludere che certi volumi da lui proposti ed eventualmente prefati, possano essere accolti nella «Storica». Giulio Einaudi si farebbe mallevadore delle proposte Romano per i punti b) e c), senza per ora manifestare apertamente la speranza che detto Romano voglia in futuro essere talvolta ospite della casa editrice per partecipare di persona all'elaborazione dei programmi editoriali.

Come vedi siamo di fronte a una controproposta multipla, il cui senso non dovrebbe sfuggirti: senza pregiudicare future soluzioni del tipo progettato da te, Einaudi ti cointeresserebbe subito all'attività storiografica della casa editrice offrendoti una molteplicità di strumenti e di modi di intervento.

Ti ho già anticipato poco piú sopra il mio parere: sono in grado di valutare questa offerta come molto interessante e promettente. Ma a questo punto non posso far altro che lasciarti alle tue riflessioni, in attesa che un tuo (indispensabile) incontro diretto con G. E. porti a una decisione definitiva.

Spero di essere stato abbastanza chiaro. Ti prego di salutare per me tua moglie. Un saluto cordiale

[Giulio Bollati]

Copia ds siglata; AE, cart. 178, fasc. Ruggiero Romano.

[1] Nella lettera del 5 luglio 1965 con la quale aveva trasmesso a Bollati il progetto di una collana di storia economica Romano aveva precisato: «La condizione fondamentale – assoluta indipendenza da commissioni, comitati, consiglio, etc. – resta... fondamentale. Sono disposto (e sempre lieto) di discutere con delle persone: con te, con Vivanti, con l'"editore", con chi vorrete... ma in commissione (con voto finale)... no» (AE, cart. 178, fasc. Ruggiero Romano).

[2] *Il senso della morte e l'amore della vita nel Rinascimento*, 1957.

A Cesare Luporini, Firenze

Torino, 14 aprile 1966

Caro Professore,

ho in mente da tempo di venire a trovarLa, ma succede sempre qualcosa che mi costringe a rimandare il viaggio. Senza rinunciare a questo progetto (a parte la ragione specifica, che Le dirò subito, mi farebbe veramente molto piacere rivederLa), mi risolvo dunque ad annunciarLe per lettera il mio «tema», che Le raccomando con tutto il calore possibile.

In breve: Lei avrà visto sicuramente i primi volumetti della collezione «Nuovo Politecnico» (Myrdal, Havemann, Benjamin, de Castro, Silberman, e presto Barthes, Goldmann, Davydov, Oppenheimer e altri). La collezione soffre di disuguaglianze, procede un po' avventurosamente: ma quel che conta è che la sua intenzione è stata capita, e che tutto un pubblico giovane e difficile, e numeroso, la segue con molta attenzione[1]. Uno dei difetti principali della Np è che mancano i libri di autori italiani. Vuole essere Lei a rompere il ghiaccio?

L'idea di rivolgerci a Lei mi è venuta (dovrei dire ci è venuta, perché tutti gli amici di qui fanno coro) dopo aver letto su «Rinascita» il Suo articolo su strutturalismo e marxismo[2]. La proposta è che Lei ampli quel Suo discorso alle dimensioni di un libro anche smilzo (diciamo cento pagine, ma non ci sono limiti né inferiori né superiori), e la motivazione della proposta è che Lei ha toccato un punto nevralgico e riannodato i fili di una continuità culturale che la «moda» (si ricorda?) pareva avere trionfalmente devastato.

È inutile che spieghi a Lei, che me lo ha appena insegnato, come sia importante e urgente svolgere il tema impostato in quell'articolo: anche se per il momento dovessimo accontentarci di un ampliamento e sviluppo ancora «sperimentale», fase intermedia tra l'articolo e un eventuale libro compiuto che potrà seguire piú tardi.

Con un cordiale saluto di Einaudi e di tutti noi.

il suo Giulio Bollati

Lettera ds su carta intestata «Giulio Einaudi editore»; ACL, fasc. Giulio Bollati.

[1] Il 19 dicembre 1965 Elio Vittorini, che di questa collana era il nume tutelare, la descriveva a Roland Barthes come «une collection sans prétensions [...] qui tient à avoir une caractéristique de *provisoire* [...], une espèce de revue par volumes» (*Dai «Gettoni» al «Menabò». Lettere 1956-1965*, a cura di Edoardo Esposito e Carlo Minoia, Scalpendi, Milano 2021, p. 699). Il nome richiamava quello della rivista di politica e cultura da lui fondata nel 1945.

[2] *Marxismo e scienze umane. Una visione critica dell'uomo*, «Il contemporaneo», I (1965), n. 12 (supplemento di «Rinascita», XXII [1965], n. 51), pp. 1, 3-5.

A Delio Cantimori, Pisa

Torino, 14 giugno 1966

Carissimo Delio,

sono proprio io, e al fatto che io ti scriva, che ormai deve sembrarti quasi una stramberia, aggiungo quest'altra stramberia di scriverti a macchina. Quanto al silenzio dirò col poeta: «carissimo amico, io spero che Voi non dobbiate credere che il mio grande affetto verso di Voi sia diminuito in verun conto, perché sono stato lungo tempo senza scriverVi. Anzi co' soli veri e sicuri amici si può prendere questa confidenza di tacere alcune volte piú a lungo dell'ordinario, perché mi rendo certo che non mi dimenticheranno per questo, né lasceranno d'amarmi, né anche dubiteranno ch'io mi sia dimenticato di loro».

È Leopardi, naturalmente, e devo dirti in confidenza che il suo discorso troppo abile e disinvolto non mi persuade affatto, o meglio mi piace il pensiero, ma non mi piace il tono, che non fa al caso nostro.

La verità è che quando scrivo a un amico vorrei sempre potergli dire qualcosa di interessante, di rallegrante, di intelligente: dimmi se si può essere piú idioti, piú ingenui e superbi di cosí, e apprezza almeno la confessione. E in questi mesi la materia prima mi è stata scarsissima. In pari tempo, è vero quello che dice piú sopra il poeta: non mi sono mai dimenticato di te, e ti ho seguito per esempio nella tua avventura americana con una attenzione che certo non sospetti[1]. Certi tuoi messaggi io li ho capiti (nota la presunzione invincibile) meglio di qualsiasi altro. Una volta hai mandato, non ricordo a chi, un ritaglio di rivista con un disegno a colori di rami coperti di neve. Ho capito immediatamente cosa intendevi, quella sí che era un'America meravigliosa, ed io solo (v.s.) sarei stato capace di camminarti a fianco nel freddo verso quel locale dove servivano quella magnifica birra. Il fatto è, caro Delio, che tutti sono capaci di dire che sei uno storico dei primi, ma nessuno sa, almeno finché non glielo dico io, che sei tale perché capisci non solo il concetto, lo schema, lo scheletro delle cose, ma ne vedi il colore, l'ombra e la luce, ne senti l'odore, le situi nell'attimo fuggente. Visto che mi sto ingolfando irrimediabilmente in un discorso proibito, ti dirò ancora, infaticabile ricercatore del tempo perduto, che hai senso del romanzesco, cioè amore del labile presente e dell'irripetibile passato, da rifornirne cento di questi scrittorelli che ci assordano: e che sono oltretutto privi di quella qualità nativa di vero signore, che tu hai malgrado ogni tua protesta in contrario, e senza la quale anche la piú acuta intelligenza dà nel burocratico e nel catastale. Vorrei aggiungere qualcosa contro gli storici che frequento (escluso Vivanti, amabile e unico vero interlocutore nelle lunghe settimane torinesi), ma forse è tempo che io ponga un freno al mio dire incontrollato.

Ho cercato di rompere il ghiaccio (il mio stesso ghiaccio, intendo) e adesso mi riprometto di scriverti ancora a breve distanza. Intanto ti ringrazio con molto affetto del tuo dispaccio da Gibilterra (vorrei proprio fare un viaggio con te, e sceglierei volentieri di andare al Catai per la via della seta); item ti ringrazio della lettera relativa a Ranchetti, buon ragazzo, ambizioso, tormentato, cultore di studi curiosi ed estranei al nostro gusto; ti prego di salutare tanto Emma, e ti abbraccio

tuo Giulio (B.)

Lettera ds su carta intestata «Giulio Einaudi editore». ADC, Corrispondenza, fasc. Giulio Bollati.

[1] Cantimori aveva trascorso un semestre all'Institute for Advanced Study di Princeton.

A Marina Jarre, Torino

Torino, 15 giugno 1966

Cara Signora Jarre,

posso finalmente scriverLe qualcosa del Suo libro, ponendo termine a un'attesa che, per ragioni diverse, era fastidiosa a entrambi[1].

Dirò subito che sono l'unico ad aver letto tutto il manoscritto, mentre altri colleghi si sono limitati ad assaggi. Ora non è un caso che io sia anche il piú saldo sostenitore del romanzo, avendo esplorato fino in fondo la sua architettura, e seguíto i due binari della narrazione fino al loro incontro finale.

Gli assaggiatori, invece, che giudicano solo sulla pagina o sul gruppo di pagine, sono unanimi nel riconoscere l'alta qualità del monologo del tedesco; e unanimi nel trovare sfasato, faticoso e lento l'avvio dell'altra storia. Dico lento e faticoso nel senso che non incoraggia – come si è visto – il proseguimento della lettura; sfasato, invece, per il linguaggio, talvolta troppo divagante, talaltra, specie nei dialoghi, troppo «spiritoso».

In conclusione tutti sono disposti a credere quello che io, con notevole sangue freddo, vado dichiarando, e cioè che «attenzione, qui c'è la scrittrice autentica, non lasciatevela scappare»; tutti poi – ma questo non c'entra col discorso editoriale e letterario – hanno simpatia per Lei; tutti infine mi danno mandato di chiederLe quello che Lei temeva, e cioè di rivedere coraggiosamente almeno l'inizio della storia n. 2. A questa richiesta, proprio come Suo sostenitore ed estimatore principe, mi associo anch'io. Voglio che sia un successo: detto come nei film dove c'è l'impresario dalla vista lunga.

Quindi, se vuole, parliamone. Non si abbatta. Questo è il momento peggiore. Cordialmente

suo Giulio Bollati

Lettera ds su carta intestata «Giulio Einaudi editore»; AMJ, fasc. Opere 1966.

[1] Alcuni mesi prima Jarre aveva inviato in lettura a Bollati il dattiloscritto di *Monumento al parallelo*, presentandolo cosí: «È pensato per adulti, è lungo un 650 cartelle, ha un vago colorito subalpino, molti personaggi e nessuna originalità linguistica che, del resto, non mi potrei permettere, non soltanto per sabotaggio materno, ma anche per una certa pigrizia innata e la convinzione, falsa magari, che della lingua mi voglio servire e non servirla» (AE, cart. 106, fasc. Marina Jarre). Pubblicato dalla Samonà e Savelli nel 1968, fu ristampato dall'Einaudi nel 1972 con il titolo *Un leggero accento straniero*.

A Cesare Luporini, Firenze

Torino, 4 luglio 1966

Caro Professore,

mi perdoni per il lungo ritardo, dovuto alle solite imprevedibili peripezie editoriali (l'ultima mi ha condotto in Sardegna, come osservatore a un congresso di editori cattolici).

La ringrazio per aver aderito en principe alla nostra proposta, e per averlo fatto con tanta cordialità. Ho ricevuto e letto l'estratto di «Critica marxista», che mi ha confermato nella persuasione che un Suo volumetto su quella tematica è esattamente quello che ci vuole per la collezione Np oggi (a scusarmi di questo gergo editoriale e a dargli un contenuto meno disinvoltamente professionale, valga la considerazione che finora non ho trovato altro studioso italiano che «mi piacesse» veder pubblicato nella collana: dico per se stesso e insieme per le cose di cui si occupa)[1].

Se dunque Lei è disposto, come dice, a elaborare piú agilmente quella materia, per la Np, noi ci riteniamo impegnati fin d'ora. Come siamo disposti a considerare, subito o in un secondo tempo, una adeguata sistemazione per i possibili sviluppi della Sua ricerca.

Mi sono appropriato dell'espressione «piú agilmente», perché sono profondamente convinto che nulla giovi a dare risalto all'acutezza, intelligenza e dottrina di una ricerca scientifica, quanto l'immergere la penna, sia pure con la dovuta misura, nell'inchiostro svelto e asseverativo del pamphlétaire. (Che il genere pamphlet sia cosí scarso o manchi affatto alle lettere patrie, l'ho in conto di una grave iattura, tanto piú nociva in un momento in cui le tecniche della comunicazione tendono verso una concentrata semplificazione del messaggio: il che forse non è senza qualche analogia con quanto accadde nell'età d'oro del pamphlet, vale a dire in un'epoca di intense trasformazioni e tutta volta alla previsione del suo proprio sviluppo, un'epoca-anticamera, se posso dire cosí. Ma lascio un terreno troppo difficile e accidentato per potermici addentrare sotto gli occhi competenti e severi del mio antico professore)[2].

Divagazioni a parte, posso sperare in una Sua risposta definitiva? Noti che lascio per il momento in sospeso il discorso contrattuale, perché trattandosi di una collana economica (nei prezzi e quindi nei costi) non vorrei scoraggiarla con offerte modeste. Al momento opportuno, ne sono certo, troveremo la via di un soddisfacente accordo in questa materia.

La ringrazio ancora e La saluto con molte cordialità

(Giulio Bollati)

Copia ds; AE, cart. 121, fasc. Cesare Luporini.

[1] *Realtà e storicità: economia e dialettica nel marxismo*, in «Critica marxista», IV (1966), n. 1, pp. 56-109.

[2] Luporini era stato lettore di tedesco alla Normale.

A Gianni Rodari, Roma

Torino, 29 luglio 1966

Carissimo,

sto per coinvolgerti in una operazione segreta della massima importanza. Nella nostra riunione annuale nel nido d'aquila di Rhêmes Notre Dame (Valle d'Aosta) abbiamo affrontato quest'anno il problema dell'editoria scolastica. La discussione è stata molto appassionata, numerosi gli interventi, vivacissimo l'impegno di tutti i presenti; i risultati di questo scambio di idee sono stati sorprendenti: mentre all'inizio tutti pensavamo che se mai Einaudi fosse intervenuto nel campo dell'editoria scolastica avrebbe dovuto rivolgere le sue cure al settore medio e alto dell'istruzione, alla fine ci siamo trovati d'accordo nel ritenere che la precedenza assoluta va data alla scuola elementare. Uno studio piú approfondito della questione è stato rinviato ad una riunione speciale che si terrà verso la fine di settembre qui a Torino. Naturalmente in materia siamo ignoranti come talpe, anche se bene orientati e capaci di apprendere con fulminea rapidità. Altrettanto naturalmente, quando si è trattato di fare i nomi di amici da interessare all'iniziativa, il primo nome è stato il tuo.

Spero che non vorrai sottrarti all'invito di accorrere sotto le bandiere della nostra crociata scolastica. Siamo tutti convinti che l'impresa, per ora appena delineata in modo generico, possa assumere in breve tempo dimensioni concrete. Hai piú di un mese per riflettere. Ti prego di mandarmi un cenno di ricevuta.

Intanto ti auguro buone vacanze e ti saluto affettuosamente

[Giulio Bollati]

Copia ds siglata; AE, cart. 175, fasc. Gianni Rodari.

A Ruggiero Romano, Parigi

Torino, 29 settembre 1966

Caro Ruggiero,

a Parigi abbiamo aspettato con ansia che arrivassero i nostri, cioè Ruggiero R. con la sua cavalleria d'assalto. Ma abbiamo dovuto risolverci a dare battaglia coi nostri propri mezzi, circondati come eravamo da ogni maniera di storici, sociologi e strutturalisti (*De bello gallico*, I, 1).

Non saremmo mai venuti a Parigi senza accordarci prima con te, se non vi fossimo stati attirati con la frode per una riunione di editori del Formentor[1]. Ad ogni modo adesso è fatta, ed io mi affretto (reduce da un ulteriore viaggio a Francoforte) a ragguagliarti sui nostri incontri.

Conosciuto Lévi-Strauss. Fatta onorevole ammenda per averlo snobbato in altre epoche, abbiamo stabilito cordiali relazioni. È disposto a lasciarci pubblicare – se insistiamo – i *Nambikwara*. Item considererà con benevolenza proposte per libri ancora da scrivere, ma dopo il 1969, cioè esauriti certi suoi pesantissimi impegni. Intanto si procede al già avviato lavoro per l'edizione italiana di *Race et histoire* e altri saggi[2].

Conosciuto Lucien Goldmann. Singolare personaggio, capace di vuotare una coppa di noccioline in pochi minuti tracannando acqua minerale e raccontando storie straordinarie di vita e di pensiero facenti perno intorno all'acquisto di un appartamento costosissimo.

Ha dichiarato di amarci e di voler pubblicare da noi, se li vorremo, i suoi lavori futuri.

Intanto abbiamo detto sí per un suo lavoro (100 pp.) su *Illuminismo e borghesia* – un lavoro scritto in tedesco per un editore e poi non pubblicato[3]. Resta fermo l'impegno per una sua *Sociologia della letteratura* scritta espressamente per noi.

Conosciuti Nora, Richet et Furet. Ragazzi molto simpatici coi quali è facile parlare una lingua comune. Abbiamo detto di condividere il tuo giudizio favorevole sulla *Révolution*, messo una ipoteca sul rifacimento non illustrato della medesima[4]. Inoltre abbiamo gettato le basi di un accordo di principio circa la possibilità di collaborare nella ricerca di autori comuni per libri che interessino sia loro che noi. Tra le molte ipotesi fatte (che avevano il valore di esempi e che aiutavano la conversazione), ricordo una particolare insistenza di Furet per una *Storia dei gesuiti*, da affidare a un autore italiano cercato da noi.

Abbiamo visto inoltre (taccio dei letterati puri) Francastel e Lacan. Abbiamo mancato invece Dupront e Le Goff.

L'argomento piú importante segnato sulla nostra agenda era la *Storia d'Italia*. Ma abbiamo mancato il nostro uomo, che eri tu. Ti direi che sono pronto a saltare su un Caravelle per venirtene a parlare, ma devo fare i conti, per un po', coi dottori che mi vogliono tagliare la gola (in senso proprio, non metaforico: si tratta di tonsille, alla mia età!) Ho letto il progetto. Mi piace, bisogna assolutamente continuare[5].

Ho letto *L'intellectuel dans la société italienne etc.*[6] Ciò accadeva in Tunisia, dove il problema è poco sentito. Ma io ho trovato in quelle pagine ampio pascolo alla mia curiosità e un raro piacere intellettuale. Lamento soltanto che si tratti di poche pagine, di un abbozzo denso quanto vuoi, ma pur sempre un abbozzo. Chissà se tu e il tuo coautore vorrete un giorno diffondervi un poco piú a lungo sul tema, cosí affascinante.

Infine vorrei parlarti di quello che ho visto sentito e fatto a Francoforte e delle grandi speranze che ho concepito sulla formazione di una piccola federazione di giovani editori intelligenti (strano, ma qualcuno si trova), i quali siano disposti a fare programmi di lavoro comune nella sfera degli interessi che, piú o meno, sono i tuoi. Di questo argomento, che mi sta molto a cuore, ti parlerò a voce.

Al fondo di una lettera seria sí, ma scritta con mano leggera, non mi sento di dirti niente di Cantimori. Gli volevo molto bene e lui ne voleva a me. Un giorno te ne parlerò[7].

Saluto Mariolina[8]. Ti abbraccio con affetto

[Giulio Bollati]

Copia ds siglata; AE, cart. 178, fasc. Ruggiero Romano.

[1] Premio letterario internazionale creato da Einaudi e da Carlos Barral nel 1961.

[2] *Razza e storia e altri studi di antropologia* fu pubblicato nel «Nuovo Politecnico» nel 1968, *La vita familiare e sociale degli indiani Nambikwara* negli «Einaudi Paperbacks» nel 1970.

[3] *L'illuminismo e la società moderna* uscí nel «Nuovo Politecnico» nel 1967.

[4] L'opera scritta a quattro mani da François Furet e Denis Richet era stata pubblicata dalla Hachette in due volumi illustrati tra il 1965 e il 1966.

[5] Databile al settembre del 1966, tale progetto delineava «una storia d'Italia a forma di piramide rovesciata, dove il piú remoto passato sia compresso quantitativamente e via via la narrazione si dilati giungendo ai tempi piú vicini. Non piú di due volumi a tutto il periodo che va dal secolo V-VI al XV (l'Italia barbarica e feudale, comunale e signorile); in

un volume riunirei la crisi del sistema (economico-politico) cittadino del Cinque-Seicento; poi, un volume ciascuno, i vari periodi seguenti: la ripresa nell'età delle riforme e dei lumi fino alla vigilia della Rivoluzione francese, il "risorgimento" fra il 1790 e il 1860, il regno d'Italia (1861-1918), il periodo fascista, gli ultimi vent'anni» (AE, cart. 222, fasc. Corrado Vivanti). La *Storia d'Italia* Einaudi fu pubblicata in sei volumi a cura di Romano e Vivanti tra il 1972 e il 1976.

[6] Ruggiero Romano, Alberto Tenenti, *L'intellectuel dans la société italienne des XVe et XVIe siècles*, in *Niveaux de culture et groupes sociaux. Actes du colloque réuni du 7 au 9 mai 1966 à l'École Normale Supérieure*, Mouton, Paris - La Haye 1967, pp. 51-65.

[7] Cantimori era morto il 13 settembre.

[8] Mariolina Cappelli, moglie di Romano.

A Giulio Einaudi, Torino

[Torino,] 24 marzo 1967

Caro G. E.,

avevo cominciato a scriverti un vero e proprio «memoriale», ma giudicando dalla noia che ho provato io scrivendolo, ho ritenuto che tu mi avresti detestato leggendolo. Quindi ho distrutto il memoriale, salvandone solo alcuni frammenti che ti comunico in ordine sparso. Non ti sarà difficile ricostruire l'insieme.

Avvertenza: tu disponi di una base di informazioni molto piú larga della mia, e certamente persegui un tuo disegno a breve e a lunga scadenza. Di conseguenza io corro il rischio o di *sfondare delle porte aperte*, o di commettere errori anche gravi. Ma ti confesso che credo nella validità di fondo di quello che scrivo, anche se certe mie affermazioni e certi miei argomenti lasciano dubbioso me per primo.

Seconda e ultima vertenza: non chiedo e non mi aspetto una risposta.

Non molto tempo fa ti avevo suggerito di suddividere il tuo regno in una federazione di stati, sempre sotto il tuo governo, per moltiplicare le occasioni e variare le modalità di eventuali interventi finanziari. Ricordo questo mio suggerimento non per rinnovarlo e ribadirlo, ma per dichiararne il movente, o l'idea ispiratrice. Mi pareva (e mi pare) che non sia possibile continuare in una politica di difesa «dinastica», di resistenza a oltranza, di incrollabile ostinazione nel battere sempre nello stesso punto del muro, per quanto ammirevole e piemontese questa politica possa essere. Immaginavo, forse un po' dilettantescamente, che fosse possibile abbracciare una nuova strategia, fatta di movimento e di manovra; cioè, nel caso nostro, di creazioni e invenzioni giuridico-finanziarie capaci di spezzare il fronte rigido e di convertirlo in una serie di settori elastici e intercomunicanti, piú adatta alla natura del suolo e al tipo di guerra che combattiamo. Ho molta fiducia nel tuo genio inventivo e sono sicuro che potresti fare cose notevoli se tu entrassi in quest'ordine di idee. Ma tu sei riluttante a muoverti su questo piano: forse perché sai cose che io non so; o forse semplicemente perché non vuoi. Anche la psicologia di un uomo è un lato «tecnico»: ed io non sarò cosí imprudente da non tenerne realisticamente conto. Si tratterà allora di adattare il principio della manovra – che continuo a ritenere valido – a un tipo di terreno che ti sia piú congeniale.

Naturalmente il presupposto di quanto precede e di quanto segue è che assolutamente non si possa restare fermi ad aspettare, e che non ci si possa accontentare di rimedi e di mezze soluzioni che, col darci l'illusione di guadagnar tempo, in realtà ce lo fanno perdere. L'obiettivo, a me pare, deve essere quello di una soluzione intera e radicale: so che questa affermazione è ovvia, ma so anche dove va cercata la novità: in impostazioni nuove, in schemi mai considerati prima, anche se è giusto intanto perseverare nella linea tradizionale ai fini della normale amministrazione e della pura e semplice conservazione.

Dunque si richiede uno scrollone molto deciso, un colpo di genio, una soluzione a sorpresa per uscire dall'impasse in cui (se non sbaglio) ci troviamo. Che è l'impasse di un meccanismo economicamente difettoso, produttore all'infinito di crisi; un meccanismo che rende meno di quello che costa, con tutte le elementari conseguenze che ciò comporta. Mi fa uno strano effetto scriverti queste cose: non solo perché sono sprovveduto in materia, ma perché mi manca quella dimensione «avventurosa» di cui ti so dotato e di cui valuto sia gli aspetti negativi e terrificanti, sia gli aspetti positivi e dinamici. Forse, eccitandoti all'avventura come in fondo sto facendo, ti sto esortando a mettere in sordina l'avventurosità del primo tipo, per dare ali a quella del secondo.

(Inserisco qui un «frammento» che sposta il piano del discorso, ma la cui funzione logica nel contesto apparirà chiara in seguito).

Uno degli aspetti piú tipici del tuo metodo di lavoro è la ricerca del prestigio.

Il prestigio ottenuto si converte in credito, il credito in produzione di cultura, questa nuovamente in prestigio. Ecco in sintesi lo schema del motore che hai inventato tanti anni fa e al quale resti fedele, però perfezionandolo e adattandolo alle esigenze sempre nuove e dei tempi (noterò tra parentesi che la genialità di questa macchina consiste tra l'altro nel fatto di far lavorare in parallelo il prestigio-persona, pertinente alle qualità e alle ambizioni di G. E., e il prestigio-valore inerente alla merce prodotta: questa osservazione sarà da non dimenticare nel seguito del discorso).

Quando il credito raggiunge il punto critico, e il motore rischia di arrestarsi, bisogna intervenire con una carica straordinaria di prestigio, costi quel che costi (il ragionamento vuole che quando c'è meno denaro, allora bisogna spenderne di piú in attività «apparentemente» superflue: dico apparentemente, perché in realtà, secondo la logica paradossale del discorso, ma logica, si tratta di attività vitali).

Ora è fuori di dubbio che nel momento attuale noi abbiamo bisogno di una carica addirittura eccezionale di prestigio. Lo affermo non soltanto in obbedienza allo sviluppo del ragionamento, ma confortato da sintomi, prove, sensazioni, episodi di ogni tipo (ecco spiegato p. es. l'accenno al «sedersi tra due sedie» dell'altra sera, che si riferiva in particolare alla nostra posizione nel limitato settore degli scrittori di romanzi, indecisi se restare con noi o buttarsi nelle braccia dell'industria culturale).

Questa carica è talmente eccezionale e urgente, che mi lascia scettico sulla possibilità di procurarcela coi nostri strumenti tradizionali.

Ben vengano il rilancio delle «sedi» e delle relazioni pubbliche, il rafforzamento dell'ufficio stampa, la rinnovata caccia al giornalista; e sullo sfondo, la continuazione di discorsi ideologici essenziali quali la politica del tascabile, la politica delle biblioteche, tra poco la politica scolastica; e aggiungo ancora l'attenzione ai «piani di sviluppo», l'orecchio aperto ai problemi dell'urbanistica (e del paesaggio: Bocca di Magra) e altro ancora che ruota in una sfera piú ampia (economisti, collana Giolitti)[1].

Tutto bene, tutto giusto. Ma la situazione è cambiata, da quando abbiamo cominciato certi discorsi, e la gente è piú ottusa e distratta. Cosí alcuni di quei nostri strumenti, anche se non lo sono, *sembrano* invecchiati; altri troppo teorici e lontani; altri degni di stima ma completamente incomprensibili. La fatica è grande, i risultati a breve scadenza difficili, quelli a lunga scadenza forse piú sicuri, ma in ritardo sui nostri bisogni.

E allora? Allora ci vorrebbe un fatto nuovo, evidente, che eccitasse l'attenzione e imprimesse uno slancio nuovo a tutto l'insieme del nostro arsenale.

Ci vorrebbe un colpo a sensazione, qualcosa che desse un «giro al sangue» (come dicono i contadini). Un colpo genere clan Kennedy. Secondo me è maturo il tempo per il tuo ingresso nella vita politica. Le elezioni ci saranno tra un anno.

Ecco – per raccogliere le fila del mio discorso – una manovra che si adatta alla tua personalità e alla tua vocazione, e che può creare il diversivo a sorpresa capace di rimettere in movimento al ritmo giusto te e l'azienda. Non vedo perché tu debba ostinarti ad aspettare nel tuo ufficio un miracolo che forse verrà, forse no; se le cose continuassero cosí come oggi, voglio dire al passo di oggi e con le difficoltà di oggi, finiresti per sentirti mancare l'aria.

Tu vedi benissimo le implicazioni della mia ipotesi. Richiameresti su di te l'attenzione di tutti coloro la cui stima (peraltro autentica) è appesantita dalla lunga abitudine, e insieme quella di infiniti altri che oggi non ti vedono perché non hai una tribuna sufficientemente alta. Invece di continuare a cozzare contro una barriera di direttori generali e di infidi trafficanti, li aggireresti alle spalle e saresti a contatto diretto con i centri nei quali si prendono le decisioni. Non ti dico con questo di buttarti nel sottogoverno. Al contrario, sono sinceramente persuaso che nel nostro mondo politico puoi avere una figura precisa e una funzione non secondaria, come portatore di una politica della cultura, in senso lato, che è la tua di sempre, e che mi piange il cuore di vederti costretto a spiegare vanamente ai vari Silori della penisola[2]. Tu lo sai, altro è fare anticamera a Roma, altro è agirvi dall'interno. E non serve a niente, o a poco e su un altro piano, delegare il bravo Terni[3] o qualsiasi altro a fare politica in tua vece.

Non ti esorto a non fare piú l'editore: al contrario, ti invito a farlo secondo le tue idee e nell'ambito nazionale che ti compete.

Dalle ultime elezioni molte cose sono cambiate. C'è stato l'abbraccio di G. Agnelli con Podgornyj, e tutta la classe economica ha fiutato il vento nuovo. C'è stata l'unificazione socialista, orribile a vedersi, ma veicolo di molti uomini nuovi alla vita politica (ci saranno, io credo, molti Bobbio nella nuova camera). Il panorama parlamentare cambierà: non ci saranno piú soltanto alcuni pensionati tipo Carlo L.[4], ma un certo numero di tecnici e di uomini di cultura (non escluderei di vederci B. Zevi). Tu come indipendente avresti una importante funzione di mediatore. Ma queste cose le vedi meglio di me.

Quali effetti e contraccolpi (benefici) questo avrebbe sul piano finanziario, non lo so, ma sono sicuro che molte cose oggi difficili diventerebbero piú facili (e persone che oggi rifiutano la presidenza della s.p.a. forse non rifiuterebbero piú; o si troverebbero altri aspiranti). E per singole imprese di riconosciuto interesse culturale, si troverebbero forse dei fondi sussidiari. Anche il piccolo mondo politico-finanziario locale ti vedrebbe in una nuova luce.

Infine (e perdonami come amico questa ultima e piú grave indiscrezione) non saresti piú, per molti uomini di potere, il figlio di L. E., ma saresti te stesso, quale sei e ti conoscono i lettori e gli amici della casa editrice, che però di leve del potere in mano non ne hanno molte.

Insomma, con *una sola* operazione, faresti piú che con mille tra visite a banchieri e conferenze stampa e premi Formentor. Taccio dei riflessi che la cosa avrebbe sul mondo editoriale. È tempo che metta freno alla mia sfrenata e ottimistica – ma persuasa – fantasia.

Ciao, cordialmente

tuo Giulio Bl.

Lettera ms verosimilmente non spedita; AGB.

[1] «Serie di politica economica», nata l'anno prima e diretta da Antonio Giolitti.

[2] Autore e conduttore televisivo, Luigi Silori aveva realizzato un'inchiesta sull'industria editoriale italiana per la trasmissione L'Approdo, andata in onda il 25 maggio 1963, nel corso della quale era stato intervistato anche Einaudi.

[3] Paolo Terni, genero di Einaudi, era il responsabile della sede romana dell'Einaudi.

[4] Levi.

A Giulio Carlo Argan, Roma

Torino, 13 aprile 1967

Caro Argan,

stiamo varando un grosso e interessante progetto: una *Storia d'Italia* in cinque volumi, impostata secondo criteri nuovi. Il primo volume, per esempio, sarà dedicato alla ricerca di ciò che è «specifico» dell'Italia, ossia delle costanti che istituiscono la storia d'Italia come «italiana»; il che comporta, poniamo, un'analisi del suolo (come paesaggio e come agricoltura), delle «città», dei tipi economici fondamentali, della lingua e cosí via.

Naturalmente è previsto un capitolo che solum è tuo e tu sei fatto per lui, soprattutto in un tale contesto. È il capitolo sulle Arti, di cui ti copio il sommario (molto approssimativo e imperfetto, ma tanto per intenderci):

«Le Arti. Non una storia dell'a. e nemmeno una storia sociale dell'a., ma indagine di quello che può esservi di italiano, culturalmente e socialmente, nelle arti del nostro paese, soprattutto quelle che sono patrimonio collettivo o almeno tali da essere sottoposte al giudizio del pubblico: urbanistica, edifici pubblici, la casa urbana, ma anche certe opere figurative a disposizione della collettività (statue, affreschi ecc.). Poi le arti minori che fanno stile: argenteria, mobilio ecc.».

Non badare a eventuali imprecisioni di formulazione: l'importante è che tu colga l'intonazione di fondo.

Hanno finora aderito al progetto (è giusto che tu conosca i nomi dei tuoi eventuali compagni di viaggio): Dionisotti, Gambi (geografo), Hausmann (agronomo), Ginzburg, Miccoli, Jones (economista), Tenenti, Venturi, Cafagna, Ruggiero Romano e Corrado Vivanti. Questi ultimi due sono anche i coordinatori del lavoro per conto della Casa editrice. Numerosi altri studiosi sono sul punto di aderire: il nostro lavoro di esplorazione è iniziato da poco.

Spero proprio che vorrai essere della partita. A un tuo cenno affermativo di massima, verremo a trovarti per discorrere piú a fondo della cosa[1].

Credimi intanto con un saluto cordiale

(Giulio Bollati)

Copia ds; AE, cart. 8, fasc. Giulio Carlo Argan.

[1] Argan accolse l'invito e scrisse, con Maurizio Fagiolo, *Premesse all'arte italiana*, in *Storia d'Italia*, I: *I caratteri originali*, Einaudi, Torino 1972, pp. 729-90.

A Giulio Preti, Firenze

Torino, 16 ottobre 1967

Caro Professore,

è la mia volta di scriverLe circa l'edizione delle «due culture». I miei colleghi, per compensarmi delle fatiche organizzative che mi occupano durante la settimana, mi permettono di occuparmi, la domenica, della collezione «Nuovo Politecnico». Il Suo manoscritto è arrivato in buon punto a togliermi dal disagio in cui mi metteva la difficoltà di trovare scrittori italiani adatti alla collezione: ecco finalmente un libro vivo, discutibile e provocatore, intelligente e irritante, pieno di idee, insomma proprio quello che ci voleva.

C'è una cosa su cui non sono d'accordo (qui taccio dei continui ma gradevoli dissensi scaturiti dall'attrito col testo quasi a ogni svolta di pagina): ed è *il titolo*.

Quel titolo sarà preciso, ma fa torto al lavoro, lo invecchia, lo coinvolge nello scadimento e nella stanchezza della nota polemica. Io sarei per menzionare in qualche modo le «due culture» in un sottotitolo e per inventare un titolo nuovo. Non ho niente da proporre: mi piace molto la coppia «logica» e «retorica», ma so che bisognerebbe aggiungere ancora altro per completare il quadro[1].

Vuole pensarci Lei, e proporci alcuni altri titoli? Credo che il libro uscirà relativamente presto, forse entro la fine dell'anno, forse subito dopo.

Con un saluto cordiale

(Giulio Bollati)

Copia ds; AE, cart. 166, fasc. Giulio Preti.

[1] Fu scelto *Retorica e logica* (1968).

A Lamberto Vitali, Milano

Torino, 9 novembre 1967

Caro Lamberto,

ieri sono arrivato in ufficio che tu te ne eri appena andato via, peccato. Ero stato a trovare Mario Tazzoli in clinica (saprai certamente che ha avuto un incidente d'auto; stamattina mi hanno telefonato che nella notte ha avuto un aggravamento, e oggi sta male)[1].

Dunque lasciamo le pericolose automobili e torniamo alle macchine fotografiche. Ho letto la tua prefazione a *Primoli*: molto competente e molto bella, con un gran gusto d'epoca, di «temps perdu»[2]. Mi piace molto quell'uso che fai del diario francese intramezzato: è strano mica poi tanto, però), ma il francese è piú d'ogni altro il linguaggio della visione e del ricordo della visione.

Non sapevo niente di Primoli e adesso ho l'impressione di saperne molto: che mi sembra la prova del nove per una introduzione. Voglio aggiungere che hai scritto sintetico, ma con un modo disteso, e con una concretezza di riferimenti, che dilatano l'ampiezza delle tue pagine.

Forse però tu vuoi sapere come facciamo il libro e quando.

Intendo proporre l'argomento alla prima riunione «esecutiva» che sarà lunedí prossimo: è la riunione a cui partecipano, oltre a Einaudi e a me, anche Cerati e Molina.

Intanto ti saluto affettuosamente

(Giulio Bollati)

Copia ds; AE, cart. 220, fasc. Lamberto Vitali.

[1] Titolare della galleria d'arte Galatea di Torino.

[2] Lamberto Vitali, *Un fotografo fin de siècle. Il conte Primoli*, «Saggi», 1968.

A Franco Basaglia, Gorizia

Torino, 26 gennaio 1968

Caro Franco,

avrei voluto scriverti subito per dirti che il vostro libro è bellissimo e molto importante[1]. È uno dei rarissimi esempi (c'è gente che darebbe la vita per riuscire a costruirlo in laboratorio) di libro che si costruisce da sé, vive delle tensioni che si producono nel suo interno, si sostiene sulle sue stesse tendenze autodistruttive. Non mi stupirei che voi «dramatis personae» ne foste scontenti, irritati, offesi anche piú di quello che (se non sbaglio) già siete: è, infatti, come se un gruppo di persone si fosse raccolto non per raccontare o fingere la morte di Agamennone, ma per ucciderlo con le proprie mani.

Credo anch'io che con questo libro abbiate concluso un intero periodo. Oltre il libro non può esserci a Gorizia che la «routine» (beninteso con tutto quello che ha di positivo la routine di Gorizia) o l'assalto agli edifici pubblici. Capisco bene che tu abbia voglia di una fuga in una nuova azione: e i termini in cui prospetti il problema nella tua lettera mi assicurano che le risorse creative e le ipotesi di lavoro non ti mancano.

Il libro sarà pronto verso il 20 febbraio, se non sorgono ostacoli. Cercheremo di farne parlare in giro. I ragazzi qui sono molto ben disposti. Cerca di venire a trovarli.

Un saluto cordiale anche a Franca[2] e arrivederci a presto

tuo Giulio B.

Lettera ds su carta intestata «Giulio Einaudi editore»; AFB, Corrispondenza, cart. 23.

[1] *L'istituzione negata. Rapporto da un ospedale psichiatrico*, «Nuovo Politecnico», 1968. Oltre a curare il volume nel suo insieme in quanto direttore dell'Ospedale goriziano in questione, Basaglia scrisse il saggio *Le istituzioni della violenza*.

[1] Franca Ongaro, moglie e collaboratrice di Basaglia.

A Giovanni Jervis, Gorizia

Torino, 26 gennaio 1968

Caro Jervis,

avrei voluto scriverti subito per dirti le mie impressioni sul vostro libro, ma me ne è mancato il tempo, cosí mi hai preceduto con mio sommo scorno[1]. Oltre al tempo, mi manca anche l'uso pieno e felice delle mie facoltà mentali, oppresse da uno smog, una degradazione, una asfissia progressiva del contesto generale.

Ho letto il vostro libro a velocità vertiginosa, per farmene una idea d'insieme e passarlo immediatamente a Molina, come la fiaccola delle olimpiadi. Ebbene, anche alle alte velocità il vostro libro resiste: come struttura e regia, come linguaggio, come comunicazioni di un'esperienza, come tentativo di costruzione-distruzione-ricostruzione ecc. di una teoria di quell'esperienza.

Mi ha colpito il grado di elaborazione a cui avete portato il vostro linguaggio comune, che mi sembra di gran lunga il piú originale tra quanti ne ha prodotti da noi la «dialettica negativa» (il vostro non manda quel suono di tradotto che p. e. rende inattendibili in italiano gli adornemi e i marcusemi oggi correnti).

Quanto alla dinamica interna del volume, permettimi di esprimerti la mia impressione con una irriverente immagine letteraria: le voci del coro, che si rincorrono, si associano, si contraddicono, chiudono e rilanciano all'infinito lo stesso discorso, o le sue varianti e specificazioni reali o probabili o possibili, fanno pensare a tratti a mosche che instancabilmente si lanciano contro un vetro, lo urtano, si rilanciano. Ora la cosa che mi preme di dirti è che a volte uno ha l'impressione che una mosca sia passata *attraverso il vetro*. Illusione ottica? allucinazione? e se fosse vero? Il tempo di farsi la domanda e il ronzio è ricominciato.

È idiota che io ti scriva queste cose, invece di riflettere a cosa significano. Perdona al mio stato d'animo depresso se mi esprimo per favole come un primitivo.

In conclusione: il libro mi sembra assai buono e ben costruito. I contributi sono eccellenti. Il materiale documentario rende meno del previsto: ma questo è inevitabile, non si può ancora allegarsi ai libri un film in cinemascope.

Incalzo Molina perché mi dia le bozze. Tutto procede molto rapidamente, e spero di arrivare in libreria per il 20 febbraio. Cercheremo di fare molto rumore.

Ricambio cordialmente i saluti a Letizia[2]. A te (e a lei) un affettuoso arrivederci a Torino

[Giulio Bollati]

Copia ds siglata; AE, cart. 107, fasc. Giovanni Jervis.

[1] *L'istituzione negata* cit. Collaboratore di Basaglia, Jervis scrisse il saggio *Crisi della psichiatria e contraddizioni istituzionali*.

[2] Letizia Comba, moglie di Jervis, anche lei autrice di un saggio del volume.

Ad Angelo Del Boca, Torino

Torino, 29 marzo 1968

Caro Del Boca,

per qualche giorno sarò in viaggio, ma non voglio lasciarti senza due righe sapendo la tua fretta.

Le notizie non sono favorevoli. Quel «lettore» collettivo che è la casa editrice si è dimostrato molto interessato al tema, ma trova che è stato trattato in modo tecnico per tecnici, dando quindi per scontati alcuni aspetti del problema che secondo noi sono i piú importanti (e forse dovrebbero esserlo anche per i tecnici): che cosa è il giornale nella nostra società, secondo quale dinamica sociale e psicologica «agisce», o su chi agisce, e per conto di chi agisce, e con quale finalità, ecc. Per dirtela con una battuta: non ci interessa sapere che cosa pensa Italo Pietra (o chi per esso), ci interessa vedere (come dicono i bambini dei loro giocattoli) com'è fatto Italo Pietra[1].

Ho messo avanti le ragioni negative, per dirti subito che noi un libro sul giornalismo lo vedremmo fatto in modo molto diverso, piú legato ai temi di fondo della sociologia, psicologia, economia, teorie dell'informazione ecc. Ma voglio poi aggiungere che il tuo modo di trattare la materia non è, evidentemente, destituito di legittimità, se l'inchiesta (che è ampia o articolata) può servire a una discussione di addetti ai lavori, in vista di riforme della tecnica giornalistica. Da questo punto di vista il tuo lavoro riuscirà indubbiamente assai utile sia per l'informazione vastissima che fornisce, sia per il fatto di nascere all'interno del mondo specifico del giornalismo.

Dunque le nostre non sono tanto delle critiche mosse al tuo libro, quanto l'espressione di esigenze diverse, che sono però per noi irrinunciabili (come dicono gli onorevoli intervistati alla Tv).

Aggiungo per colmare la festa che il nostro programma è in ritardo, e già cominciano a formarsi delle code di libri: il che vorrebbe dire che non potremmo darti nessuna garanzia seria circa la data di uscita del volume.

Spero non me ne vorrai se, invece di accampare scuse, ti ho detto con tutta franchezza come stanno le cose. Mi auguro che vorrai ripagarmi di eguale moneta, salva restando l'amicizia (e per parte mia la stima) che ci unisce.

A presto

(Giulio Bollati)

Copia ds; AE, cart. 68, fasc. Angelo Del Boca.

[1] Inviato speciale del «Giorno», all'epoca diretto da Pietra, Del Boca aveva sottoposto all'Einaudi il progetto di un volume sulla crisi del quotidiano in Italia e nel mondo.

A Ezio Raimondi, Bologna

Torino, 25 giugno 1968

Caro Professore,

non oso neppure chiederLe scusa per il ritardo con cui accuso ricevuta dei Suoi estratti e La ringrazio. Il fatto è che per mesi ho messo tutto da parte, lettere comprese, per dedicare ogni scampolo di tempo libero, ogni accenno di insonnia (con risultati non brillanti per la salute) a finire un mio lavoretto sulla *Crestomazia* leopardiana (e adesso mi chiedo puntualmente se ne valeva la pena)[1].

Questo mio modo di fare si è punito da sé, perché ridatomi a leggere come un uomo libero, trovo che se avessi conosciuto prima *Ragione e erudizione nell'opera del Muratori* ne avrei ricavato utilissimi spunti[2]. Il Suo discorso è infatti di grande interesse per se stesso e insieme offre aperture di grande attrattiva per uno studioso leopardiano: se, come credo, la definizione della figura di sé come dotto è essenziale a intendere correttamente il punto di partenza «culturale» di Leopardi, e se la tradizione erudita emiliana ha avuto, come credo, una parte notevole in tale ricerca di autocostruzione leopardiana.

Ma di queste cose mi piacerebbe parlare con Lei a voce, in una di quelle conversazioni piacevolissime in cui si riesce con Lei a sperimentare liberamente ogni ipotesi. Chissà che non mi capiti l'occasione di venire a salutarLa a Bologna.

Ma intanto La prego di scusarmi e di ricevere benevolmente il mio cordiale saluto

[Giulio Bollati]

Copia ds siglata; AE, cart. 170, fasc. Ezio Raimondi.

[1] L'*Introduzione* a Giacomo Leopardi, *Crestomazia italiana. La prosa*, a cura di Giulio Bollati, Einaudi, Torino 1968, pp. VII-XCVIII.

[2] In *Sensibilità e razionalità nel Settecento*, 2 tomi, a cura di Vittore Branca, Sansoni, Firenze 1967, I, pp. 319-36.

A Elsa Morante, Roma

Torino, 10 ottobre 1968

Cara Elsa,

sto partendo e fino a martedí non sarò a Torino. So che mi cerchi e che sei arrabbiata con me. Ma io sono stato in Germania (dove ho conosciuto tanti ragazzi che ti sarebbero piaciuti, ed ero con loro mentre la polizia li caricava), poi qui a Torino ho trovato discussioni e litigi che potrò raccontarti solo a voce, e adesso è scoppiata una grossa grana all'Ospedale di Gorizia e sto cercando di aiutare i miei amici. Forse potresti fare qualcosa anche tu. Un malato dell'ospedale, andato a casa in licenza su richiesta dei suoi, ha ucciso la moglie. Questo era l'incidente che tutti aspettavano per farla finita con Basaglia e con le sue teorie, per legare e chiudere di nuovo i malati, e far trionfare l'«ordine» e la «sicurezza». Dopo una violenta campagna di stampa, ieri la magistratura ha accusato Basaglia di omicidio colposo e di condotta sbagliata, incompetente e negligente dell'ospedale. Sono molto preoccupato per quello che potrà succedere a lui, ai suoi amici e soprattutto ai ricoverati.

Ecco le ragioni per le quali ti ho trascurata (non dimenticata!) Ho molta voglia di vederti e di parlare dei tuoi progetti.

Sono felice che tu abbia vinto il premio Brancati[1]. Perdonami, pazienta ancora qualche giorno.

Con affetto

tuo Giulio B.

Lettera ds su carta intestata «Giulio Einaudi editore»; AEM, fasc. Giulio Bollati.

[1] Con *Il mondo salvato dai ragazzini*, «Supercoralli», 1968.

Parere di lettura su *De la stratégie judiciaire* di Jacques Vergès

L'autore parte dal presupposto (sia pure appena accennato) che ogni processo, anche quello di diritto comune, è un processo politico. Ma nell'analisi si occupa prevalentemente del processo politico in senso stretto.

L'A. distingue due tipi fondamentali di processo: il processo di connivenza e il processo di rottura (con tutte le gradazioni intermedie e le possibili combinazioni di due tipi). Il processo di connivenza è quello in cui l'imputato (e per lui il suo difensore) accetta le regole del gioco, cioè conferma la validità e legittimità dell'ordinamento giuridico e dei presupposti sociali e ideologici su cui si basa. In questo caso l'imputato farà ricorso a tutte le riserve della procedura e a tutte le possibilità di contestazione offerte dal dibattimento; non riuscendo a prevalere su questo piano, potrà arrivare a rendere piú esplicito il suo «accordo» con il giudice confessandosi colpevole o cercando se mai la salvezza nel mettere in luce le circostanze eccezionali, casuali, fatali ecc. del suo delitto.

Il processo di rottura al contrario è quello che nega la legittimità stessa dell'accusa, del giudizio, della condanna, e contesta alla radice la giustizia che pretende di avere giurisdizione sull'imputato.

Detto cosí può sembrare un libro di teoria. Invece, dopo poche pagine di premessa, l'A. svolge il suo tema esclusivamente attraverso esempi: il processo di Norimberga, il processo a Cristo, a Socrate, ai coniugi Rosenberg, a Bucharin, a Dimitrov ecc.

Non è un libro profondo (non tiene certo il passo coi libri di critica della società a cui ci ha abituati p. e. la scuola di Francoforte). Ma è un libro limpido, efficace, brillante, che prende l'interesse e si fa leggere d'un fiato.

C'è qualche fiore retorico tipico dell'eloquenza forense (si potrebbe togliere senza fatica). L'avvocato si sente. Ma si tratta di un avvocato, oltre che intelligente, di sinistra (antimperialista, antirazzista, nemico della democrazia soltanto formale: bellissima l'analisi critica del processo di Norimberga). La facilità e disinvoltura della sua oratoria possono permettere al libro di raggiungere un pubblico largo, a partire dai liceali. Ed è un libro certamente utile. Ne consiglio la traduzione rapida per la Np[1].

Ds databile al 1968; AE, cart. 25, fasc. Giulio Bollati.

[1] *Strategia del processo politico* uscí nei «Saggi» nel 1969 (ed. or. Éditions de Minuit, Paris 1968).

A Franco Basaglia, New York

Torino, 3 marzo 1969

Caro Franco,

avrei voluto scriverti prima, ma in questo periodo sono sempre in giro tra Milano e Roma. Anche Piera avrebbe voluto scrivervi – e tutte le sere si dispera di non averlo fatto: ma l'associazione è diventata una macchina enorme che ha invaso ogni angolo e ogni minuto della sua vita (e della mia)[1].

In compenso ho scritto già la settimana scorsa a Schiffrin[2]. Quando lo vedrai (se non l'hai già visto) parlagli dei tuoi progetti, compreso quello che accenni a me e che io non riesco ad apprezzare se non in modo generico, perché non conosco la situazione americana, i gruppi, le posizioni ecc. Schiffrin invece sa molto, e lavora volentieri in quella direzione[3]. Se maturasse qualche iniziativa concreta, noi potremmo forse associarci alla Pantheon fin dall'inizio.

Notizie di qui poche e quelle poche scarsamente divertenti. C'è in giro inquietudine, confusione, irritazione, paura. Il momento è, comunque, contrassegnato da una lenta ma sicura tendenza alla repressione. Il centro sinistra per sopravvivere deve ricorrere alla maniera forte, ma nello stesso tempo è costretto a dosare la violenza. Il partito c. ne approfitterà per infilargli nel collo un po' di banderillas, ma senza una vera volontà di matarlo, perché un collasso del regime gli sarebbe incomodissimo. Queste sono le premesse da cui si svolgerà la nostra vita in una prospettiva a medio termine (salvo che non succeda un grosso terremoto internazionale, nel qual caso si vedrà).

In un'atmosfera che si fa pesante, si rischia di morire di noia, cioè di asfissia intellettuale, e non solo intellettuale. Ora, benché io sia, malgrado tutto, ottimista, avrei proprio bisogno di raggiungervi per dare un giro al sangue, come dicono i contadini. Ma al momento attuale non ho né soldi né tempo libero. Lo stesso vale per Piera. Se si aprisse una schiarita, non esiteremmo un istante a saltare sul primo jet.

Hai ricevuto le copie dell'*Istituzione negata*? Il libro fotografico è in tipografia[4]. Pare che le tavole ci saranno tra dieci giorni circa. Intanto da Milano Berengo mi telefona tutti i giorni e mi crea non poche difficoltà avanzando le sue rivendicazioni di estetica fotografica. Temo che quando vedrà le prove stampate dirà che non vanno bene. Dovrò fare qualche acrobazia per portare in salvo l'edizione tra le opposte esigenze sue e di Giulio Einaudi.

Mi sembra di capire che la vita a Gorizia si svolge sotto il segno della pedanteria di A. P.[5]. I lamenti di G. J.[6] vertono sulla completa assenza di ogni stimolo intellettuale. La vita psichiatrica torinese è saldamente nelle mani dei conservatori, i quali hanno abilmente giocato gli studenti. Di Parma so soltanto quel poco che si legge sui giornali.

Sentiamo molto la vostra mancanza, e ci consoliamo delle difficoltà circa il nostro viaggio a N. Y. coinvolgendovi in progetti estivi fortemente regressivi.

Un abbraccio affettuoso a te e a Franca

tuo Giulio

Lettera ds su carta intestata «Giulio Einaudi editore»; AFB, Corrispondenza, cart. 24.

[1] Nel 1967 Piera Piatti, seconda moglie di Bollati, aveva fondato a Torino l'Associazione per la lotta contro le malattie mentali.

[2] André Schiffrin, direttore editoriale della Pantheon Books.

[3] Il 21 febbraio Basaglia aveva chiesto a Bollati di metterlo in contatto con Schiffrin perché voleva sottoporgli alcune proposte nate dalla sua esperienza di lavoro al Maimonides Mental Health Center di Brooklyn, che tuttavia non menzionava.

[4] *Morire di classe. La condizione manicomiale*, a cura di Franco Basaglia e Franca Ongaro, fotografie di Carla Cerati e Gianni Berengo Gardin («Serie politica», 1968).

[5] Agostino Pirella, collaboratore di Basaglia.

[6] Giovanni Jervis.

A Bruno Biral, Venezia

Torino, 28 luglio 1969

Caro dottor Biral,

parto per un periodo di vacanza e mi accorgo di non avere mantenuto la promessa di scriverLe, ammesso che la mia risposta abbia ancora per Lei qualche interesse[1].

Purtroppo non sono piú tornato alle letture leopardiane (anche se mi accade di verificare sempre tutto quello che leggo *anche* da una angolatura leopardiana, e dunque continuo a lavorare sul tema con una sorta di ineluttabile automatismo). Ricordo ancora la Sua obiezione: perché ridurre a materialisti (e in senso volgare, non filosofico) i fautori delle magnifiche sorti, dal momento che, in realtà, materialisti non erano. Per quanto mi riguarda, temo di aver forzato un po' i toni, a ciò indotto dalla forte riduttività satirica della *Palinodia* e di luoghi affini (già ampiamente contestati, per la loro scarsa «equanimità», dal Croce e, prima di lui, da altri). Ma allora la domanda va girata allo stesso Leopardi e la risposta cercata tra le sue carte, dove credo si trovi. Dallo *Zibaldone* che ora non ho sottomano, si ricava, mi pare, che i difetti dell'epoca siano sostanzialmente due: 1) un eccesso di «spiritualizzazione» (che credo voglia dire, en gros, astrattezza, amore di geometria, insomma di filosofia, e per estensione – ma qui sono io che estendo un po' di furia – inclinazione verso quella falsa filosofia che è l'ideologia, intesa come raddoppio «romanzesco» del reale); 2) un eccesso di «materialismo», ma inteso nel senso volgare di egoismo, amore esclusivo del proprio tornaconto, abolizione, per non dire altro, perfino di quel tessuto di grate convenzioni che fa la «società» (nell'accezione che L. dà al termine dove dice che gli Italiani non hanno società, cioè p. e. nel *Discorso sul carattere degli I.* del 1824). Ora, o io mi sbaglio di grosso, o quello «spiritualismo» e quel «materialismo» sono le due facce d'una stessa situazione, onde se si polemizza con l'uno, si polemizza ipso facto anche con l'altro: e allora si avrà paradossalmente (ma non troppo) che colpendo il filantropo, o il fautore ottimista del progresso civile e morale («spiritualisti» nel senso che astraggono dalla reale, piú vera e piú tragica condizione dell'uomo), si colpisce insieme anche lo statistico, l'economista, insomma il borghese tutto preso dal progresso materiale. E viceversa. In conclusione – ma in attesa che io chiarisca meglio, innanzi tutto a me stesso, quella dialettica leopardiana di spiritualismo e di materialismo volgare e filisteo – in conclusione a me pare che L. intuisca con molta acutezza storica la figura del borghese ottocentesco, che è obiettivamente una fonte perenne di buone intenzioni e insieme una spietata macchina economica. Che i nostri borghesi, come appartenenti a una situazione piú arretrata rispetto a quella europea, appaiano piú miti, piú paternalisti, piú «sinceri», piú legati ad antichi rapporti di tipo campagnolo e pre-industriale, anche questo è vero e va precisato (non manca del resto un po' di letteratura sull'argomento, a partire dal Greenfield)[2]. Ma queste precisazioni non intaccano, a mio parere, la sostanziale giustezza dell'intuizione leopardiana.

Non so se ho risposto alla Sua obiezione. In ogni caso debbo scusarmi di averlo fatto un po' schematicamente, confidando forse troppo nella Sua buona disposizione a decodificare (come dicono oggi) il mio gergo.

Ma adesso voglio dirLe una cosa che ho in animo da troppo, cioè che il Suo studio del rapporto Lamennais-Leopardi mi sembra tocchi un punto di estrema importanza[3]. Io credo che si possa andare ancora oltre in quella direzione, e mi auguro che Lei voglia farlo. Avevo progettato, a suo tempo, di leggere a fondo Lamennais a fini leopardiani (la lunga discussione con lo scrittore francese fa davvero spicco nello Zib., e mi ero stupito che nessun critico moderno ci avesse badato, fino al giorno in cui ho scoperto che ci aveva badato il Biral); ma la mia angolatura è diversa dalla Sua. Un giorno, magari a voce, Le racconterò qualcuna delle mie innumerevoli ipotesi quasi mai portate avanti, per un sacco di ragioni, e dunque buone da consumare in conversazione. Lei mi sembra su una traccia feconda: non l'abbandoni, farà di sicuro delle scoperte interessanti.

Mi scusi ancora per la fretta e la confusione di questa lettera, e si abbia un cordiale saluto

(Giulio Bollati)

Copia ds; AGB.

[1] Professore di lettere in un liceo veneziano, Biral aveva inviato in lettura a Bollati il saggio *La crisi dell'anno 1821* (Venezia 1966), in seguito pubblicato assieme ad altri saggi in Biral, *La posizione storica di Giacomo Leopardi* («Piccola Biblioteca Einaudi», 1974).

[2] Bollati allude al saggio *Economics and Liberalism in the Risorgimento* di K. R. Greenfield (1934).

[3] Biral, *La crisi dell'anno 1821* cit.

A Sebastiano Timpanaro, Firenze

Torino, 21 gennaio 1970

Caro Timpanaro,

ti ringrazio d'avermi fatto mandare la nuova edizione del tuo libro, e piú ti ringrazio della gentilezza e dello scrupolo con cui manifesti il tuo accordo e il tuo disaccordo con quanto avevo scritto presentando la *Crestomazia*[1]. L'obiezione che mi ha piú colpito è che io finisco per sacrificare l'agonismo eroico di L.: se le cose stanno cosí, ho tradito non solo le tue, ma anche le mie piú profonde convinzioni, e dunque debbo ripensare seriamente la questione. In realtà io davo per scontato e continuo a credere che la figura del letterato L. che mi sono sforzato di delineare, costituisca il naturale retroterra di quella figura del poeta che ti è (e mi è) cara e che certamente è verissima. Ma forse avrei dovuto chiarire meglio, dimostrare piú esplicitamente la connessione tra i due piani. Mi fa sperare che, su questo punto, il dissenso tra noi nasca dalla mia poca chiarezza e da un tuo fraintendimento, quel tuo riassumere la mia tesi nell'espressione «raffinatissima civetteria» (o analoga, non ho sott'occhio il testo), mentre l'ideologia letteraria che ho cercato di disegnare è qualcosa di molto meno futile, di molto piú serio e complesso: ed ha rapporto, da un lato, con tutta una tradizione letteraria, dall'altro, con le teorie che fanno delle componenti ludiche uno degli elementi fondamentali della personalità, e quindi anche dell'espressione. Se mai ci riuscirò, mi propongo di dedicare il mio prossimo lavoro leopardiano ad approfondire proprio questo tema: sempre nella speranza, non di combattere una interpretazione che condivido, ma se possibile di arricchirla e rafforzarla. Ma anche se dovessi, per mancanza di tempo e di tante altre cose necessarie, chiudere qui la mia davvero brevissima carriera di leopardista, un risultato almeno l'ho raggiunto, ed è di essermi procurata l'occasione di dialogare un po' con te, per cui ho grandissima stima e affetto.

Un saluto cordiale

dal tuo Giulio Bollati

Lettera ms; AST, fasc. Giulio Bollati.

[1] Bollati, *Introduzione* cit. Nella *Prefazione alla seconda edizione* di *Classicismo e illuminismo nell'Ottocento italiano*, Nistri-Lischi, Pisa 1969[2] (prima ed. 1965), Timpanaro

scriveva: «Bollati sviluppa, con finezza straordinaria, un discorso che parte dalla *Crestomazia* (e di quest'opera ci fa comprendere per la prima volta l'importanza, in quanto rivelatrice del gusto letterario leopardiano e del concetto stesso leopardiano di letteratura), ma si estende poi all'intera personalità di Leopardi. Egli non vede in Leopardi contraddizione tra pensiero e poesia, ma ritiene che il Leopardi scrittore contenga e risolva in sé tutti gli altri aspetti: "Leopardi filosofo, Leopardi politico sono impliciti nella nozione di letteratura che presiede alla sua formazione". Ciò è pienamente giusto [...]; e ogni volta che Bollati insiste sull'avversione del Leopardi ad ogni specializzazione e ad ogni settorialismo, sull'esigenza di totalità che per lui, e per tutta la tradizione anteriore a lui, lo scrittore ha appunto il compito di attuare, riesce del tutto convincente. Senonché troppe volte, nel precisare il concetto leopardiano di letteratura, Bollati lo fa consistere in una specie di raffinatissima civetteria, di gusto del "travestimento", della simulazione, dell'*alibi* [...]. Da una letteratura cosí intesa rimangono fuori i risultati piú alti del pensiero e della poesia leopardiana: il "titanismo" e la "pietà", il Leopardi "idillico" e il Leopardi eroico. L'aver preso la *Crestomazia* come punto di partenza di un'interpretazione di tutto Leopardi, se da un lato, come abbiamo detto, si è rivelato estremamente fecondo, dall'altro ha facilitato una certa sopravvalutazione di aspetti che nella personalità umana e letteraria del Leopardi, certo, ci sono, ma che tutto sommato sono marginali» (pp. XXXIV-XXXV).

A Norberto Bobbio, Torino

Torino, 17 febbraio 1970

Caro Professore,

per la *Storia d'Italia* in preparazione da noi tratterò il tema: «L'italiano». Nessuno lo voleva (e con ragione), cosí hanno insistito perché lo prendessi io. Il fascino dell'orrido e dell'impossibile, e una colpevole arrendevolezza l'hanno avuta vinta sul buon senso e sulla certezza che il divieto crociano di dissertare sul «carattere» di un popolo è fondatissimo e definitivo. Attualmente sto cercando di aggirare il problema con qualche trovata ingegnosa, che mi eviti di apparire un emulo di Barzini jr. o – che è ancora peggio – di assumere l'aria di quello che spazia con eleganza dalla storia all'antropologia, dal folclore alla psicologia sociale. Forse ho trovato un bandolo, modesto e parziale, ma reale: trattare il «carattere degli italiani» non come un dato, ma come un «progetto» che gli ingegneri dell'ideologia – delegati dal potere o spontaneamente – hanno elaborato e continuamente aggiornato a partire dalla Rivoluzione francese[1].

Ecco perché, nel mare delle mie letture, quasi sempre noiosissime, il Suo *Profilo ideologico del Novecento*, anche se non tratta il tema ex-professo, mi è stato di grande consolazione oltre che utilissimo (e al di là di una lettura interessata l'ho apprezzato non solo per le solite Sue doti di limpidezza critica e di razionalità compositiva, ma anche perché sotto l'altrettanto consueta probità intellettuale, mi è parso di avvertire una volontà di fedeltà e di coerenza ai limiti dello stoicismo: il che rende quel contributo per una enciclopedia un capitolo di autobiografia intellettuale assai meno distaccato di quello che nella sua misura e compostezza può apparire al primo sguardo)[2].

Detto tutto questo, il demone editoriale che è in me prende la parola per suggerirLe di pubblicare il *Profilo* in un volumetto autonomo, che i giovani (ne sono certissimo) cercherebbero e leggerebbero dentro e fuori dell'università. Basterebbe che Lei scrivesse a Garzanti, come so che hanno già fatto altri collaboratori della Storia letteraria, per chiedergli la libertà di ristampare il Suo saggio da un altro editore (non è necessario nominare Einaudi: questi editori sono di una gelosia forsennata, e il piacere che Garzanti farà volentieri a Lei, probabilmente lo negherebbe al collega). Se poi

Lei avesse anche soltanto un altro saggio o articolo da pubblicare di seguito, o magari in appendice, ancora meglio: il libro si configurerebbe per Garzanti come qualcosa di piú di una pura e semplice ristampa d'un pezzo della sua Storia. Ma forse non è neppure necessario ricorrere a questo espediente[3].

Cosa ne dice? Le sarei molto grato se Lei aderisse all'idea (di cui finora non ho parlato a G. E., ma sono certo che ne sarebbe felicissimo, solo forse un po'... geloso che ci abbia pensato io per primo). Penso a un volumetto per la Pbe, che stamperemmo prima dell'estate.

Un saluto molto cordiale.

[Giulio Bollati]

Copia ds siglata; AE, cart. 24, fasc. Norberto Bobbio.

[1] Giulio Bollati, *L'italiano*, in *Storia d'Italia*, I: *I caratteri originali* cit., pp. 949-1022.

[2] In *Storia della letteratura italiana*, a cura di Emilio Cecchi e Natalino Sapegno, IX: *Il Novecento*, Garzanti, Milano 1969, pp. 119-228.

[3] L'idea di Bollati si sarebbe concretizzata solo nel 1986.

A Gianni Rodari, Roma

Torino, 19 febbraio 1970

Caro Gianni Rodari,

grazie della tua risposta. Avrei preferito darti a voce le ulteriori informazioni che chiedi (giustamente) circa la nuova collana[1]. Eccole per lettera, ma supercondensate per non annoiarti.

Formato opere di Pavese (ricordi quella scatola che conteneva tutto Pavese?) Copertina ancora allo studio: tentativo di conciliare la vistosità colorata delle collane ad alta tiratura col solito chic del tuo editore torinese. Tirature da 10 000 in su, fino a 20 000 (e poi, se la fortuna aiuta, ristampe ristampe ristampe fino a 1 000 000 di copie). Prezzo tra ottocento e millecinquecento. Scelta dei titoli variata, senza limitazione di generi, quindi anche classici della fiaba (es. Andersen), anche classici della letteratura infantile (es. Rodari, premio Andersen, con le *Favole al telefono*). Ma anche libri di storia; Calvino, *Racconti*, e cura delle fiabe dei Grimm; poi Fenoglio, poi volumi di poesia ecc. Insomma una collana che porterà i nostri libri migliori ben oltre i confini attuali del nostro impero[2].

Ogni volume avrà una presentazione informativa: chi era Andersen (o Rodari), che cosa scrisse, che cosa significa, ragioni della scelta. Istruzioni per l'uso, stile modesto e concreto, capitoletti, notizie. Non piú di dieci cartelle. Misura giusta del volume circa 400 pagine. Si accettano però – su tutto quanto precede – critiche e proposte.

Condizioni economiche. Per Andersen (scelta e prefazione) il 2% del prezzo di copertina, sulle prima e successive edizioni.

Favole al telefono: 5%, tiratura di partenza 10 000 copie.

Sull'uno e sull'altro volume puoi trattare tu direttamente con Santoni un anticipo di tuo gradimento al momento della pubblicazione[3].

Programmazione: Andersen a fine maggio, *quindi consegna a fine marzo* (Calvino si è già messo al Grimm: i due libri escono insieme). Rodari, *Favole al telefono* per Natale, cioè fine ottobre (consegna della prefazione un paio di mesi prima)[4].

Ci stai?

Scrivimi subito. Ti abbraccio

[Giulio Bollati]

Copia ds siglata; AE, cart. 175, fasc. Gianni Rodari.

[1] Il 12 febbraio Bollati aveva telegrafato a Rodari: «PLAUDIAMO ENTUSIASTI PREMIO ANDERSEN COSI BENE ASSEGNATO NOSTRO PREGIATISSIMO AUTORE ET CARISSIMO AMICO STOP COMBINAZIONE VUOLE CHE VIGILIA DETTO PREMIO SU SUGGERIMENTO CALVINO AVESSIMO PENSATO TE PER ANTOLOGIA RACCONTI ANDERSEN PRECEDUTA TUA BREVE NOTA INFORMATIVA ET INTRODUTTIVA STOP CALVINO FIRMERA UN GRIMM FATTO STESSO MODO STOP TRATTASI INIZIATIVA EDITORIALE INTERESSANTE ET NUOVA CHE TI COINVOLGERA ANCHE COME AUTORE STOP» (AE, cart. 175, fasc. Gianni Rodari).

[2] Bollati stava descrivendo il progetto della collana universale tascabile «Gli struzzi», che esordí quell'anno con *Il Maestro e Margherita* di Michail Bulgakov.

[3] Filippo Santoni era il direttore amministrativo dell'Einaudi.

[4] Le *Fiabe* di Andersen, scelte e presentate da Gianni Rodari, e quelle dei fratelli Grimm, scelte e presentate da Calvino, uscirono negli «Struzzi» con i numeri 8 e 7 nel 1970; *Le favole al telefono* con il n. 14 nel 1971 (prima ed. «Libri per ragazzi», 1972).

A Franco Basaglia e Franca Ongaro, Gorizia

Torino, 31 marzo 1970

Carissimi F. e F.

come ho già detto a Franca per telefono ho ricevuto il manoscritto e l'ho riletto per intero[1]. Dirò dopo alcune riserve, che però non vi riguardano come autori. Adesso voglio dirvi che confermo la mia prima impressione condivisa anche da Fossati[2]: è un libro importante, che apre un nuovo terreno di discussione offrendo non solo argomenti e dati, ma molto di piú, cioè una proposta critica sostenuta da una inconfondibile carica intellettuale-morale. Voglio dire che ancora una volta ci si sente lo stile Basaglia, quello che rende del tutto vane e fuori bersaglio certe critiche intellettualistiche: per stile B. intendo infatti quel modo di fare teoria e ideologia che scavalca continuamente la teoria e l'ideologia in direzione non dei loro peggiorativi (intellettualismo, ideologismo) ma proprio del loro opposto, cioè realtà, partecipazione, azione. Per es., la tesi piú volte ribadita della suprema astuzia del capitale che vince anche quando perde, per cui (quasi come nell'etica giansenistica) qualsiasi azione serve per diritto o per traverso soltanto a incrementare il trionfo del Male, non produce paralisi da pessimismo, ma si converte misteriosamente (segreti dello stile!) in una spinta dinamica «oltre», e annulla la contabilità passiva continuamente messa avanti dalla ragione.

La controprova? L'ultimo capitolo (non vostro) che dice *in fondo* le stesse cose, è soltanto una meccanica, inerte trascrizione di formule, una ripetizione riduttiva e morta di cose che prima avevano vita. Rende banale quello che era vero, ideologico quello che era attivo, gratuita e funambolesca quella che era una trama difficile di opposizioni e rovesciamenti dialettici. Non conclude il libro, ma semplicemente lo uccide: ah dunque era tutto qui? si chiede il frastornato lettore. E invece no: il vostro libro è qualcosa di molto, molto diverso da quella scadente mistura di ripetizioni di idee vostre e di luoghi comuni della piú corriva e piú stanca teoria critica della società (compresa la polluzione dell'aria), con giochi di prestigio dialettici che incantano ormai solo i pubblici balneari.

Direte che sono troppo severo, o peggio, che ero prevenuto. Per difendermi io stesso da questo sospetto ho fatto leggere a due lettori (di cui uno era il Fossati già citato) l'ultimo capitolo del libro senza dire che pensavo fosse di G. S.[3], insomma come fosse scritto da voi. Il risultato è stato di sommo stupore, incredulità, fastidio. «Non è possibile», «Cosa gli è successo?» ecc. In conclusione una caduta di interesse, un'ombra anche su tutto quello che nel libro precede, un danno al libro.

Danno che io vorrei in ogni modo evitare, non perché rappresento l'«editore», ma perché amo il vostro libro (il che non vuol dire che sono un vostro mafioso, ma che metto la serietà intellettuale davanti a tutte le ragioni, anche le piú valide, dell'amicizia: la lealtà, qui, deve funzionare sul piano della serietà, non del pietismo o del sentimento).

Temo due cose. La prima, che non mi crediate. In questo caso sarà facile rimediare facendo leggere il libro ad altre persone. La seconda che, pur credendomi, riteniate impossibile tirarvi indietro con G. S. In questo caso, però, tenete conto del fatto che io sono disposto a scrivere o a parlare direttamente a S. in nome della casa editrice: come faccio tutte le volte che dobbiamo rifiutare un libro, o una parte di libro, che non ci convince. Sono sicuro del resto che G. S. ha già il sospetto di essersi imbarcato sul vaporetto sbagliato: il suo (il nostro) non è quello dei Basaglia, dei Laing o dei Cooper. Ci mancherebbe che, invitato gentilmente da voi, vi mandassi per concludere il libro un bel sonetto caudato.

Avrei altro da dire circa alcune particolarità organizzative del volume, ma mi pare di aver detto fin troppo, per oggi.

Credetemi! E abbiatevi un abbraccio

dal vostro Giulio

Lettera ds su carta intestata «Giulio Einaudi editore»; AFB, Corrispondenza, cart. 24.

[1] Franco Basaglia e Franca Ongaro Basaglia, *La maggioranza deviante. L'ideologia del controllo sociale totale*, «Nuovo Politecnico», 1971.

[2] Paolo Fossati, redattore dell'Einaudi.

[3] Gianni Scalia. Il capitolo in questione, *La ragione della follia*, fu mantenuto.

A Monsieur Jean Rodari, Rome

Turin, le 11 Mai 1971

Mon cher Rodari,

l'Académie des Poids et Mesures a très soigneusement examiné votre poème en y retrouvant des traces évidentes de foie gras. Mon cher ami, tandis que votre couronne poétique s'enrichit d'un nouveau fleuron, nous ne restons pas insensibles à la crainte d'être considérés par vous comme des gens ingrats, idiots et insouciants.

La faute, il faut le dire, en est un peu à la brièveté de votre «Chat» qui, tout en nous enchantant, nous a obligés à établir un projet pour une nouvelle collection de livres pour enfants dont le dit chat serait le numéro 1 et le modèle admiré. Ce qui vient justement de s'accomplir grâce à la collaboration de maintes personnes de la plus haute qualité, grâce et justice[1].

Dans un très bref délai, peut-être dans deux ou trois jours, l'architecte Munari va donner son approbation au format et aux caractères d'imprimerie qui caractériseront la nouvelle série dont nous avons déjà préparé plaquettes, épreuves, couleurs, valeurs[2]. Enfin, vous avez provoqué la naissance de quelque chose de nouveau, et d'intéressant, dans le domaine de l'édition pour enfants.

Bien sûr, les problèmes (un peu égotistes) posés par Mlle Agostinelli[3] doivent être subordonnés aux exigences aussi bien de l'auteur que de la nouvelle série. Nous nous empresserons de lui communiquer au plus tôt, d'une façon évidemment très polie, le résultat de nos calculs et de vos désirs.

La première parution de la nouvelle série se composera de trois volumes, dont le vôtre sera la nouveauté et la pièce de résistance.

Déposes vos soupçons et votre rancune, Monsieur, et no doutes point de l'amitié, de l'estime, et du dévouement avec lequel j'ai l'honneur de signer

très cordialement à vous

[Giulio Bollati]

Copia ds siglata; AE, cart. 175, fasc. Gianni Rodari.

[1] Il libro è *Gli affari del Signor Gatto*, la collana «Tantibambini». Ne fu il quarto titolo (1972).

[2] Bruno Munari fu l'ideatore e il curatore della collana.

[3] Maria Enrica Agostinelli, illustratrice del volume.

A Sebastiano Timpanaro, Firenze

Torino, 24 maggio 1971

Caro Timpanaro,

con vergognoso ritardo rispondo alla tua lettera in cui ci comunicavi, appoggiandola, la proposta di ristampare l'Emiliani-Giudici[1]. Ci abbiamo pensato su un po', ne abbiamo parlato. E il parere mio e degli amici è stato che per rendere all'E.-G. la giustizia e la simpatia che gli sono dovute, può forse bastare un buon saggio di rivista, senza ripubblicare tutta un'opera che ha molte parti sorde e opache. Spero che la mia risposta non ti dispiaccia. Siamo anche spaventati dal costo dell'impresa, che certamente non avrebbe la contropartita di una diffusione sufficiente, voglio dire oltrepassante la cerchia degli addetti.

Ho ricevuto intanto il tuo nuovo libro, con piacere misto a invidia personale e editoriale[2]. Ammiro la limpidezza razionale, lo stile facile e candido (direbbe cosí il tuo Giordani?), la passione intellettuale dei tuoi scritti. Ne ammiro, per quanto posso giudicare, la linea di pensiero. Quello che posso giudicare un po' meglio, è la figura culturale d'eccezione che ne risulta: che muove da ricuperi (rivendicazioni) della grande tradizione ottocentesca per proiettarsi oltre il compromesso ideologico-politico del presente. Il procedimento, a parte la consonanza di contenuti, è naturaliter leopardiano, e le tue pagine sembrano scritte sul rovescio delle *Operette morali*.

Ti frequento poco, ma ti conosco abbastanza per sapere che puoi andare in bestia, se continuo cosí: ma io queste cose le penso davvero; come penso di riuscire un giorno o l'altro a rispondere compiutamente alle obiezioni critiche che mi hai fatto, e sulle quali continuo a rimuginare: compiutamente, cioè in un nuovo lavoretto leopardiano che ho progettato e al quale potrò forse dedicarmi nell'estate.

Un saluto affettuoso

[Giulio Bollati]

Copia ds siglata; AE, cart. 208, fasc. Sebastiano Timpanaro.

[1] *Storia delle belle lettere in Italia*, 1844. La proposta di cui Timpanaro si faceva intermediario veniva da Enrico Ghidetti.

[2] *Sul materialismo*, Nistri-Lischi, Pisa 1970.

A Leonardo Sciascia, Palermo

Torino, 14 settembre 1971

Caro Sciascia,

ho letto anch'io *Contesto*, attirato da un vivissimo interesse personale (e poi anche professionale)[1]. È un libro che fa presa sul lettore quasi con violenza: lo attira, lo tiene legato, lo inquieta, anche lo irrita. Nelle prime pagine si carica lentamente con una sorta d'inesorabilità: sono tra le pagine piú belle che hai scritto. Poi c'è una sorta di deragliamento: l'incontro con lo scrittore e annessi. Poi si torna apparentemente sul binario della consecutio inquisitiva di Rogas, ma con un malessere crescente di cui il finale dà la spiegazione (se cosí si può chiamare...): l'allegoria morale-politica sembra affermarsi come la chiave di tutto il libro, ma è poi vero? Il lettore resta con questo dubbio supplementare, i cerchi di risonanza della lettura si moltiplicano e si intersecano, non senza qualche ultrasuono acutissimo che ferisce l'orecchio.

Il libro c'è ed è proprio un bel libro. Mi ha colpito la chiusa, compatta esattezza della scrittura, vorrei dire «latina», di una latinità tacitiana (se non ti offende il rimando troppo vistoso): moralità, dolore, rancore imprigionati nel ghiaccio di una sintassi elegante ed impietosa. Una rottura c'è, ed è clamorosa. Alludo alla poesia, che forse troverebbe il suo giusto grado di understatement se trasferita parodisticamente in nota o in appendice.

In conclusione io pubblicherei, e subito. Grazie e un saluto molto cordiale

dal tuo Giulio Bollati

Lettera ds su carta intestata «Giulio Einaudi editore»; ALS, fasc. Giulio Bollati.

[1] Fu pubblicato nei «Coralli» quello stesso anno.

A Lucio Gambi, Firenze

Torino, 1° marzo 1972

Caro Gambi,

grazie per la tua del 27 febbraio. Tenuto conto dell'ambiente e della procedura hai fatto miracoli[1].

Speriamo di ricevere presto la merce. Sarebbe interessante sapere qual è l'ufficio romano a cui compete il rilascio dei nulla osta. Potremmo forse accelerare le cose. Ma temo che la notizia sia pressappoco un altro segreto militare.

Io intanto ho continuato le ricerche, e facendo tesoro di una tua indicazione, ho rintracciato a Roma l'archivio di Folco Quilici. Si tratta di un archivio assai ghiotto, in cui le foto aeree a colori (45°) si contano migliaia. Ho asportato una sessantina di diapositive, scegliendole secondo i criteri che avevamo brevemente ricapitolato insieme. Credo che disponendo delle foto Igm, e integrandole con una scelta delle Folco Quilici, l'illustrazione del 1° volume possa considerarsi completa (e piuttosto bella e nuova). Naturalmente per la scelta definitiva e per la messa in opera dovresti essere tu il regista.

Se, come dici, non potrai essere a Torino prima del 18 marzo, forse io e Corrado ti chiederemo di dedicarci appena possibile qualche ora a Milano o a Firenze: appena possibile, cioè appena l'Igm abbia dato segni di vita.

Grazie per ora. Penso con ambascia ai volumi 2° e 3° (che forse faranno quattro tomi) per i quali dovrò battere tutti i musei e «cabinets des estampes» d'Italia. Per il 4° volume, invece, accorrerà provvida e favolosa, l'arte fotografica, di cui ho già esplorato alcuni ricchi giacimenti.

Grazie ancora anche per l'accoglienza tra le mura domestiche e un saluto molto cordiale.

[Giulio Bollati]

Copia ds siglata; AE, cart. 89, fasc. Lucio Gambi.

[1] Nella sua lettera Gambi informava Bollati e Vivanti sull'esito della sua visita all'Istituto geografico militare (Igm), dove si era recato per ottenere una quarantina di fotografie aeree destinate a illustrare la *Storia d'Italia*, di cui curò, con la collaborazione dello stesso Bollati, il sesto volume (*Atlante*, 1976).

A Oreste Del Buono, Milano

Torino, 16 marzo 1972

Caro Del Buono,

ti avevo scritto ieri per assicurarti che noi siamo completamente estranei alla vertenza tra gli eredi Einaudi e la casa Feltrinelli a proposito del caso Tranfaglia; e che anche G. E. si era adoperato a gettare molta acqua sul fuoco e a calmare i suoi due fratelli[1]. Oggi si diffonde la notizia che forse il Giangiacomo è morto (o l'hanno adoperato come salma per coprire altro?) Spero che le voci vengano smentite prima di sera.

Ti dicevo, ieri, che anche se non ci siamo piú visti o sentiti non ho dimenticato i nostri discorsi e i tuoi progetti (e uno in particolare). Sono pigro quanto a scrivere, ma per il resto sono e mi firmo

[Giulio Bollati]

Copia ds siglata; AE, cart. 69, fasc. Oreste Del Buono.

[1] Nella prefazione a *Eia, Eia, Eia, alalà! La stampa italiana sotto il fascismo 1919-1943*, antologia a cura di Oreste Del Buono, Feltrinelli, Milano 1971, Nicola Tranfaglia ascriveva Luigi Einaudi al gruppo di «grandi intellettuali "tradizionali"» che avevano manifestato un'iniziale adesione al fascismo, citando un suo articolo del 1923 in cui elogiava lo squadrismo e deplorava il parlamentarismo (pp. IX-X).

A Bruno Biral, Venezia

Torino, 7 settembre 1972

Caro Biral,

mi sento un po' come quei pianeti lontani che ritornano puntualmente a una certa stazione della loro orbita, ma dopo «anni» lunghissimi.

Nel lungo intervallo della nostra corrispondenza ho scritto un saggio per una *Storia d'Italia* in piú volumi, che comincerà a uscire tra poco. È, il mio, sotto il pretesto di dissertare sull'ambiguo problema intitolato al «carattere degli italiani», un tentativo di ricostruire in breve le linee di sviluppo dell'ideologia nazionale – e dunque la storia degli intellettuali addetti – a partire dalla fine del Settecento. Ma Le manderò il mio lavoro appena disporrò degli estratti[1].

E subito dopo sono tornato lentissimamente a Leopardi, con intenzioni ancora oscure ma già urgenti.

Eccomi di nuovo tra nomi familiari: il Timpanaro, il Biral, il Blasucci... E mi ha colpito un'idea ovvia, col trasalimento che dà l'accorgersi di una dimenticanza inspiegabile: perché non raccogliere in volume i saggi leopardiani di Biral?

Forse sfondo una porta aperta, i saggi in questione sono già sul tavolo di un altro editore, forse sono stati addirittura già pubblicati (possibile però che non me ne sia accorto? distratto sí, ma fino a questo punto?). Lascio la parola a Lei. Aggiungo soltanto che nella mia immaginazione vedo il libro nella «Piccola Biblioteca Einaudi», collana a me cara perché molto diffusa tra le persone che «usano» davvero i libri[2].

In attesa d'un Suo cenno, La saluto cordialmente

(Giulio Bollati)

Copia ds siglata; AE, cart. 23, fasc. Bruno Biral.

[1] *L'italiano* cit.

[2] *La posizione storica di Giacomo Leopardi* cit.

A Bruno Zevi, Roma

Torino, 22 settembre 1972

Caro Zevi,

grazie per la fiducia che mi accordi come esperto di titoli.

Ti confesso che *Spazi dell'architettura moderna* non mi persuade: il concetto è quello, ma la parola oggi suona vagamente lirica – non chiedermi perché.

Un titolo lo trovo nascosto tra le righe della tua stessa lettera, terzultima linea: Enciclopedia[1]. Dunque *Enciclopedia dell'architettura moderna* mi piacerebbe, aggiuntovi se vuoi un «visual» da tradurre però con «visivo» non con «visuale». Risultato provvisorio: *Enciclopedia visiva dell'architettura moderna*. Oltre a sembrarmi un bel titolo in sé, mi piace la contrapposizione-complementarità tra «enciclopedia» e «storia» (del secondo volume): una visione o veduta sincronica dell'universo architettonico e, accanto ad essa, il discorso storico. Cosa ne dici?[2].

Ho rifiutato il suggerimento di un amico che proponeva: *L'architettura moderna per immagini*, che mi pare tiri troppo alla divulgazione visiva di certa facile editoria americana. Ma per scrupolo te lo segnalo.

Anche noi teniamo moltissimo a questo volume, per il quale è grande l'aspettativa. Circa la data d'uscita qui si è del parere che il 15 dicembre sia troppo tardi per un'opera cosí importante, che ha bisogno di spazio davanti e intorno a sé. Preferiremmo fare un lancio in grande stile in gennaio o febbraio. Insomma, non potendo uscire a fine ottobre, come sarebbe necessario per «fare Natale», meglio evitare gli ultimi giorni a ridosso delle feste che sono pieni di distrazione e di confusione.

Cosa ne dici? Un saluto molto cordiale

(Giulio Bollati)

Copia ds; AE, cart. 227, fasc. Bruno Zevi.

[1] Zevi a Bollati, 1° settembre 1972: «Ho lavorato accanitamente per questo volume che, con le sue 672 pagine fitte di illustrazioni (circa 5000), costituirà la piú vasta enciclopedia dell'architettura moderna esistente al mondo» (AE, cart. 227, fasc. Bruno Zevi).

[2] Il volume uscí infine col titolo proposto da Zevi, *Spazi dell'architettura moderna* («Saggi», 1973). Fu seguito, due anni dopo, dalla nuova edizione della *Storia dell'architettura moderna* («Saggi», 1975).

A Sebastiano Timpanaro, Firenze

[Torino,] 20 novembre 1972

Caro Timpanaro,

generoso e serio come sempre (se permetti), mi hai scritto una lettera che mi ha fatto molto piacere (il tuo giudizio è tra i pochi che m'importano) e che mi ha indotto a riflettere[1].

«Da Bonald a Marx» – hai ragione – è un modo un po' troppo rapido di dire e ingenera equivoco[2]. Quello che intendevo dire è che se il capitalismo viene attaccato da destra e da sinistra, il modo manzoniano di «frenare» l'esuberanza borghese (lui è cattolico e terriero) lo situa piuttosto tra i conservatori con nostalgie feudali che non tra gli entusiasti dell'ideologia liberale-liberista. Che egli sia però sostanzialmente un borghese è vero: e lo si vede tutte le volte che deve usare gli strumenti ideologici della borghesia contro il *vero* nemico, che sta a sinistra.

La situazione mi è abbastanza chiara, ma dovrei studiarla piú a fondo. E tu cosa fai? Adesso affiancheremo alla Pbe («Piccola Biblioteca Einaudi», che certo conosci) una Pbe-testi: che so, la *Premessa* dell'Ascoli all'Archivio, con una nota informativa e un corredo bio-bibliografico; oppure l'*Esame di coscienza* del Serra, curato dall'Isnenghi; o *L'inchiesta agraria Jacini* (che abbiamo chiesto ad Alberto Caracciolo); e cosí via. Chissà che non si possa scrivere il tuo nome accanto a uno dei «titoli», magari al primo che ho scritto. L'idea è un po' quella di fornire testi a materiali per ricerche e seminari[3]. Vuoi farci un pensierino? Hai delle proposte? Grazie per la lettera e un saluto affettuoso

dal tuo Giulio Bollati

Lettera ms; AST, fasc. Giulio Bollati.

[1] Il 18 novembre 1972, accusando ricevuta dell'estratto del già citato *Italiano*, Timpanaro si era complimentato con Bollati per aver scritto «uno dei saggi piú concreti, piú densi, piú marxisti (in senso scolastico) che si potessero immaginare». Al contrario, nel suo insieme, la *Storia d'Italia* nel suo insieme, oscillava ambiguamente «tra marxismo e semplice "progressismo": tra alcuni collaboratori per i quali il dato negativo consiste nell'oppressione e nello sfruttamento [...] e altri per i quali il dato negativo consiste soltanto nel-l'"arretratezza", nel "provincialismo"» (AGB).

[2] Nella sua lettera Timpanaro aveva osservato: «L'unico punto sul quale rimango perplesso è quell'inserimento del Manzoni "nello schieramento anticapitalista e antiborghese (...)

che va, come è noto, da posizioni reazionarie o conservatrici a posizioni di rovesciamento in senso socialista, diciamo da Bonald a Marx, passando per una gamma di posizioni intermedie". Già mi lascia un po' insoddisfatto la presentazione stessa di questo schieramento come un *continuum*, per cui da Bonald a Marx vi sarebbero infinite posizioni intermedie. Certo, punti di contatto tra anticapitalismo romantico e nostalgico e anticapitalismo rivolto verso il futuro ce ne sono tanti (rapporti Sismondi-Marx, socialismo utopista ecc. ecc.); eppure una frattura tra i due anticapitalismi c'è, ed è proprio il diverso giudizio storico sulla borghesia. Ma a parte ciò, io non so fino a che punto Manzoni si possa veramente considerare antiborghese. Non è forse terribilmente borghese, nella sua spietatezza addirittura anticristiana, quel capitolo sulla carestia, sugli effetti "salutevoli" del rincaro, sull'imbecillità del popolo che si ribella e saccheggia invece di chinar la fronte dinanzi alle Leggi dell'Economia? Ho l'impressione che tu compia, a proposito del Manzoni, un passaggio logico da "anti-rivoluzione francese" a "anti- borghese", che non mi sembra lecito. Il vero modo di essere borghesi, nell'età della Restaurazione, è proprio questo, di rinnegare la rivoluzione francese (il che vale come salvaguardia contro il rischio di "eccessi" giacobini che avrebbero finito col risolversi a favore del proletariato), ma intanto tener fermo il nuovo assetto creato dalla rivoluzione francese stessa. O non ho ben interpretato il tuo pensiero?» (*ibid.*).

[3] In un documento interno contemporaneo a questa lettera, Bollati presentava la collana in questi termini: «È uno sviluppo della Pbe che, accanto alla serie attuale costituita da saggi manuali monografie ecc., si arricchisce di una serie di testi storici politici filosofici economici ecc. Un contrassegno sulla copertina e sul dorso distingue la serie testi dalla serie attuale. La numerazione riparte da 1. Qui possono essere ospitate certe ristampe altrimenti di difficile collocazione, o singoli scritti ora facenti parte di raccolte antologiche piú ampie. Certe esigenze manifestatemi piú volte negli ultimi anni, come quella di avere un certo numero di piccoli classici dell'economia, o di classici del pensiero politico, possono essere facilmente soddisfatte nella nuova serie senza bisogno di moltiplicare le collane. La serie testi non fa concorrenza a nessun'altra collana: al contrario, attira su di sé tutto un settore di lavoro che per varie ragioni alle altre collane sarebbe d'impaccio» (AE, cart. 25, fasc. Giulio Bollati). Cfr. anche *infra*, Bollati a Basaglia, 9 aprile 1973, e Bollati a Caretti, 23 maggio 1973. Dei tre titoli menzionati da Bollati uscirono nella «Piccola Biblioteca Einaudi. Testi» *Scritti sulla questione della lingua* di Graziadio Isaia Ascoli (1975) e *I risultati dell'inchiesta agraria* di Stefano Jacini (1975). L'*Esame di coscienza di un letterato* di Renato Serra fu invece pubblicato assieme ad altri *Scritti letterari, morali e politici* nella «Nuova Universale Einaudi» (1974).

Parere di lettura su *Umana avventura* di Alberto Bevilacqua

Alberto Bevilacqua è uno dei numerosi industriali alimentari della provincia di Parma, produttori di storie commestibili basate sulla terza Parma, quella barricadiera e anarchica dell'oltretorrente, popolata di puttane dal cuore grande e di Arditi del popolo (le altre due Parme sono, com'è noto, quella stendhaliana e maria-luigina e quella verdiana, ossia il Paese del melodramma).

Bevilacqua ha propagandato bene il suo prodotto, irritando assai la società letteraria che trova i metodi di Carosello poco chic, ma è riuscito a fare ottimi affari.

Naturalmente acquisirlo come scrittore della casa significa, come si dice oggi, «fare una scelta di fondo», ed è una scelta pericolosa, che permetterebbe a qualsiasi intellettuale di provincia di guardare finalmente con marcato stupore l'editore Einaudi, finora cosí fastidiosamente snob. All'attivo ci sarebbero solo le cifre del fatturato, e la rabbia dei rizzoliani, se vogliamo immaginarli come una sbracata banda western grande consumatrice di polli e di vino nel villaggio in cui tengono sequestrato il nostro Doc Cassola.

Senonché, anche per quanto riguarda il fatturato c'è qualcosa da dire. Quest'ultimo libro di Bevilacqua non esce dalla stessa fabbrica Barilla degli altri: è infatti un libro con ambizioni di scrittura. Qui l'autore fa della «letteratura», lavora la «pagina», ed è un po' come se scrivesse in una lingua straniera – mentre continua a pensare in quel basic da giovanotto sano e semplice, per il quale la letteratura resta una specie di vestito buono, da indossare talvolta sulla quotidiana canottiera.

Marzo 1973

Ds; AE, cart. 25, fasc. Giulio Bollati.

A Franco Basaglia, Venezia

Torino, 9 aprile 1973

Caro Franco,

grazie per l'indirizzo di Dedijer[1].

Ti scrivo per spiegarti meglio come vedrei il Lombroso, che farei piuttosto presto.

La collana si chiamerà Pbe testi. La «Piccola Biblioteca Einaudi» esiste già, ma accoglie soltanto manuali e monografie: ora se ne inaugura appunto una nuova serie dedicata a «testi» o classici o comunque rappresentativi, tali da servire a un discorso attuale.

Il pubblico a cui si indirizza questa serie è costituito innanzitutto da studenti di scuola media superiore e universitari. Come sai il vecchio libro di testo (manuale) è in disuso, e oggi a scuola si lavora su materiali di prima mano, costruendoci attorno ricerche o seminari.

Perché farei qui il Lombroso? Perché è la fonte di tutta una serie di pregiudizi, tuttora correnti a livello di senso comune, circa i malati di mente, i delinquenti, i meridionali, le prostitute ecc. Indicare l'origine di questi pregiudizi in uno dei maestri fondatori della scienza antropologica moderna è il modo piú diretto per fare «storia» della psichiatria, dell'antropologia criminale, della psicologia sociale ecc. Qui poi abbiamo il vantaggio delle tavole illustrate: siamo quasi al fumetto, a te cosí caro, attraverso cui il messaggio arriva piú rapidamente al lettore.

Come presentarlo. Direi che bisognerebbe dare una breve informazione introduttiva, seguita da una breve guida interpretativa: in tutto non piú di quindici cartelle. Insomma, come se ci fosse una lezione introduttiva per un lettore supposto all'oscuro della materia, seguita poi dal «documento».

Credo che questa edizioncina potrebbe avere un'efficacia *enorme* [...][2].

Dobbiamo preoccuparci di fare un po' di pedagogia. Se no gli uffici politici potranno sempre attingere nel serbatoio di ignoranza delle nuove generazioni.

Cerca di appassionarti alla cosa.

Ciao, un saluto affettuoso

[Giulio Bollati]

Copia ds siglata; AE, cart. 14, fasc. Franco Basaglia.

[1] Lo storico Vladimir Dedijer. Contribuí con il testo *Appunti sulla storiografia come strumento d'identificazione con l'aggressore* al volume, allora in preparazione, *Crimini di pace. Ricerche sugli intellettuali e sui tecnici come addetti all'oppressione*, a cura di Franco Basaglia e Franca Ongaro, «Nuovo Politecnico», 1975.

[2] Omessa una frase.

A Lanfranco Caretti, Firenze

Torino, 23 maggio 1973

Carissimo,

vedo che il mio viaggio a Firenze si sposta sempre piú in là. Meglio non aspettare oltre a scriverti due righe.

Ti ringrazio di aver accettato di curare il *Fermo e Lucia* per la Pbe deuxième section (altrimenti chiamata Pbe testi). Bada bene: non c'è alcuna interferenza o interconnessione di nessun tipo tra la mia richiesta e la piega che ha preso la vicenda dell'antologia di teatro. Speravo che tu curassi l'edizioncina manzoniana e te l'ho detto appena mi è capitato di dirtelo, trascurando felicemente il contesto[1].

In una telefonata di pochi minuti non solo hai capito destinazione e caratteristiche della Pbe testi, ma me le hai descritte assai meglio di come ero riuscito a fare io con i miei colleghi in alcune settimane di pazienti spiegazioni. E allora, mi sono detto, perché non chiedere a Caretti se non ritiene che si possa realizzare in questa sede anche la sua proposta di edizione multipla dell'*Ortis*, ad uso dei baccellieri e dei chierici? Avremo modo di tornare sull'argomento, che intanto vorrei proporre anche a Giulio Einaudi e compagni; e lo faremo magari guardando insieme, a Firenze, la lista dei titoli in preparazione, che se escludi il *Fermo e Lucia* e questa vaga idea dell'*Ortis* sembra essere un po' esitante nei confronti della letteratura patria (per battere piuttosto le plaghe della «cultura», larghissimamente intesa: dal Lombroso dell'*Uomo delinquente* al Renato Serra dell'*Esame di coscienza*, dalle conclusioni dell'*Inchiesta Jacini* ai *Manifesti del surrealismo*). Di letterario e italiano si era accennato anche alle *Lettere* del Bonghi (che ora vedo però pubblicato da Marzorati) ed anche questa indicazione ti fa capire che finora pendiamo verso la cultura letteraria piuttosto che la letteratura creativa. Ma a parte che nulla in editoria è irrevocabile, mi sembra che un vasto campo d'azione si apra anche nel settore piú limitato a cui accennavo e i cui confini del resto sono assai incerti.

Di me non so cosa dirti. Sto cercando di scrivere un pezzo su letterati, potere e mercato nell'Ottocento, centrando sul Pellico milanese. Ma è difficilissimo, una specie di rompicapo, di gioco di incastri fatto con le tessere piú eterogenee. Devo essere proprio matto per buttare cosí il mio poco tempo.

Spero di vederti presto. Un saluto affettuoso

[Giulio Bollati]

Copia ds siglata; AE, cart. 41, fasc. Lanfranco Caretti.

[1] Caretti aveva già curato per Einaudi un'edizione delle tre stesure dei *Promessi sposi* di Manzoni («I millenni. L'officina dei classici», 1971), nonché una dell'*Orlando furioso* di Ariosto (1966) e una della *Gerusalemme liberata* di Tasso (1971). Coinvolto nel progetto di un'antologia del teatro italiano del Rinascimento, aveva infine rifiutato di scriverne la prefazione poiché non sarebbe figurato come il curatore del volume.

A Ezio Raimondi, Bologna

Torino, 20 novembre 1973

Caro Raimondi,

ci vedremo a Bologna tra pochi giorni, almeno lo spero, ma arriverò con la squadra Einaudi e i miei movimenti saranno condizionati dalle esigenze del gioco e dai segnali della panchina. Le scrivo per evitare il rischio di dirLe a voce malamente e con aria fuggitiva che ho letto quasi tutto il Suo libro su Manzoni con un interesse profondo e, se me lo lascia dire, con ammirazione crescente.

Non è stata una lettura facile, anche se il Suo dettato è piano e limpido. La medietà cortese e conversativa del tono sembra promettere al lettore un viaggio senza sbalzi di quota, uno spettacolo senza colpi di scena. Invece di sorprese ce ne sono, e tante. Dopo un poco si è invischiati in un gioco di incastri, si è imprigionati in una ragnatela di rimandi, le rivelazioni (o dovrei dire le agnizioni) si susseguono con impassibile continuità, e si è perduti. Anche perché, di solito, non si capisce affatto come «andrà a finire»: il punto di partenza, lo svolgimento e l'arrivo hanno l'aria di disporsi in fila come per caso. Il lettore deve fare appello a tutta la sua attenzione. Anche perché certi punti di svolta non sono segnalati, certe scoperte – autentiche scoperte, poniamo la dichiarazione di una «fonte» fin qui insospettata – non sono sottolineate e rischiano di scorrere via blandamente.

Se dovessi definire, nel vivo della lettura, il Suo modo di far critica, direi che Lei è maestro in «critica delle radici». Si sa che ogni pianta o arbusto nasconde nel sottosuolo un palco rovesciato, grande come il palco visibile o talvolta maggiore. È questo intrico sotterraneo che La attira: il gioco delle ramificazioni, l'intrico strutturale, la fisiologia degli scambi biochimici, il «prima» che, tuttavia, è simultaneo all'esserci delle foglie e dei rami secondo quel particolare disegno, con quella irripetibile affermazione di vita.

Un tal modo di critica, applicato a Manzoni, produce curiosi effetti di consonanza oltre che frutti particolarmente copiosi. Il pericolo (quasi sempre evitato) lo indicherei in un eccesso di sottile raziocinio, confinante con la capziosità di cui era talvolta ostinatamente capace il nostro autore; e, forse, ma anche qui solo in qualche caso, nel restar preso all'interno del proprio gioco, perduto l'«orizzonte» del volo. I vantaggi però compensano largamente, e ne è prova la ricchezza costante e davvero fuori del comune dei Suoi saggi. Alcuni di essi, in altre mani, avrebbero dato luogo ad altrettanti libri.

Non voglio ora, né saprei cosí per lettera, entrare nel merito delle Sue tesi. Le dirò soltanto che non ce n'è una che non mi abbia poco o tanto «intrigato»: e con alcune Sue idee so che d'ora in poi dovrò assolutamente fare i conti. E questo vale sicuramente anche per i manzonisti piú qualificati di me[1].

Forse tra qualche giorno sarò in grado di darle qualche notizia pratica circa l'edizione. In attesa di vederLa, La saluto intanto con viva cordialità

(Giulio Bollati)

Copia ds; AE, cart. 170, fasc. Ezio Raimondi.

[1] Il 5 dicembre 1973 Bollati aggiungeva: «Ho finito dunque di leggere tutti i saggi, e con particolare attenzione l'*Antitesi romanzesca*, che mi sembra un'ardua e riuscita verifica della certissima ipotesi che scrittura (prosa, narrazione e strutture inerenti) e visione del mondo convertuntur. Questa ricerca nella critica contemporanea mi sembra essere un po' quella del passaggio a Nord-Ovest: molti affermano che c'è, ma pochi lo trovano. Invio un saluto al fortunato navigatore» (AE, cart. 170, fasc. Ezio Raimondi). Il volume fu pubblicato con il titolo *Il romanzo senza idillio. Saggio sui «Promessi sposi»* nel 1974 («Einaudi Paperbacks»)

A Elsa Morante, Roma

Torino, 25 febbraio 1974

Cara Elsa,

se i critici sapessero come restano distanti dalla verità che pretendono di spiegare agli altri, avremmo pochi critici o nessuno, e a me non dispiacerebbe. Dunque sei avvisata: io non sono o non voglio essere un critico. Ti scrivo, una volta finito il tuo bellissimo libro, soltanto come un comune lettore[1]. Ti dirò per cominciare che l'armamentario di schemi, concetti, paragoni ecc. che mi ero preparato, l'ho buttato nella spazzatura appena mi sono accorto che la lettura mi portava via come un aquilone. Questo vuol dire che il tuo romanzo fa presa *anche* su persone particolarmente addestrate, per cultura e per professione, alla freddezza e al controllo. Detto in altro modo, questo significa che tu, scrivendo il tuo libro in modo volutamente semplice e tradizionale, sei però riuscita a far sí che si sollevasse in volo piú nuovo e piú vero dei tanti esperimenti che vanno di moda. Guarda che pochi, forse oggi nessuno saprebbe vincere una sfida cosí difficile. Io penso (un giorno cercherò di scriverlo) che nessun libro è scritto dall'autore direttamente, ma piuttosto da una piú o meno visibile persona interposta, cioè da una sorta di autore numero due che l'autore vero si crea o al quale delega tutti i suoi sentimenti e pensieri. Quasi sempre questo delegato è un personaggio ideale e idealizzato, molto esigente nel far sentire la propria presenza. E questo, mi pare, è uno dei segreti piú importanti di gran parte della letteratura contemporanea, e a volte, anzi spesso, la sua palla al piede. Ora in questo tuo libro tu hai avuto l'umiltà – e ti ha assistito non so quale grandezza – di rinunciare a mettere fra te e il tuo racconto quell'altro «io», e di essere tu a parlare, non il tuo sostituto; anzi, hai ridotto anche la tua parte a poco, cercando di nasconderti il piú possibile (come con altre parole mi hai detto tu stessa). Prova ne è che il tuo discorso personale, non avendolo mai messo avanti, hai dovuto a un certo punto affidarlo a una scena apposita, ben circoscritta e delimitata: parlo del monologo dostoevskiano di Davide, che a me pare, anche se diverso e inserito, assolutamente giusto per sé, e pienamente accettabile nel disegno generale.

Le cose che vengo dicendo si potrebbero riassumere parlando dell'assenza in te di mediazioni intellettuali e di una tua dedizione completa alla materia della narrazione. Non si deve però spingere questi discorsi fino a credere che tu abbia operato l'impossibile miracolo romantico di abolire la mediazione dello stile (o del linguaggio, o di quello che oggi non so piú come si chiama). Tutto quello che sto dicendo è causato in me proprio dal tuo linguaggio: che è uno straordinario tessuto vocale, sonoro e cromatico, dotato della virtú di non descrivere, di non interpretare, ma di mimare le cose assecondandole nel loro continuo dondolarsi ora verso la precisione-realtà, ora verso la fiaba-magia. Ho detto mimare (e tu hai usato tante volte la parola «semplicità»): questo mi fa venire in mente un altro poeta, restato grandissimo malgrado l'abuso fattone dai cine-clubs e dagli intellettuali, voglio dire Chaplin, che ti assomiglia perfino nell'invenzione della triade bambino-adulto-animale (per esempio nel *Monello*; e anche lui ha sentito la forza e l'allegria vitale delle creature minime).

Ma adesso che ho fatto un riferimento culturale lascia che ti dica a modo mio, con altri riferimenti, perché sento il tuo libro non solo bello, ma importante. Ti avevo parlato di Manzoni, e tu giustamente ti eri allarmata. Ma lasciami dire. Gli scrittori veri inventano i loro temi, certo, ma li inventano nella misura in cui ne sentono la necessità nella realtà che li circonda. Manzoni ha inventato il problema dell'Italia moderna e non solo dell'Italia: quale sia il rapporto tra gli umili, che subiscono la Storia e i potenti che la gestiscono, quasi sempre ai danni dei primi. Ed ha inventato (trovato) l'altro problema, che fa tutt'uno col primo: quale sia il rapporto tra gli umili e la Storia.

Come egli abbia risolto – filosoficamente e letterariamente – questi problemi ora non ci interessa. Ma sarebbe ingiusto e capriccioso negare la grandezza della sua intuizione-base, il suo senso tragicamente desolato della sconfitta dei deboli fatalmente inerente alla Storia, luogo e fonte di tutti i mali. Naturalmente non lo seguiremo piú quando ci proporrà di cercare la consolazione dal frate o dal cardinale.

Ma che cos'è la Storia fuori dalle generalità un po' retoriche dei maestri di Manzoni, Bossuet cattolico o Voltaire scettico anticlericale? La Storia è, banalmente, quella tal cosa che varia secondo le circostanze che da lei appunto prendono il nome di storiche. Ora mentre Manzoni generalizzava un po' troppo, c'era un altro che puntualizzava assai meglio di quale Storia si dovesse – allora e oggi – essere diffidenti: Leopardi, che aveva intuito tutti i mali e tutte le catastrofi del progresso, di un certo modo di intendere il progresso, che era ed è il modo borghese ben noto. Bisogna dire che Manzoni e Leopardi, ciascuno a modo suo, e traendone conclusioni e risultati poetici molto distanti, hanno individuato il tema di tutti i temi: il posto dell'uomo inerme nell'uragano della Storia contemporanea. Questo tema è stato troppo spesso dimenticato dagli scrittori venuti dopo, o preso di scorcio, o deformato in altri. Chi lo riprende in modo «classico» è Elsa Morante.

La quale, se troverà in Manzoni (soprattutto in certi passaggi del *Discorso sulla Storia Longobardica*) enunciati molto vicini ai suoi, è però poeticamente piú vicina a Leopardi. Infatti, come in lui, il dolore storico per lei si intreccia inestricabilmente col dolore che è soltanto dolore, rifiuto di vane spiegazioni, sofferenza, rivolta. («Pecché, pecché, pecché, pecché?») E questa parentela, sul filo della storia reale del nostro paese, mi colpisce molto: spero che se ne accorgeranno.

In un quadro piú ampio, ma senza perdere di vista questi riferimenti, trovo naturale che il rifiuto del Male sotto specie di cataclisma burocratico-militare-industriale, il rifiuto del cattivo Sviluppo (la nuova divinità che ha sostituito il piú casalingo benché orrido Progresso), assuma la forma di una contrapposizione tra il Sud, il Sud italiano ma simbolicamente tutto il mondo oppresso e minacciato, e il Nord. Non è certo un caso che il Nord nel libro figuri soltanto come patria di origine, poi abbandonata, dell'unico personaggio intellettuale, il quale è anche l'unico che abbia cognizione del mondo aberrante della fabbrica. Tutti gli altri sono piccoli borghesi, artigiani, sottoproletari, e ancora scendendo (o salendo?) due cani, uno dei quali indimenticabile, e una gatta, che anche lei resterà.

Rotto il ghiaccio avrei da dire ancora molte cose, correggere, precisare. Spero che parleremo ancora a lungo del tuo libro. Per oggi lasciamoci qui, salutandoci col gesto di Useppe. Di lui non ho parlato. Ma al di là di ogni altro discorso, il piccolo protagonista è un gigante mondiale, universale, immortale. È un grandissimo piccolo «Idiota», con la data di oggi e la verità di ogni tempo. È il caso che ti dica che ti trovo *brava*?

Ti abbraccio affettuosamente

tuo Giulio (B.)

Lettera ds con correzioni ms su carta intestata «Giulio Einaudi editore»; AEM, fasc. Giulio Bollati. Pubblicata con lievi differenze in *L'amata. Lettere di e a Elsa Morante*, a cura di Daniele Morante, con la collaborazione di Giuliana Zagra, Einaudi, Torino 2012, pp. 517-19.

[1] *La Storia*, «Gli struzzi», 1974.

A Oreste Del Buono, Milano

Torino, 3 maggio 1974

Caro Del Buono,

ti ho telefonato molte volte senza mai trovarti. Oggi piove, i nostri telefoni non funzionano, io sono ridotto alla disperazione dal mal di denti e mi decido a scriverti perché non passino altri giorni senza che tu abbia un cenno da noi.

Scriverti vuol dire avventurarsi a fare della critica letteraria: dici niente. Preferisco dire le mie «impressioni», come nei vecchi cari temi in classe. Per cominciare ti dirò che il tuo romanzo ha guadagnato secondo me moltissimo dal raddoppio. Prima era un romanzo breve di alta qualità; adesso che sono due, si trasformano in una trovata di genio. Quei due «capitoli» non esattamente combacianti, suggeriscono l'idea di una possibile serie (*due* è già una serie) basata su un antieroe che è esattamente il contrario – appunto – dell'eroe convenzionale (quello che interpreta indifferentemente gialli d'azione o sofferti romanzi intimisti, non importa). Quale sia il meccanismo per cui passando dall'*uno* alla *serie* si verifica una trasformazione essenziale, adesso non saprei dirlo; ma constato che il tuo secondo racconto (cioè, di fatto, il primo: *La fine del romanzo*) adesso è piú asciutto, piú intenso, di una misura perfetta. Forse con questo libro (non volermene se azzardo un giudizio impegnativo) i casi personali del protagonista si universalizzano non piú per la via della testimonianza esistenziale-generazionale, ma inaugurando una tipologia che ha le carte in regola perfino per lo strutturalista piú esigente (oggi semiologo). Leggendo queste mie ultime righe mi prende la nausea: ma vorrei, prima di cedere, segnarti codesta via di fuga (Montale, naturalmente, ma dove?)[1].

Insomma, tornando alle impressioni, mi pare che questa sia la tua cosa piú bella, e molto bella in assoluto. Complimenti di rito, e invito a dire tu qualcosa: è vero, per es., che vuoi uscire all'inizio del '75?[2].

Un saluto affettuoso

(Giulio Bollati)

Copia ds; AE, cart. 69, fasc. Oreste Del Buono.

[1] *Casa sul mare* (*Ossi di seppia*, 1925).

[2] *La fine del romanzo* fu stampato quello stesso anno, ma subito mandato al macero per decisione di Del Buono, che ne era insoddisfatto.

A Giovanni Macchia, Roma

Torino, 11 luglio 1974

Caro Professore,

«Me, me adsum qui feci, in me convertite ferrum»[1]. Vale a dire, quel pasticcio della copertina è tutto opera mia. Eccone in breve la storia.

Una sera, sulla base di calcoli imperscrutabili, si decide che il libro di Brandi «deve avere una sopracoperta»[2]. Si gira la richiesta al Bollati, che tanto non dice mai di no, e lo si prega di far presto, prestissimo.

Il Bollati va di sopra, nell'antro dove tiene i suoi libri d'arte, e dopo una breve riflessione si mette a sfogliare un libro a lui caro: *Anamorphoses* di Baltrusaitis. E ad una certa pagina ecco un'incisione che gli è sempre piaciuta e che potrebbe fare al caso. Una voce interiore lo avverte di qualcosa che egli non decifra subito. Del resto non ne ha il tempo. Nella notte (come nei romanzi) egli ha l'impressione di aver già visto quell'immagine (su un'altra copertina Einaudi?) Ma il giorno dopo un amico lo rassicura: sí, l'immagine si è già vista, ma all'interno di un volume, non in copertina. Quale volume? Non si sa. Iniziano blande ricerche. Il lavoro incalza, l'episodio è dimenticato.

Quando il Bollati viene avvertito, tempo dopo, di aver ripetuto la copertina Macchia, ha un soprassalto[3]. La sua memoria finalmente si sblocca, e gli fornisce un dato a sorpresa: ora egli ricorda la copertina Macchia, ma ricorda anche, con profondo disappunto, di aver già usato la stessa incisione nel 1965 sulla copertina di Pinget, *Qui o altrove*, ediz. Einaudi. Inconsciamente ha ripetuto se stesso, rimuovendo anche il ricordo del volume Macchia.

Insomma ha combinato un doppio pasticcio, da addebitare alla fretta, forse alla stanchezza, o a chissà quale imbroglio della memoria. Ne è mortificato e la prega di perdonarlo. Incidenti del genere non me ne erano successi mai.

In attesa di un Suo cenno che mi sollevi dal dispiacere di averLe fatto cosa ingrata, La prego di credermi cordialmente

suo Giulio Bollati

Lettera ds su carta intestata «Giulio Einaudi editore»; AGM, fasc. Giulio Bollati.

[1] Virgilio, *Eneide*, IX, v. 427.
[2] Cesare Brandi, *Teoria generale della critica*, «Saggi», 1974.
[3] *La caduta della luna*, Mondadori, Milano 1973.

A Marina Jarre, Torino

Torino, 20 settembre 1974

Cara Marina,

hai indovinato molti dei motivi che mi hanno reso difficile cercarti. Ho cominciato quasi subito a sentirmi in colpa. Ma mi è impossibile spiegartene il perché con parole che «squadrino da ogni lato | l'animo nostro informe»[1]. Potessi dirti che hai scritto un brutto libro sarebbe tutto facile. Il tuo libro invece non patisce di essere definito convenzionalmente bello o brutto. È un duro, orgoglioso libro, che scarta come un cavallo. È una ricerca di tenerezza, ma non si abbandona mai se non forse davanti agli occhi di un bambino. È una tentazione di avventura e di «romanzo», ma subito frustrata, o piuttosto negata – il romanzo è al di là di una cortina di confusione mistero e disordine, la vita resta al di qua, precisa, sobria, velata da un'ombra fredda di moralismo. Il libro – mi sembra – ha il suo tema in questa oscillazione *verso* una possibile diversità (forse felice) subito ricondotta con durezza (con dolore) alla norma del quotidiano (è quotidiano anche il costume nuovo dei giovani, la loro libertà senza drammi apparenti).

Ciò detto, non ho ancora detto niente. Potrei aggiungere qualcosa su quella figura femminile dolce, longilinea e selvatica, insomma da disegno un po' liberty, capace piú di ogni altra di fissarsi nella memoria. Il punto non è questo.

Il punto è che hai scritto un tuo libro «minore». Degnissimo, con dentro umori intensi e scontrose implicazioni personali. Pubblicabile, certissimamente. Ma io – che oltre essere un lettore di libri isolati – sono un po' anche un manager degli autori che seguo nel lavoro, mi preoccupo anche del disegno che questi libri tracciano mettendoli in fila. E adesso mi serviva (*per te*, per la *tua* figura letteraria) un libro maggiore, non uno minore.

Puoi mandare all'inferno il manager e le sue astute manovre tattiche. Ma se lo ascolti, metti questo libro in un cassetto e scrivine un altro, in attesa di due risultati importanti: un altro libro ancora e la stagionatura dell'attuale.

Se invece vuoi pubblicare ad ogni costo, magari da un altro editore, dimmelo: il discorso, qui, non è assolutamente chiuso. Spero tuttavia che non vorrai trascurare il consiglio di un tuo, non manager, ma fedele lettore e sostenitore[2].

Ciao, scusami per la vergognosa mancanza di puntualità

tuo Giulio Bollati

Lettera ds su carta intestata «Giulio Einaudi editore»; AMJ, fasc. Opere 1974.

[1] Eugenio Montale, *Non chiederci la parola che squadri da ogni lato...* (*Ossi di seppia*, 1925).
[2] Nonostante il consiglio di Bollati, il romanzo in questione, *Viaggio a Ninive*, fu pubblicato nei «Supercoralli» nel 1975.

A Leonardo Sciascia, Palermo

Torino, 7 ottobre 1974

Caro Sciascia,

ho letto il tuo nuovo racconto, e non è stato certo un lavoro, ma un intervallo dedicato al piacere inarrivabile che solo sa dare la buona letteratura non divorziata dall'intelligenza[1]. Queste espressioni dall'aria un po' ottocentesca mi sono uscite spontanee dalla penna, e tutto considerato le confermo, perché ottocentesca, d'un Ottocento piú raccolto e intenso, è l'aura tipica d'un certo comportamento narrativo: dell'autore verso la propria materia, verso il lettore, verso la (famosa) società. Va da sé che l'analogia scopre immediatamente il suo anacronismo appena si entra nel vivo del tuo racconto, dove la riflessione moralistica di valore universale è strettamente intrecciata all'attualità piú attuale.

Il libro vive di questa totale aderenza che si rovescia continuamente in una romanzesca e filosofica distanza – anche in modo ambiguo, allusivo, con un effetto di sospensione che fa del «giallo» non solo una trovata letteraria, ma una necessità espressiva inerente alla materia del racconto.

Altrettanto dicasi dei modi teologico-controversistici che magistralmente traduci in forme colloquiali e conviviali, e confinanti da un lato con le terre equivoche della demonologia, dall'altro, nella faccia esposta verso il mondo, col rovesciamento dei valori o con l'ipocrisia pura e semplice. Giallo e teologia si combinano – cosí – a meraviglia, e insieme formano il motore di una specialissima logica propria di un mondo che non patisce la chiarezza razionale se non nella forma drastica degli ammazzamenti. Vorrei ancora notare che nel linguaggio del prete – che trasporta frammenti di classica eloquenza ecclesiastica – si condensa il colore e la stratificazione della «storia», altra dimensione tipicamente tua. Ragion per cui, direi che sei riuscito questa volta a fondere in un unico stampo tutte le risorse del tuo arsenale: compresa un'ironia da persona che, nella sua *saggezza*, è ormai serenamente capace di (teoriche) esecuzioni capitali. Insomma un tour de force condotto con una naturalezza che fa del libro un piccolo capolavoro. Complimenti.

Tanto per fare anche qualche osservazione critica: in un libro il cui tessuto è già naturalmente «dotto» e denso di riferimenti, eviterei i riferimenti espliciti a nomi e a opere, almeno nei casi in cui non sono indispensabili. Adesso non ho sott'occhio il dattiloscritto, ma ricordo di aver notato il nome di qualche poeta (o pittore?) che si potrebbe togliere. Una minuzia, di cui potrai dimenticarti subito.

Un cordialissimo saluto

dal tuo Giulio Bollati

Lettera ds su carta intestata «Giulio Einaudi editore»; ALS, fasc. Giulio Bollati.

[1] *Todo Modo*. Uscí nei «Coralli» alla fine di quell'anno.

Parere di lettura su *Moi, Pierre Rivière, ayant égorgé ma mère, ma soeur et mon frère*, a cura di Michel Foucault

Scheda breve e sommaria, data l'urgenza. Questo libro in realtà ne contiene due (da tener presente per la valutazione editoriale). Il libro A è un dossier di interrogatori, verbali, «perizie» (o quel che c'era allora, nel 1835), atti giudiziari, relativi a un triplice omicidio compiuto da un ventenne sulla madre incinta, un fratello settenne e una sorella diciottenne. Ambientazione in un villaggio miserabile della Francia del Nord, tra contadini e artigiani ai limiti della fame.

Il libro B, piú breve, consiste in una serie di interventi «tecnici» di oggi (che da varie angolazioni, naturalmente in chiave «istituzioni negate», commentano e traggono la morale).

Il primo libro si legge come quei documentari tipo *A sangue freddo* di Truman Capote che hanno una presa notevolissima su un pubblico mediamente popolare, comunque potenzialmente largo. Il secondo, naturalmente, rimanda all'editoria di contestazione, di cui costituisce un degno e attraente esemplare (si può però affermare con compiacimento che quanto alle idee conduttrici noi italiani, cioè in fondo noi casa editrice, non siamo secondi, anzi, forse siamo un po' piú avanti dei francesi).

Dunque, il mio parere è senza esitazioni favorevole. La collocazione dipende: se si dà maggior peso a B, è un Np; se ad A, come io propenderei per ragioni sia commerciali che pedagogiche («come si deve leggere un caso di cronaca nera») allora non c'è dubbio che è un ottimo «Struzzo»[1].

Ds databile al 1975; AE, cart. 25, fasc. Giulio Bollati.

[1] *Io, Pierre Rivière, avendo sgozzato mia madre, mia sorella e mio fratello... Un caso di parricidio nel* XIX *secolo* uscí nel «Nuovo Politecnico» nel 1976 (ed. or. Gallimard, Paris 1973).

A Nuto Revelli, Cuneo

Torino, 18 settembre 1975

Caro Revelli,

sta per uscire una nuova serie chiusa (cinquanta titoli in tutto) che è nello stesso tempo un disegno della storia del mondo (dagli Assiri alla fantascienza) e una linea di letteratura universale (dai classici antichi agli scrittori contemporanei)[1]. Il tentativo è di far coincidere letteratura e conoscenza del mondo storico. La dominante è la narrativa, ma non soltanto quella dei «romanzieri» laureati: ci sono accanto a Tolstoj e a Stevenson anche Gibbon, Erodoto, Voltaire, Saint-Simon, Edgar Snow ecc. La letteratura non dev'essere un'ancella della storia; né questa di quella. Voglio soltanto che i lettori che io immagino ragazzi, ma possono anche essere adulti, si accostino alla lettura per *almeno* due porte di ingresso. Una volta entrati, spero che la grazia del leggere li abbia toccati.

Tra i cinquanta autori avrei messo anche te come curatore di una raccolta di *Racconti di alpini* nella campagna di Russia[2]. Vorrei il tuo consenso perché sto per presentare la serie. Quanto alla data di uscita ci si può accordare: l'ultimo gruppo di dieci titoli uscirà alla fine del '77; il primo tra poche settimane (tra un gruppo di dieci titoli e l'altro c'è dunque un intervallo semestrale).

Ti sarò molto grato se mi risponderai al piú presto, dandomi la tua adesione. La segreteria si metterà subito in moto per concordare le condizioni contrattuali.

Un saluto molto cordiale

(Giulio Einaudi)

Copia ds siglata da Bollati; AE, cart. 171, fasc. Nuto Revelli. A dispetto della firma di Einaudi, l'estensore della lettera fu Bollati, come indicato dalla sigla in testa. Una lettera identica venne inviata lo stesso giorno a Pier Paolo Pasolini in merito a *Ragazzi di vita* (sostituito infine da *Una vita violenta*), e a Leonardo Sciascia in merito a *A ciascuno il suo*.

[1] «Einaudi Biblioteca Giovani» (1975-1977). La collana fu ideata e diretta da Bollati.
[2] *La strada del davai*, 1977 (prima ed. 1966).

A Federico Zeri, Mentana

Torino, 22 settembre 1976

Caro Zeri,

ti confermo quello che ti ho già detto al telefono: il tuo intervento è eccezionalmente suggestivo, scorciato com'è da un'angolatura particolarissima su tutta la pittura italiana. Una «storia» che per essere centrata su un tema obbligato, non è per questo meno completa. Ho capito meglio certi «grandi» leggendoli secondo il tuo taglio che non nelle trattazioni apposite. E non parlo di certi minori, scoperti (almeno da me) per la prima volta; di mutamenti a volte radicali di prospettive correnti; di una abilissima miscelatura di italiani e di stranieri, tanto naturale da nascondere l'arte consumata e le peregrine e rare conoscenze che vi stanno dietro. Credo che dovrai farne un vero e proprio libro. Ma già cosí il tuo saggio farà parlare di sé[1].

Troverai allegato un elenco di tuoi passi che *richiedono*, per la stessa accentuazione o sottolineatura che contengono, la dimostrazione visiva. Un'aggiunta di fotografie, in altre parole: e alcune tu le avevi già previste. Non temere di incorrere in «banalità», in cose «troppo note»: nel contesto del tuo discorso, anche certe immagini note acquistano un altro significato, e il lettore desidera rivederle subito. Del resto sono poche e non guastano il carattere un po' ricercato e di prima mano della tua scelta.

Vedi tu, comunque, fino a che punto puoi spingerti nelle concessioni.

Grazie e un saluto affettuoso

(Giulio Bollati)

p. 6	«Però un'estrema ripresa... degli esempi di Masaccio sarà realizzata da Ridolfo del Ghirlandaio... Nelle due Storie di San Zanobi (Firenze Accademia) ecc.».
p. 6	«Ne resta un'eco nell'ammirevole Caccia notturna di Paolo Uccello...»
p. 13	«Protagonista esemplare di questa seconda facciata è Pietro Perugino, *il cui successo fu immenso...*» «I fatti salienti della vita di Pio II vi sono esposti con un timbro di variopinta, superficiale festosità» e quel che segue.

p. 14	«nella scena dall'Incontro del Marchese Ludovico al figlio cardinale Francesco il paesaggio (diventa) il sogno di un archeologo».
p. 19	«la grande tela carpaccesca è il piú antico ritratto di città moderna».
p. 29	«l'immagine di un'Italia irreale, di aspetto prevalentemente archeologico» (e seguito)... (Ci starebbe bene un esempio, se ne sente il bisogno. O almeno si vorrebbe capire, grazie a un'immagine, l'«ottica paesistica *inventata* da Tiziano»).
p. 44	(esempio di ignoranza sovrana dei tuoi lettori: nessuno qui sapeva a che cosa alludevi citando i *Filosofi* del Ribera) (la colpa, sia chiaro, è dei lettori).
p. 45	«genere *superbamente espresso* dal Rosa nella *Fortuna*».
p. 46	«Le fantasie del Codazzi tardo... sono *esemplari* per lucidità ottica e per evidenza figurativa; esse contribuiscono alla definizione di *uno dei grandi capitoli*» ecc.
p. 68	Böcklin sembra indispensabile.
parte finale	Si desidererebbe inoltre, sommessamente, un Sironi del tipo descritto, un Rosai, una Piazza d'Italia... Ma per queste ultime richieste la tua discrezionalità, piú ancora che per le precedenti, è sovrana.

Copia ds; AE, cart. 226, fasc. Federico Zeri.

[1] *La percezione visiva dell'Italia e degli italiani nella storia della pittura*, in *Storia d'Italia*, VI: *Atlante* cit., pp. 51-213.

A Carlo Bertelli, Roma

Torino, 1° febbraio 1977

Caro Bertelli,

non so se a quest'ora hai ricevuto e letto o almeno sfogliato l'*Atlante*, ultimo volume della *Storia d'Italia*. Se cosí fosse, non ti sarà sfuggito che, mentre la prefazione insiste non poco sulla storia della percezione visiva, il volume difetta almeno su due fronti. Lasciamo il cinema, che pure meriterebbe un discorso. Ma la fotografia! Quale triste e lamentabile lacuna!

Ti dirò in confidenza che il capitolo apposito era stato progettato e affidato. Malissimo affidato, tanto che si dové rinunciarvi. Allora a qualcuno era sembrato eccessivo «disturbare» te, già bersagliato da altri impegni. Ma a cose viste, si è capito che quel capitolo non era dei minori, ma dei maggiori, e che l'autore andava cercato ai livelli alti.

Hai già capito che sto chiedendoti di farlo tu ora: cento immagini e quaranta-cinquanta cartelle di testo (salvo variazioni in piú a tua discrezione).

Potremmo, inizialmente, distribuire il fascicolo come supplemento. In un secondo tempo, abbastanza ravvicinato, farlo rientrare in una ristampa del volume[1].

Alla proposta, che Giulio Einaudi sottoscrive di persona, ci associamo noi tutti. Penso che per te potrebbe essere un lavoro non gravoso e ricco di «invenzioni» e «divertimenti».

In attesa, con cordiale amicizia

(Giulio Bollati)

Copia ds; AE, cart. 20, fasc. Carlo Bertelli.

[1] Il progetto di un supplemento si sarebbe trasformato in quello di un volume in due tomi: *Storia d'Italia. Annali 2. L'immagine fotografica 1845-1945*, a cura di Carlo Bertelli e Giulio Bollati, Einaudi, Torino 1979 (al riguardo cfr. *infra*, Bollati a Einaudi, 22 gennaio 1979). Già responsabile del Gabinetto fotografico nazionale, Bertelli dirigeva l'Istituto nazionale per la grafica.

A Elsa Morante, Roma

Torino, 25 febbraio 1977

Cara Elsa,

sono venuto a Roma per un giorno spinto da un problema familiare che ho schiacciato a sandwich tra due incontri di lavoro. Non ti ho cercata neppure per una breve telefonata. Sono scomparso dal tuo orizzonte da piú di un secolo e non mi è facile rientrarci. Non ti scrivo però per chiederti scusa (anche se dovrei farlo), ma perché vorrei tanto raccontarti un po' di me e sentire di te.

Nell'immobilità egizia di Torino succedono tante cose. Ho compiuto un gesto di libertà andando ad abitare in una vecchia villa abbandonata della collina, ma mi accorgo che quando ci si mette in marcia verso la libertà, non ci si può fermare poi alla prima osteria. Dunque camminiamo pure verso altre mete: ma quali? Sto rimettendo in discussione tutto, proprio tutto. Ma intanto come diventa sempre piú rara l'amicizia, come sono pochi quelli coi quali si può parlare. Ho tante cose da fare, tante da cominciare. Ho l'impressione di aver perduto troppo tempo fidandomi di gruppi, di «idealità comuni», di «compiti collettivi», che adesso mi si rivelano un po' una beffa. Colpa mia certo; ma provo anche un po' di delusione per persone in cui ho creduto, per altre alle quali ho dato molto. Vedi quante malinconie: come si fa a presentarsi a un'amica in queste condizioni?

Ti voglio bene e ti abbraccio

Giulio

Lettera ms su carta intestata «Giulio Einaudi editore»; AEM, fasc. Giulio Bollati.

Parere di lettura su *Il pianeta irritabile* di Paolo Volponi

Quattro esseri viventi, tra il grottesco e il repulsivo (una scimmia feroce e terrorista, un'oca, un elefante, un nano, reso ancor piú deforme da una piagatura del viso), si aggirano sulla terra riportata a una febbrile indeterminatezza geologica dalle atomiche che hanno cancellato la nostra presente era.

Siamo «dopo la catastrofe». Di fatto, però, non viviamo nell'alba di un mondo nuovo, ma assistiamo alla fine, alla distruzione ultima, che si consuma nel girovagare dei quattro esseri non si sa bene dove, in vortici di materia confusa, sotto la spinta di motivi ignoti, avendo anche il termine «salvezza» perso ogni significato.

Volponi ha scritto una Apocalisse (i cui Cavalieri, curiosamente, sono anche qui in numero di quattro). In questo «dies irae» si decompongono l'umanità, la natura e ogni relativa sostanza e accidente, forza, suono, colore: vengono meno spazio e tempo, manca la prospettiva come nell'arte dei primitivi. Il linguaggio, oscillando tra simulata calma descrittiva e sfrenata licenza, realizza un solforico miscuglio verbale-visivo-sensoriale ai limiti del delirio schizofrenico. Scoppi d'ira, fantasie di massacro, incubi della materia infetta, ottuse iterazioni labirintiche della mente, invettive di sconvolgente violenza, sono i modi di una contrapposizione frontale tra il razionalismo (identificato nell'ordine capitalistico) che ha distrutto il mondo, e la residua protesta della vita sensitiva e impulsiva ormai schiacciata.

C'è una frase che forse è la chiave di tutto: «Abbiamo deciso da tempo di smettere di ragionare sulla nostra sensibilità agli stimoli, per evitare alla stessa sensibilità di distinguersi da noi e di culminare in vita interiore. *Seguitiamo a non distinguere, a non catalogare*, proprio per non dividere e per non confondere la vita» (ms. p. 179). La posizione è perdente e da qui ha inizio l'infinito scoppio di furore e dolore che percorre il libro.

Nessuna parentela con la fantascienza, se questa è calcolo delle probabilità e sperimentazione sentimentale e intellettuale. Nessuna apertura utopistica. Dall'annientamento si salva forse soltanto un montaliano «filo di pietà», individuabile in una nostalgia, in una tenerezza rudimentale per l'amicizia, cioè il non essere del tutto soli.

La forza di questo libro è nella elementarità millenaristica della sua follia e disperazione – anche se assistita da alta sapienza letteraria e cultura figurativa. Il problema comincia quando si pensa che queste pagine saranno stampate su carta e non su foglie di acacia, e che il libro risultante sarà affidato a un mercato e non a una bottiglia gettata in un fiume.

15 dicembre 1977

La pubblicazione è ora prevista nei «Supercoralli», il che migliora notevolmente la situazione commerciale[1].

19 dicembre 1977

Ds con aggiunta ms; AE, cart. 25, fasc. Giulio Bollati. Nel titolo della scheda è indicato anche un titolo alternativo: *Il polso del pianeta*.

[1] Il romanzo di Volponi uscí nella nuova serie dei «Supercoralli» nel 1978.

A Luigi Pintor, Roma

Torino, 23 dicembre 1977

Caro Pintor,

a quest'ora la Serri ti avrà informato dei discorsi fatti qui, credo soddisfacenti dal punto di vista strettamente organizzativo-tipografico del volume. Siamo assolutamente d'accordo per montare il libro cosí come avete proposto. Qualche nota era forse sovrabbondante (la Serri ne ha convenuto). Abbiamo sistemato in appendice la prefazione a Nietzsche, che messa in nota risulterebbe miniaturizzata e nascosta.

Come collocazione penseremmo alla Nue: qualsiasi altra sistemazione sarebbe «riduttiva», e noi vogliamo invece dare al libro l'esatto risalto che gli compete.

Il titolo che proponi mi pare assai bello:

Doppio diario
1936-1943

(togliendo dunque la precisazione, qui superflua, che si tratta di diari e lettere).

Ho fatto dare un acconto alla Serri sulla base di un compenso che verrà considerevolmente aumentato. Mi pareva contenta.

Quanto a te come «prefatore» (per dire tutto in una sola parola): vorrei che tu fossi del tutto sicuro, come siamo noi, che questo libro è bello, importante e si ha il dovere di farlo. Giaime, alla distanza, continua a crescere di statura: forse perché non era né un «maestro» né un «profeta» ma una persona intelligente e seria dentro le cose. Ai giovani delle mie generazioni i suoi scritti, anche quelli apparentemente marginali, o solo letterari, hanno permesso una identificazione che invece le tonnellate di antifascismo e ideologismo specializzato venute dopo hanno solo complicato. Credo che ai giovani d'oggi dobbiamo ridare o dare la possibilità di incontrarsi con lui, aiutandoli a recidere le bretelle retoriche che li tengono sospesi eternamente a qualche metro del suolo.

C'è ancora qualcosa da dire circa le condizioni economiche della pubblicazione. Credo sia ovvio che, oltre a compensare la curatrice, bisognerà fare subito un contratto con gli eredi (cioè, penso, con te). La collana prevede una percentuale del 5% e un modico anticipo.

Posso farti mandare uno schema di contratto? È inutile che io ti dichiari che nella fattispecie è lungi da noi ogni intenzione di lucro: vorremmo pagare le spese e barcamenarci in un onesto pareggio, dedicando ogni cura alla diffusione del volume[1].

Non so se ho risposto a tutte le tue domande. Del resto, sono disponibile per ogni ulteriore consultazione; e presto dovrei venire a Roma e mi piacerebbe incontrarti.

Un saluto molto cordiale e tanti auguri

(Giulio Bollati)

Copia ds; AE, cart. 159, fasc. Luigi Pintor.

[1] Il *Doppio diario* di Giaime Pintor uscí, a cura di Mirella Serri, l'anno successivo. Il fratello Luigi si limitò a scrivere una pagina di presentazione.

A Roberto Cerati, Torino

Torino, 10 luglio 1978

Carissimo Roberto,

la tua lettera è tra i rari documenti che si conservano per la vita[1]. Grazie per avermi scritto e per avermi detto la tua affettuosa inquietudine d'amico. Hai toccato il punto piú sensibile: quell'unione di vita e di lavoro, quell'intrico strettissimo tra ciascuno di noi, l'insieme di noi e la casa editrice, su cui abbiamo giocato il nostro destino. Ma invitandomi all'unità hai girato il ferro nella piaga: perché la mia crisi e la tua e quella di molti altri di noi sta proprio nell'essere stati depredati dell'unità di quel significato e amore comune del lavoro che era il nostro bene, il nostro orgoglio e la ragione della nostra vita. Quell'unità ci è stata tolta da Giulio Einaudi, il quale, temo, non saprà mai piú ridarcela. Perché egli abbia voluto distruggere un patrimonio che era suo prima che di chiunque altro, è un mistero pesante che adesso non mi interessa indagare.

[...][2] Non chiedermi rassegnazione. Niente rassegnazione: lo dobbiamo a chi ci ha preceduto, a chi ha lavorato e lavora con noi, al nostro pubblico, alla cultura italiana che abbiamo umilmente ma entusiasticamente servito. Soltanto dopo, molto dopo, come accade negli eserciti in guerra, potremo occuparci con carità cristiana del generale in crisi. Non abbiamo nessun diritto di identificare G. E. con la casa editrice: il nostro dovere, anche nei suoi confronti, è quello di impedirgli di distruggere quello che ha il grande merito di aver reso possibile.

Non pensare dunque che io per amarezza mi metta da parte. È vero il contrario: io combatto, troppo spesso da solo, una dura battaglia per evitare di essere messo da parte e per impedire che tutti noi veniamo separati, resi estranei e quasi ostili l'uno all'altro.

Quel che posso dirti è che se le cose continuassero cosí, e se io ritenessi a un certo punto che una unità purchessia, anche deteriore, anche rassegnata e rinunciataria sarebbe meglio *per l'azienda* della disgregazione attuale, e se per ottenerla io dovessi sacrificare la mia capacità e le mie convinzioni, non esiterei un momento a trarre le conseguenze del caso: a costo di buttare al vento una vita di lavoro.

Amo la casa editrice e quanti l'hanno fatta, e te ai primi posti fra questi. Per questo amore potrei anche partire: morire mi sembra eccessivo. So che qualsiasi cosa accada d'ora innanzi, potrò contare sulla tua amicizia, come tu potrai contare sulla mia, sincera e affettuosissima, di sempre

tuo Giulio

Copia ds firmata; AGB.

[1] Il 1° luglio 1978 il direttore commerciale dell'Einaudi Cerati aveva scritto a Bollati: «Giulio mio caro, ieri sono partito inquieto. Lasciavo un amico pieno di amarezza, di dubbi, di interrogativi: personali ed aziendali. Io non credo che nella vita di alcuni, e tu sei tra questi, si potranno mai disgiungere. Noi apparteniamo alla generazione che "si identifica" non a quella che "dà una prestazione". E questo è un limite ed anche una forza. E questo, credo proprio o voglio crederlo, che E. stesso lo sappia e lo senta. Sono tempi duri, Giulio; per tutti. Credo anche per lui anche se ha molti versanti ed estri in cui cimentarsi, quasi a sfuggirne. Sono anche tempi in cui un gruppo deve mostrare la sua unità. La chiamata trascende ogni fatto personale; aleggiano sopra di noi gli spiriti di Pavese e di Elio, di Venturi e di Cantimori. Una qualche eredità ci spetta: ad ognuno la sua, là dove si trova. Io quando penso ad E. provo una inquietante tenerezza. Nella sua solitudine ha certo la forza di superare i deserti, ma credo abbia anche la malinconia degli spazi, il silenzio degli orizzonti, la pena dei reperti umani intravisti sul percorso. Nella mia povera vita sento queste cose, e se mai potessi me le prenderei tutte in spalla. Ora vorrei fare mie le tue. Vorrei solo dirti: non pensare alla ritirata, non pensare che mettendoti da parte faciliti qualche soluzione. Vieni, resta dove è giusto che siamo, e se mai il futuro deciderà per il diverso, allora diremo: ah si?! Come in una storia zen. Ti abbraccio con affetto. A lunedí ore 10.» (AGB).

[2] Omesse cinque frasi.

Parere di lettura su *Il paese del sole* di Sebastiano Vassalli

A differenza di Ponchiroli e di Elena De Angeli non ho letto le dichiarazioni programmatiche dell'autore. Mi limito quindi a registrare le mie impressioni di lettura del libro, tenendo conto naturalmente dei libri che Vassalli aveva già pubblicato.

Il salto è davvero da olimpiade. Un salto all'indietro cosí lungo che scavalca perfino Pratolini. Negli anni '50 libri come questo erano messi al bando senza tanti discorsi, bastava un timbro: naturalistico. Perché questa operazione rétro? Parodia, gioco letterario, astuzia suprema di avanguardista? Nemmeno per idea. Vassalli scrive questa storia perché ci crede, gli piace, e la scrive pulitamente, coscienziosamente, con una piena aderenza stilistica.

Il fatto curioso, per me, è che quel racconto di una città di provincia si lascia leggere fino alla fine. È pieno di personaggi e di storie, è appunto la vita di un'intera città, anche se il centro della narrazione è una fabbrica e i personaggi principali degli operai. Forse, come molti scrittori, Vassalli ha voluto pagare il suo debito alla pietas del proprio luogo (memorie, paesaggio, nomi di strade, facce di persone), e lo ha fatto mettendosi, per cosí dire, al gradino piú basso della propria ambizione di scrittore, per rappresentare come un artigiano, non come un artista. È forse presente anche la sua passione e serietà didattica.

Certe scene o sequenze non sono finite (nota Ponchiroli): verissimo, e questo è indizio che in Vassalli cova sempre lo scrittore aggiornato: perché il seguito di quelle scene è ovvio, e lui sa che il lettore può completarle da sé.

Pubblicarlo? Sarei temerario se dicessi senz'altro di sí, dopo i pareri sfavorevoli che hanno preceduto il mio. Ma raccomando di non guardare con troppa sufficienza questo libro, tanto piú alto della mezza letteratura che tiene il campo col solo espediente di pasticciare un po' la sintassi (che Vassalli conosce alla perfezione: non gli sia imputato a reato)[1].

Bollati

Ds databile al settembre 1978; AE, cart. 214, fasc. Sebastiano Vassalli.

[1] I pareri di Ponchiroli e De Angeli sono conservati in AE, cart. 214, fasc. Sebastiano Timpanaro. Il romanzo non fu pubblicato.

A Giulio Einaudi, Torino

Torino, 11 settembre 1978

Caro Einaudi,

troverai allegata la mia lettera di dimissioni, che ho spogliato di ogni clausola rituale e che richiede quindi qualche riga di spiegazione.

Innanzitutto, la mia decisione non è dettata da un impulso improvviso, non è la risposta a episodi particolari o a un bisogno dimostrativo o polemico. Ho riflettuto a lungo, ho dedicato a questa riflessione anche il periodo delle vacanze ed ogni volta sono arrivato alla identica conclusione. Se mai, mi sono reso conto con maggior chiarezza che certe sfasature «soggettive» non nuove ai nostri rapporti, ma diventate piú frequenti negli ultimi anni, hanno profonde radici «oggettive».

In una casa editrice che non è piú, e non può piú essere, soltanto l'espressione di un gruppo di intellettuali raccolti intorno a te, ma non è ancora un organismo strutturato razionalmente secondo le sue nuove dimensioni e i suoi piú grandi problemi, e tutto questo in un momento difficilissimo di transizione politico-economico-culturale che investe non solo l'azienda, ma il paese intero; in questa casa editrice che tu vuoi salvare dalla cristallizzazione burocratica, ma che ti obbliga con l'urgenza del suo peso di azienda ad accentuare il momento decisionale-autoritario, a rischio di scivolare sempre piú spesso in una sorta di incontrollabile centralismo anarchico; la mia posizione è diventata insostenibile. È una situazione «editoriale» nel vecchio senso, ma con forti limitazioni indotte dalle nuove pressioni aziendali; d'altra parte sul piano aziendale non ricupera alcuna efficacia, perché è supposta gravitare soprattutto sul versante «culturale»; finisce per oscillare tra realtà e irrealtà, e il confine tra quel che mi riguarda e quel che non mi riguarda – come direbbe Sartre – nottetempo viene continuamente spostato. La mia nomina a «direttore generale editoriale» arrivata qualche mese fa ha reso definitivamente chiara la contraddizione e assolutamente insostenibile, anche formalmente, il compromesso.

Il direttore editoriale, infatti, sei tu fin dalle origini, e qualsiasi tentativo di farmi posto modificando in parte la situazione, anche ispirato alla miglior buona volontà, ha portato soltanto a moltiplicare gli inconvenienti (ed ecco gli «attriti», i «dualismi» di cui ormai si parla apertamente, ecco le doppie verità o le mezze verità, l'eccesso insopportabile di lavorio psicologico, l'esasperante diplomazia dei rapporti riservati o condotti per interposta persona, che oltretutto distrugge i miei rapporti, appunto, con le persone interposte).

Ho vissuto l'accentuarsi progressivo di questi fenomeni come un processo ineluttabile di esclusione e una riduzione di fatto del mio spazio ideativo e operativo, sentendomi privato del piacere di lavorare, che è tanta parte del gusto di vivere. Sarà che ho troppo amato e amo la casa editrice, ma questa storia ha creato in me una tale insofferenza (e sofferenza, diciamolo pure) che non aveva piú senso continuarla, né in termini personali, né in termini professionali. Ecco perché mi sono dimesso.

La lettera relativa, a differenza delle tante lettere di dimissioni che si scrivono nelle aziende, non dice dunque una cosa per intenderne un'altra. Non c'è niente tra le righe e meno che mai la richiesta di una modifica della mia situazione interna, modifica in cui non riuscirei a credere e che non accetterei – pur senza mettere in dubbio le buone intenzioni e la buona fede di nessuno. La mia attenzione è già rivolta al dopo.

Vorrei evitare ogni forma di pubblicità. Devo d'altra parte continuare a lavorare. Di conseguenza, il profondo legame con la casa editrice e con una parte almeno degli amici che ci lavorano mi induce, prima di considerare altre proposte, a preferire quella che eventualmente mi venisse da Giulio Einaudi. Parlo evidentemente di una consulenza, sia pure a vasto spettro, sempre che tale collaborazione fosse gradita e che rispondesse anche alle mie esigenze. Credo che, tolto dalla macchina aziendale, potrei essere anche piú utile di quanto non lo sia ora, che spendo il meglio delle mie energie e comprometto la mia salute nel fronteggiare gli inconvenienti che ho cercato di descrivere (per tacere del fatto che tra pensionamenti precoci, insegnamenti e partenze a vario titolo anche la qualità e la quantità del mio lavoro è mutata).

La casa editrice, dopo avermi liquidato con tutta la larghezza possibile – larghezza su cui faccio grande assegnamento e di cui del resto ho visto le prove – potrebbe, se lo ritiene, riavermi tra i suoi collaboratori, con un ventaglio, come ho già detto, piuttosto ampio di prestazioni. E se qualche amico chiedesse il perché del mutamento, gli si potrebbe rispondere che dopo molti anni di impiego, desideravo adesso dedicare parte del mio tempo allo studio e ai viaggi, finalizzabili del resto anche questi a scopi editoriali.

Se il mutamento di rapporto non verrà ritenuto possibile, io non recederò comunque dalla mia decisione, ma spero che non ne faremo un dramma. La mia valigia è ancora da fare, la risposta tocca a te.

Ho cercato di dimostrarti prudenza e attenzione per l'azienda; ho cercato anche di mostrarti (ma questa volta tra le righe, lo ammetto) il mio desiderio di rinnovare un'amicizia che ha retto bravamente al tempo, ma ne porta qualche segno: un'amicizia che avrebbe potuto portare ben altri frutti. Ma non è ancora detto.

In attesa, ti ringrazio e ti saluto cordialmente

aff. Giulio Bollati

Fotocopia di lettera ds con correzioni ms; AGB.

A Italo Calvino, Roma

Torino, 20 gennaio 1979

Caro Calvino,

esco un po' sconcertato e confuso dalla lettura del tuo libro. Butto giú di getto le prime impressioni senza pretesa di «rispondere» a un discorso che ha già previsto tutte le risposte. Già questo è imbarazzante. Ad ogni modo giochiamo ancora una partita del nostro vecchio gioco: io nella parte del «tuo lettore piú difficile», tu in quella di chi accetta la «rude franchezza» di detto lettore, avendola già largamente scontata, prevista, misurata. Del resto, la statistica mi dice che quando io sono meno contento di te, il tuo successo è piú grande. Ma basta coi preliminari.

All'inizio di *Se una notte d'inverno un viaggiatore* mi sono, per cosí dire, comodamente adagiato nella piú soffice delle mie poltrone, pregustando un Calvino «classico», quello la cui ingegnosità d'invenzione e distacco e bravura di scrittura sofisticata ho visto crescere negli ultimi (almeno quattro) libri. Il tema si prestava, le prime pagine scorrevano secondo l'aspettativa. Tutto procede in crescendo almeno fino al quarto falso romanzo, poi è la bagarre. La cornice prende un'importanza che, secondo le premesse, non doveva avere. L'intelligenza (userò spesso questo sostantivo) accelera la sua frequenza, i colpi di scena, i sofismi, i rovesciamenti, il contrario del contrario, le ipotesi, i tours de force, i funambolismi, i discorsi con *alcuni* critici e teorici fatti sopra la testa del lettore, prendono la vacca, come dicono qui per significare uno che rovina a valle senza potersi fermare. Alla fine però l'acrobata casca in piedi, non solo, ma tira fuori ancora un paio di strabilianti invenzioni. Applausi? Sí, d'accordo, ma vediamo un momento.

Dirò dopo, se ci riuscirò, che questo non è un libro sbagliato nella sua essenza, ma soltanto mal costruito, bisognoso di una stesura finale che elimini molte cose superflue, renda piú evidente il filo che lo guida, rinunci soprattutto a essere *tutto*. Non è un libro sbagliato se non provvisoriamente. In sé è un libro bellissimo e molto importante. E sai perché? (pausa di un attimo, poi:)

Perché qui Calvino, come quei grandi condottieri che sanno soltanto loro quando è il momento, getta nella battaglia tutti i Calvini possibili, non fa guerra di posizione, non amministra le forze, non è avaro di sé. On s'engage et puis on voit: dunque, nel momento del calcolo supremo, salta fuori la scommessa di tutto quel che si ha. Inaspettata.

C'è il Calvino sofista che nella variazione combinatoria di tutte le ipotesi possibili approda a un libertinismo ricco di valenze: dal rifiuto critico di qualsiasi certezza a un ilare catastrofismo, dallo sperimentalismo intellettuale alla moda a uno sgomento esistenziale che non scherza affatto.

C'è, appunto, il Calvino «autobiografico», vero protagonista di questo libro che sembra invece affidato all'altro, al Calvino «scientifico». Questo Calvino, una volta, si riservava un suo territorio particolare, rispettava una divisione del lavoro (anche se i due campi, va da sé, non erano tagliati da un confine netto). Ora chi è il Calvino «autobiografico»? È una maschera tinta di lieve grottesco, ironica e autoironica, pronta a gettarsi in tutte le avventure, fino alla farsa scatenata. È anche – e forse se mai scrivessi un saggio su di te questa sarebbe la mia piú convinta proposta critica – un *crepuscolare*, che si salva dal patetico, dall'autocompatimento indotto dal dover misurare dentro di sé, e fuori, e in prospettiva, il gran vuoto della nostra età storica, si salva dicevo col mettere avanti una barriera di intelligenza, di sarcasmo, di indifferenza, di gioco, si veste da professore e da clown, non si lascia prendere.

Continuando nell'enumerazione, ritrovo dunque il personaggio della *Speculazione edilizia*, ma adesso, in questo ultimo libro, ne vedo piú stretti i legami col «dimezzato», col «rampante», forse soprattutto coll'«inesistente» – mi pare infatti che *Il cavaliere* sia il precedente piú stretto, l'introduzione alla lettura giusta di *Se una notte d'inverno* ecc.

C'è poi il Calvino «che legge i giornali» e anche molti libri: e che per nulla al mondo vorrebbe figurare poco aggiornato. Ecco allora che questo tuo ultimo libro è l'Enciclopedia di tutto ciò che è stato detto e di tutto ciò che si può ancora dire sui temi: letteratura come menzogna, come citazione e parodia, impossibilità della letteratura, romanzo come congegno, scrittura che si scrive da sé, il mondo come scrittura, la scrittura come mondo, ecc. ecc. Il timbro personale è nella capacità di entrare e uscire in tutti questi discorsi con una disinvoltura stilistica che sta diventando mostruosa, patologica, e solo si salva grazie alla capacità di rendere narrativo e vissuto il concettuale e – naturalmente – di vanificare il vissuto nel concettuale. Ma il timbro personale è soprattutto, l'ho già detto, nel toreare in questa allucinante arena di veri-falsi e di falsi-veri conservando, grazie a mille trucchi e contrabbandi, una residua capacità d'angoscia circa le sorti del pianeta.

Ma adesso lascio stare questi discorsi e cerco, se posso, di rendermi praticamente utile. Lo sbaglio del libro è nella cornice, che occupa troppo posto e si aggroviglia su se stessa. Ne è spia evidentissima la decadenza, a partire da un certo punto, dei romanzi simulati: splendidi all'inizio, e autonomi, incastonati con piena evidenza. Poi quasi continuazioni della cornice, scritti dalla stessa mano (salvo il giapponese: mentre il sudamericano è stanco e confuso, ci sta sforzato). I due livelli – della narrazione e delle simulazioni – si confondono spesso. La tua abilità nel condurre il gioco è sovrana, ma viene il momento in cui il lettore si chiede: perché? per chi? (anche questo l'ho già detto: sembra che tu scriva, a volte, per Manganelli, Wahl, Agamben: male, molto male!) (anche per Celati?: spero di no).

Piú precisamente: è artificiale e stancante tutta la storia del traduttore, ci sono troppi elaboratori elettronici, troppe polizie e associazioni segrete, l'idea del Potere Apocrifo potrebbe essere una chiave, ma si perde in mezzo a troppe altre. In questo turbinio si smarriscono anche i personaggi, puri flatus vocis, intercambiabili e casuali, salvo forse Ludmilla, da ascrivere all'altro strato, quello del Calvino dei racconti, degli amori infantili.

Certo non ho il coraggio – né la convinzione – di consigliarti: torna al tuo Boccaccio, riduci a pacate e geniali didascalie le pause tra un finto romanzo e l'altro. Perché anche l'attuale – se permetti – casino, ha un senso e una necessità, ed ho cercato di spiegarlo prima, là dove dicevo dell'onnicalvinità di questo libro. Ma, empiricamente, puoi ridurre ancora, limare, frenare il cocchio impazzito. Chi te lo fa fare di inventare storie sempre piú arzigogolate per introdurre inizi di romanzo che, man mano s'avanza, hanno minor spicco, perché il «falso» è già tutto fuori? (noto infatti che hai messo molti interrogativi sugli ultimi).

A meno che – ed è l'estremo tentativo di acchiappare la soluzione, l'interpretazione giusta – il valore del libro non stia proprio lí, nell'essere un mostro a piú teste, romanzo-saggio, saggio-romanzo, comica, esercizio di stile, autobiografia, disperazione (si può?), follia, insomma erbario epistolario tesoretto diario, Brunetto Latini e Isidoro da Siviglia del millennio declinante, e se la sbrighino i posteri, ci troveranno dentro tante di quelle cose...

Non copio la lettera perché sarei tentato di metterla in ordine. E a parte la fatica, ne vale la pena, con un lettore piú astuto della storia quale tu sei?

Con amicizia

tuo Giulio
(Bollati, naturalmente)

P.S. Dimenticavo di dirti che ho pensato spesso a Julio Jurenito[1]. Non ho potuto controllare, non so spiegarti adesso perché, forse è una cantonata della memoria. E poi un'altra cosa: mi piacerebbe avere una bella calligrafia.

P.P.S. Vorrei riscrivere tutto ma resisto. Sono stato un po' impreciso circa il «*crepuscolare*». Dovevo ricordare che se non si tratta d'un fenomeno cieco, passivo, periferico (ma anche in quei casi è significativo), il crepuscolare è uno dei modi di sentire le grandi svolte, i grandi trapassi storici; è insomma collegato alla coscienza profonda dell'epoca, non a fenomeni di superficie.

Una parola poi che mi sono dimenticato di usare – l'avevo sempre lí sulla punta della penna – è nichilismo, con l'aggettivo e gli accessori.

Potrei dire che il tuo romanzo è sostanzialmente nichilista. Oppure: che fra gli strumenti impiegati nella costruzione del tuo romanzo, il nichilismo ha una parte cospicua. Ho usato una volta il termine «indifferenza»: sbagliato. Indifferenza dà, al maggiorativo, cinismo. Nichilismo invece contiene il sentimentale, l'etico e il civile.

Forse è questo odore russo che mi ha fatto pensare a Julio Jurenito, romanzo lontanissimo dal tuo tranne che per l'uso paradossale-nichilistico dell'invenzione narrativa. Nichilismo ha tante «armoniche»: il relativismo assoluto, il delirio dell'iperlogicismo. Ce n'è anche per un'idea attuale della scienza, anche per un «niente» beckettiano trovato al fondo di una vertiginosa dissertazione. Il tuo romanzo è un trattato nichilista (dunque anche esistenziale) della letteratura[2].

Saluti

Boll.

Lettera ms; AIC, fasc. Giulio Bollati.

[1] Protagonista dell'omonimo romanzo di Il'ja Ėrenburg.

[2] In una lettera del 24 agosto 1979 Bollati ritornò su *Se una notte d'inverno un viaggiatore*: «Non sono contento, anzi sono malcontento e vorrei tanto che anche tu lo fossi, per il modo in cui mediamente si è parlato del Calvino *Viaggiatore*. Si è fatta troppa letteratura, e invano tu ti sbracciavi indicando a gran gesti la vita. E tutti questi balletti con Eco e Manganelli in tutú. E questi Giuliani incontenibilmente entusiasti. Questa è bella époque di grande annata, con le cannoniere e tutto. Non compiacerti del consenso di questa generazione morta. Il mio vecchio amico Citati approva? Diffidiamo, è un cultore di sopravvivenze ultraterrene. Del resto andava con Ceronetti in sandali (Ceronetti) ai primi comizi di Saragat. Diffida di questa gente che vuole retrodatarti. Ribellati» (AIC, fasc. Giulio Bollati).

A Giulio Einaudi, Torino

Torino, 22 gennaio 1979

Annali 2. Stato dei lavori

La situazione resta acrobatica e impone uno sforzo notevole. Com'era da aspettarsi, man mano che la nostra ricerca procede, Bertelli deve rivedere le sue ipotesi di partenza, sulle quali non ha mai potuto riflettere con la concentrazione che un'opera cosí vasta richiede.

Nell'incontro che gli abbiamo dovuto praticamente imporre, avvenuto a Milano giovedí 11, abbiamo dovuto anche imporgli di ripensare al piano dell'opera, e di farlo subito, compitando insieme i temi intorno a cui organizzare la raccolta del materiale.

Il risultato di questo lavoro si può vedere nell'allegato, che rispecchia una fase ancora provvisoria e disordinata, ma che, rispetto al niente di prima, è già una traccia per il completamento della raccolta delle fotografie (condotta finora cercando di indovinare il pensiero del Bertelli, ma anche con molti contributi personali)[1]. La raccolta del materiale continua. Quando Bertelli vedrà le foto, dovrà probabilmente adattare il testo alle molte cose nuove trovate. Per il momento la situazione del testo è questa:

Capitolo I *L'obiettivo sugli italiani* (c. 50 cartelle, già scritte ma da rivedere)

Capitolo II *La realtà trasferita* (c. 100 cartelle, di cui 65 scritte e, per il momento, ritenute buone)

Capitolo III *Dopo il '45*. Breve discorso sulle linee di tendenza (c. 15-20 cartelle, da scrivere)

Il progetto prevede che a questo punto segua nel volume il materiale fotografico, diviso in sezioni tematiche (ho voluto una sezione «eventi», se no troppe cose storiche sarebbero rimaste fuori). (Mi accorgo che manca ancora una sezione «scienza e tecnica»). Ogni sezione sarà introdotta da un cappello. Ovviamente nel libro, rispetto all'elenco allegato, il numero delle sezioni diminuirà notevolmente.

Concluderà l'opera un'appendice di documenti sulla fotografia: testi critici, testi di «poetica», testi insomma di interesse storico e tecnico o di riflessione teorica.

La ricerca fotografica, dicevo, va avanti. Abbiamo finito l'importante esplorazione dell'Istituto Luce (si è fatto come si è potuto: ci sono, in un infernotto, altri 800 000 negativi su vetro che appare assolutamente impossibile esaminare tutti. Ci siamo limitati a campioni tirati fuori, in base a nostre «curiosità», dal fotografo signor Barcaroli, ultimo conoscitore empirico di quella roba non schedata, che andrà in pensione il 31 gennaio – ma si fermerà fino al 15 febbraio per finire il lavoro per noi).

Questa settimana completiamo Torino: Museo della montagna (foto Sella e Rey); Fondo d'Andrade (quello del borgo medievale, il primo soprintendente italiano, grande disegnatore e fotografo di monumenti); le raccolte della Biblioteca Reale; quelle del Museo del Cinema; le minoranze etniche e culturali (ebrei, valdesi, occitani).

Poi E. M.[2] ha un programma emiliano, al quale mi unirò se necessario. Andrò di sicuro, invece, a Venezia, Trieste, Firenze. Non ho il coraggio in questo momento di organizzare una indispensabile visita a Napoli. Qualcosa intanto ho trovato a Mantova.

Rifiniture a Roma: è necessario tornare al Gabinetto Fotografico Nazionale. Molte cose naturalmente le sta mandando avanti E. M. da sola, d'accordo con me.

Malgrado l'apparenza, abbiamo chiari i capisaldi – luoghi e cose – della ricerca, non navighiamo alla cieca. Pensiamo anche di poter chiudere a un segnale convenuto – dovrà venire da Bertelli – senza farci pescare con omissioni gravi. Anche entro febbraio, non è escluso. Se mai, si tratterà di limare e di integrare in singoli casi.

GB

Lettera ds; AE, cart. 20, fasc. Carlo Bertelli.

[1] Indice provvisorio del volume («Bertelli, Storia della fotografia»), conservato in AE, cart. 20, fasc. Carlo Bertelli.

[2] Enrica Melossi lavorava all'ufficio iconografico dell'Einaudi.

A Cesare Cases, Torino

Torino, 24 gennaio 1979

Caro Cesare,

accuso ricevuta in ritardo della fotocopia della lettera che hai mandato a G. E. per protestare contro quell'astutissima ristampa brechtiana che danneggia te, la casa editrice, la correttezza dei rapporti, la filologia e non so cos'altro[1].

Grazie d'avermi chiamato «importante» nell'ambito dell'attività editoriale, e ancor piú di avermi chiamato amico. Amicizia ricambiata, ti assicuro, sul fondamento di una stima che cresce col tempo e che mi rende scandalosamente parziale nei tuoi confronti.

Sull'incidente che ti ha giustamente irritato non so proprio cosa aggiungere. È uno dei tanti episodi in cui, sempre piú spesso, il disordine piú cieco riesce misteriosamente ad assumere una coloritura offensiva ad personam. Forse dipenderà dal fatto che l'ultima fase del regno di G.E. si caratterizza per un accentuato centralismo anarchico, basato sulla volontà di potenza e sulla poca stima dell'umanità in generale. Solo spiriti cortigiani e mediocri, o piú raramente eroi a vario titolo, possono adattarsi a recitare quotidianamente quella sorta di *Enrico IV* pirandelliano che è diventato il lavoro di staff in casa editrice. La razionalità piú elementare è bandita. Resta viva l'intelligenza dell'uomo, subdola e a tratti risplendente. Ma dov'è la nostra bella casa editrice d'una volta?

Non pensarmi nostalgico e rivolto al passato, pensami piuttosto corrucciato e impaziente in volontario esilio, e se la parola esilio ti pare eccessiva, rifletti che a differenza di molti di voi amici io avevo scelto di essere soltanto editore, perché ci credevo, mi piaceva, lo sapevo fare. Ora attraverso un periodo difficile di adattamento a non so bene che cosa. Certo è un po' tardi per cominciare altro, e poi, ripeto, l'editoria è il mio mestiere ed io continuo a produrre manufatti editoriali; ma devo anche aggiungere che al dispiacere del lavoro impedito o snaturato, fa da contrappeso un senso di libertà ritrovata, anche se impacciata e inesperta, e una gran voglia di fare.

Insomma, per il momento mi riesce difficile dirti qualcosa di piú preciso: ma ho l'impressione di aver già detto molto forse abusando dell'opportunità che mi hai offerto con la tua «citazione».

Grazie ancora e un abbraccio

dal tuo Giulio Bollati

Lettera ds; ACC, fasc. Giulio Bollati.

[1] Il 3 gennaio 1979 Cases si era lamentato con Einaudi per non essere stato informato né della decisione di ristampare nei «Nuovi Coralli» *Me-ti. Libro delle svolte* (da lui tradotto per la «Nuova Universale Einaudi» nel 1970) né di quella di sopprimere la sua introduzione.

A Cesare de Seta, Napoli

Torino, 14 marzo 1979

Caro de Seta,

questa volta il bisogno spinge la montagna a recarsi da Maometto. Bando alle scuse e ai preliminari. Se puoi aiutarmi, ho bisogno di te.

Come già sai, sto facendo con Bertelli una sorta di (per intenderci) «Storia d'Italia interpretata dai fotografi», serie *Annali* della *Storia d'Italia*.

Bertelli non ha potuto trovare il tempo di fare lui le ricerche. Cosí io e una mia ricercatrice abbiamo battuto l'Italia fino ad ammalarci per i viaggi, il freddo e la disperazione del poco tempo.

Sono poverissimo per ciò che riguarda l'Italia da Roma in giú. Mi manca insomma il vecchio Regno, che avendo in Napoli una capitale nobilissima e gente d'arte ed intelligenza in abbondanza, *non può* non avere avuto i suoi fotografi alla moda per i signori, i suoi antropologi avant la lettre nelle campagne, i suoi sperimentatori e fotografi aggiornati.

Puoi procurarmi un po' di materiale scelto da te o almeno indicazioni-indirizzi attendibili?

Quanto a Pagano[1]: stesso discorso, inutile sperare che io riesca a fare un viaggio ameno sul Golfo, lontano dalle rogne di qui. Decidi tu, mandami qualcosa.

Tieni conto che il libro conterrà non meno di 700-800 foto, quindi non si corre mai il rischio di «bruciare» un autore, di distruggere una primizia. Al massimo, si possono dare assaggi, promesse, rinvii. Con le debite referenze, citazioni, ringraziamenti ecc.

Anche col rimborso delle spese e del lavoro, va da sé. Rispondimi come puoi. In ogni caso capirò e in ogni caso ti sarò grato.

Un caro saluto

(Giulio Bollati)

Copia ds; AE, cart. 67, fasc. Cesare de Seta.

[1] L'architetto Giuseppe Pagano, di cui de Seta custodiva l'archivio fotografico.

A Norberto Bobbio, Torino

Torino, 16 dicembre 1979

Caro Bobbio,

ti ringrazio cordialmente d'aver letto il mio saggio e di avermi scritto[1]. Condivido in gran parte le tue osservazioni sulla fotografia, non senza rilevare con un certo divertito compiacimento che sono osservazioni piú di letterato che di uomo di scienza[2]. La mia curiosità per la fotografia ha lontane origini nella riflessione leopardiana sul fenomeno affascinante e inspiegabile costituito dalla Moda, che il poeta chiama «sorella della Morte»[3]. Siamo proprio nel cuore del nostro rapporto esistenziale col Tempo. In effetti c'è poco da stare allegri.

Ma il mio saggio, come avrai notato, tende piuttosto a una ricerca storica sul «profilo ideologico» (per usare una tua espressione) dell'Italia unita. Che ci tenda per la via del «modo di vedere», quale si esprime nella fotografia, è cosa un po' insolita, ma il tentativo (difficile) è autorizzato da discipline ormai consolidate: dalla psicologia sperimentale ai metodi del Warburg e delle «Annales». Del resto, se si ricostruiscono intere epoche umane su pochi cocci di terracotta e schegge di ossidiana, perché dovremmo continuare a considerare soltanto sussidiaria o minore della parola scritta la sterminata massa di informazioni che la civiltà industriale ci fornisce in misura illimitata? Io credo che faccia da freno a questa libertà di leggere l'esperienza umana comunque si esprima, l'antico pregiudizio idealistico che grava sulla nostra cultura. Ma lasciamo adesso le mie fotografie («humilesque myricae») e un discorso che ci porterebbe lontano.

Lalla Romano. Me ne accenni in una parentesi finale, ma il discorso meritava il posto d'onore, se ha turbato anche te quanto me. Alla tua domanda se non si poteva evitare la pubblicazione di quelle pagine, risponderò con un'altra domanda che so esserti familiare: con quale diritto? Io non credo che i diritti privati dell'amicizia e i rispetti umani e l'opportunità sociale e «civica» possano contrastare il diritto che una persona ha di ripensare (qui di re-inventare) e rendere pubblica una esperienza che le appartiene nel profondo[4].

C'è poi una considerazione pratica, di non poco momento: se io, o altri al mio posto, avessimo tentato di espungere o di modificare quelle pagine, ne sarebbe venuto un danno sicuramente maggiore, e alludo al probabilissimo scandalo giornalistico che ne sarebbe seguito. Sono cose che anche in un ambito di amici finiscono per trapelare, e come sai il nostro giornalismo attuale ha un gusto protervo per questo tipo di rivelazioni.

Viene ultima una mia convinzione, ed è che non si debba sopravvalutare quell'impietoso ritrattino: si tratta in ultima analisi di un personaggio letterario nascosto tra le pagine di un'opera d'invenzione. E anche a volerlo tradurre in chiaro come si dice dei messaggi in codice, come si può preoccuparsene piú che tanto, dal momento che esso è certo meno velenoso del ritratto di maniera che correva sulla bocca di molti (io stesso l'ho sentito tante volte), anche soprattutto dopo che il «fatuo» Antonicelli si era dimostrato, negli anni, sempre piú coraggioso, fermo, di una dirittura politica e morale ammirevole? No, sinceramente, io sento Franco assolutamente al riparo da certi pericoli.

Parliamone ancora, se vuoi. Intanto ti rinnovo il mio ringraziamento e ti saluto cordialmente

tuo Giulio Bollati

Lettera ds con correzioni manoscritte su carta intestata «Giulio Einaudi editore»; ANB, cart. 364, fasc. Giulio Bollati.

[1] *Note su storia e fotografia*, in *Storia d'Italia. Annali 2. L'immagine fotografica. 1845-1945*, a cura di Carlo Bertelli e Giulio Bollati, Einaudi, Torino 1979, pp. 5-55.

[2] Pur avendo apprezzato il suo saggio, il 9 dicembre 1979 Bobbio aveva scritto a Bollati che gli riusciva difficile «giudicare se ci sia una relazione fra il modo di fare fotografie e la realtà fotografata, in altre parole se, oltre a una storia della fotografia, si possa scrivere anche una storia del modo di fotografare la materia fotografabile (che è tutto il mondo circostante nella sua quasi infinita varietà)». «La fotografia mi attrae», aggiungeva Bobbio, «ma mi rende melanconico», poiché anche se «ferma l'attimo fuggente (o meglio, fuggito), eternizza l'effimero, ma nulla vi è che piú della fotografia dia la sensazione del caduco, dell'irrimediabilmente passato, della irreversibilità del tempo (ciò che è stato non è piú e non sarà piú), della incessante mutevolezza delle forme (quella forma fissata nell'immagine fotografica o non c'è piú o è ora diversa)» (AGB).

[3] *Operette morali, Dialogo della Moda e della Morte.*

[4] Nella sua lettera Bobbio aveva dichiarato di essere rimasto «un po' scosso» dalle pagine di *Una giovinezza inventata* («Supercoralli», 1979) in cui Lalla Romano rievocava la sua «vicenda sentimentale» con Franco Antonicelli.

Proposte per le «Letture per la scuola media» e considerazioni sugli «Struzzi Ragazzi»

Si troveranno allegate alcune proposte per la scolastica che richiedono un minimo di spiegazione.

Abbiamo immaginato un piano generale che per comodità abbiamo diviso in tre fasi (la distanza nel tempo tra una fase e l'altra dipende soltanto dalla rapidità di realizzazione). Le proposte allegate si riferiscono soprattutto (anche se non esclusivamente) alla prima di queste tre fasi, che sono le seguenti:

1) *La lettura nella scuola*. È sembrato ragionevole ai proponenti partire da ciò che esiste per ampliarlo e rinnovarlo, mentre si gettano le basi di iniziative che vanno oltre l'ambito della «lettura». In questo settore la casa editrice vanta un avviamento che sembra utile utilizzare come punto di partenza per sviluppi futuri.

2) *Libri disciplinari* (o pluridisciplinari) o adottabili o compatibili coi programmi scolastici. Proposte di questo tipo sono attualmente allo studio.

3) *Manuali veri e propri*. Negli ultimi dieci anni l'editoria specifica ha fatto grandi progressi (come ha dimostrato la recente Mostra di Bologna)[1]. Non ci si può illudere di colmare il ritardo con la geniale improvvisazione. Molta genialità è già sul mercato, e per crearsi uno spazio è necessario basarsi su una buona informazione e su una certa capacità di previsione. Studi sono in corso.

Quanto agli «Struzzi/Ragazzi» le brevi considerazioni allegate, oltre a proporre una linea parziale di sviluppo, cercano di impostare in forma problematica la questione generale della collana.

(p. Bollati, Davico, Vassalli)[2]

Giulio Bollati

Aprile 1980

«Letture per la scuola media»

1. Premesse

La collana «Letture per la scuola media» è nata negli anni in cui si cominciava a realizzare, tra non poche polemiche e difficoltà, una parziale riforma dell'ordinamento scolastico gentiliano.

I primi volumi, dal *Taglio del bosco* di Cassola a *Marcovaldo* di Calvino, furono scelti e imposti, come letture opzionali alternative ai *Promessi sposi* e al *Cuore*, da una nuova leva di insegnanti che ebbe parte determinante, all'inizio degli anni Sessanta, nel passaggio dal vecchio al nuovo modello scolastico. Erano gli anni in cui da un lato si liquidavano sia la scuola media umanistica, il «ginnasio inferiore», sia le scuole di «avviamento professionale» (le ultime classi uscirono, appunto, nel 1966); e dall'altro si avviava, in gran parte con lo stesso personale insegnante e le stesse strutture, la nuova scuola media obbligatoria e unificata.

Da quegli esordi pionieristici molta acqua è passata sotto i ponti; e già *alla fine degli anni Sessanta* l'adozione di opere di autori contemporanei e specificamente di opere di narrativa era prassi incoraggiata dalle circolari ministeriali, *limitatamente, però, al secondo e al terzo anno della scuola media*.

Oggi (1980) la scuola media dell'obbligo è ormai una realtà acquisita e molti orientamenti che ancora pochi anni fa potevano essere considerati in qualche modo sperimentali sono stati riconosciuti in sede legislativa e quindi istituzionalizzati. È il caso delle letture monografiche, *la cui adozione è prescritta per tutt'e tre gli anni di corso (e non piú solamente per le classi seconde e terze)*.

Il D. M. 9 febbraio 1979 recita testualmente: «È necessaria la lettura, in ciascuno dei tre anni, di almeno un'opera di narrativa moderna italiana ovvero straniera in buona traduzione italiana (completa o adeguatamente ridotta in relazione all'età degli alunni)». Ma già nella pratica dell'insegnamento prende corpo una richiesta sempre piú accentuata di opere che, pur restando in qualche modo vincolate agli schemi narrativi, non siano necessariamente romanzi o autobiografie o sillogi di racconti; si attendono, insomma, anche opere «diverse» per esigenze di lettura sempre piú diversificate, dalla poesia al teatro (del quale si parla piú specificamente nella postilla su teatro-scuola) alla saggistica. Fermi restando i requisiti di fondo: leggibilità, autore unico, andamento narrativo.

Alla luce dunque, della:

a) enorme crescita della scolarità nella fascia d'istruzione intermedia, tra scuola elementare e scuola superiore (11-14 anni);

b) definizione in sede legislativa di programmi che, dal febbraio 1979, prevedono l'adozione obbligatoria del libro monografico di lettura fin dal primo anno di scuola media;

c) necessità di rispondere ad una domanda che non è solo cresciuta quantitativamente, ma si presenta assai piú diversificata che per il passato;

abbiamo progettato per la collana «Letture per la scuola media» un programma da articolarsi in piú anni, con la necessaria gradualità, ma aperto sin d'ora a vari generi letterari e culturali.

Con una postilla su teatro-scuola

1. Formulazione della proposta

Penseremmo, con molta misura, di arricchire le «Letture per la scuola media» di testi-base per esperimenti di drammaturgia e di animazione teatrale nella scuola di ogni ordine e grado (elementare, media, media superiore). La possibilità d'uso di questi testi è, oggi, assai larga: nella scuola dell'obbligo trovano un riscontro diretto nelle attività integrative pomeridiane (il vecchio «doposcuola», piú volte riveduto e corretto in sede legislativa); mentre nella scuola media superiore esistono già oggi spazi istituzionali per l'animazione teatrale (negli istituti sperimentali, nelle scuole d'arte) destinati a moltiplicarsi a seguito della riforma con l'introduzione delle materie opzionali scelte dagli studenti.

Va aggiunto che – negli ordinamenti scolastici vigenti sia per la scuola dell'obbligo (elementare e secondaria) sia per la scuola media superiore – nulla vieta che singoli insegnanti o gruppi di insegnanti si facciano promotori di drammaturgia e di animazione teatrale liberamente gestiti; che i Consigli di Circolo e d'Istituto hanno specifici capitoli di spesa, in bilancio, per sostenere questo genere di iniziative con tutto ciò che comportano – a partire dall'acquisto dei libri necessari per intere classi o gruppi di studenti; che le comunità sociali entro cui la scuola opera, specialmente nei centri medi e piccoli, sono fortemente motivate a promuovere attività che partendo dalla scuola finiscano per coinvolgere realtà extrascolastiche; che insomma esiste in questo settore una potenzialità enorme che trova scarsi riscontri solo perché gli insegnanti non dispongono di strumenti che consentano di operare in maniera non estemporanea.

2. I libri

I singoli libri dovrebbero basarsi sulla proposta di un testo (classico, moderno, dialettale) o di un'idea di spettacolo (da realizzare eventualmente come sceneggiatura e da allestire).

2.1 Libri basati su un testo teatrale

La scelta dei testi dovrebbe essere tale da stimolare (per il prestigio dell'autore, per la notorietà del titolo, per l'attualità del tema) una partecipazione immediata. Devono essere corredati a) da una «notizia» esplicativa, esauriente e minuziosa, e b) da un'indicazione pratica per l'allestimento da chiedersi, se possibile, ad un uomo di teatro. Questo secondo contributo potrebbe costituire l'elemento caratterizzante di ogni libro: ma dovrà tenere conto della (modesta e circoscritta) realtà scolastica; essere indicativo e non prescrittivo; dare alcuni orientamenti generali in merito alla recitazione, alla scenografia, ai costumi, al trucco, all'allestimento; guidare l'esperienza del giovane dandogli una serie di consigli su ciò che non è opportuno fare, badando comunque a non condizionarlo su ciò che *bisogna* fare. Ciò ad evitare che un'attività – la cui caratteristica didattica fondamentale è di coinvolgere molte persone a vari livelli (dalla regia al piantare i chiodi) in un'esperienza comunque «creativa» – si riduca a un noioso «compito in classe», in cui si devono applicare regole scritte in un libro.

Oltre al corredo di cui ai punti a) e b), questi libri potrebbero contenere c) una svelta appendice storica: quando il testo fu rappresentato per la prima volta e da chi, che accoglienza ebbe dalla critica e dal pubblico, quali furono le sue fortune successive, i suoi interpreti piú significativi ecc. Con eventuale aggiunta di un sobrio materiale illustrativo.

2.2. Libri basati su un'idea di spettacolo

I libri basati su un'idea di spettacolo (da tradurre cioè in un copione e quindi da allestire) dovrebbero essere chiesti ad animatori/operatori scolastici particolarmente esperti o a teatranti particolarmente sensibili ai problemi dell'animazione teatrale e del teatro nella scuola.

3. Caratteristiche della sezione «teatrale» delle «Letture per la scuola media»

C'è da prevedere che, in un primo tempo, predominino i libri basati su un testo teatrale preesistente, anche se le vie percorribili indipendentemente dal testo già scritto o tenendo il testo in subordine sono sempre piú numerose: teatro di burattini, mimo, esperienze che prendono l'avvio dalla realtà «teatrale» della scuola stessa ecc.

I libri della serie «teatro/scuola» dovrebbero essere sempre, in qualche modo, libri d'autore. Se si basano su un testo, elemento caratterizzante è l'abbinamento tra il drammaturgo (antico o moderno, morto o vivente) e l'uomo di teatro che dà consigli pratici per l'allestimento; se invece si basano su un'idea di spettacolo, elemento caratterizzante è la creatività dell'operatore culturale che li firma.

«Letture per la scuola media» (riepilogo al 31/12/78)

Calvino, *Marcovaldo*, 1966, 1978, 32 ed., 573 109 cv.[3].
Calvino, *Barone*, 1965, 1978, 22 ed., 223 727 cv.
Cassola, *Ragazza*, 1973, 1978, 7 ed., 71 300 cv.
Cassola, *Taglio*, 1965, 1978, 20 ed., 132 042 cv.
Cassola, *Tempi*, 1970, 1978, 1 ed., 52 640 cv.
Fenoglio, *Malora*, 1971, 1978, 6 ed., 48 485 cv.
Ginzburg, *Lessico*, 1972, 1978, 11 ed., 114 704 cv.
Levi, Primo, *Tregua*, 1965, 1978, 19 ed., 150 828 cv.
Levi, Primo, *Uomo*, 1973, 1978, 11 ed., 130 355 cv.
Pavese, *Casa*, 1967, 1978, 17 ed., 119 989 cv.
Rigoni Stern, *Bosco*, 1970, 1978, 7 ed., 37 960 cv.
Rigoni Stern, *Sergente*, 1965, 1978, 20 ed., 209 707 cv.
Rodari, *Novelle*, 1977, 1978, 4 ed., 23 054 cv.
Sciascia, *Ciascuno*, 1976, 1978, 4 ed., 33 615 cv.
Sciascia, *Civetta*, 1972, 1978, 11 ed., 147 824 cv.
Vittorini, *Conversazione*, 1975, 1978, 4 ed., 37 081 cv.

Nucleo iniziale di proposte per le «Letture per la scuola media» da pubblicarsi nell'arco di un quinquennio:

1. Narrativa italiana

a) Calvino, *Il sentiero dei nidi di ragno*: molti insegnanti insistono per poter disporre di una edizione commentata di questo romanzo giovanile di Calvino. La richiesta è motivata dalla ricchezza di spunti a livello didattico che il romanzo contiene: il fatto che il protagonista sia un ragazzo; che la vicenda sia ambientata in un preciso momento storico-politico (la Resistenza); il particolare trattamento del paesaggio; la parlata stessa del protagonista, che consente varie annotazioni di carattere espressivo.

b) Cassola, *La visita*: questa particolare proposta è in parte, ma non esclusivamente, motivata dalla situazione contrattuale di questo autore. Tra il 1980 e l'82 vanno fuori diritti tre libri di Cassola editi dall'Einaudi: *Paura e tristezza*, *Un cuore arido*, *La visita*. Mentre i due primi romanzi non si prestano per contenuto e mole ad essere utilizzati in ambito scolastico, *La visita* è molto adatta sia perché è costituita da una serie di racconti assai elementari e accattivanti, sia perché contiene, implicita, la poetica dell'autore, quale verrà poi esprimendosi negli anni successivi. In quest'ambito il libro fa quasi da guida a tutto Cassola e si adatta bene alle esigenze di quegli insegnanti che si occupano appunto di questioni di poetica e narratività.

c) Gadda, *Le meraviglie d'Italia*: il titolo è provvisorio e in qualche modo pretestuoso: sta a significare la proposta di un inserimento del Gadda «italiano» nell'ambito scolastico. Suonerà scandaloso per qualcuno che lo scrittore piú difficile di tutta la letteratura del '900 possa essere fatto leggere a ragazzi di scuola media, ma teniamo conto che non tutto Gadda è difficile e che in ogni caso si tratterebbe di una scelta dal volume citato, da *I sogni e la folgore*, dal *Giornale di guerra*, che vorrebbe avere il valore di una intelligente messa in questione di varie particolarità stilistiche dell'italiano letterario (è anche questo un discorso ormai molto entrato nella sensibilità di molti giovani insegnanti).

d) Jarre, *Negli occhi di una ragazza*: con tutta l'acqua passata sotto i ponti si può largamente introdurre nella scuola questo ritratto di una fanciulla che non riesce a comunicare con i suoi, che tenta una breve, patetica fuga, che ritorna sui suoi passi arricchita nella propria interiorità. Se per un lettore adolescente il libro poteva sembrare scandaloso all'epoca della sua uscita, ora non è che il ritratto, per positivo, di tante sue inquietudini.

e) Levi, Primo, *La chiave a stella*: questo libro che rappresenta la riuscita piú piena, fino ad oggi almeno, del suo autore, sembra fatto apposta per la scuola: contiene infatti, anch'esso, una quantità di spunti didattici: il rapporto lingua-dialetto; l'ambiente del lavoro; la varietà dei paesaggi e la estrema economia del loro trattamento; per non parlare della morale laica del lavoro come fonte di affermazione di sé.

f) Pavese, *I piú bei racconti*: partiamo anche qui da un dato esterno alla proposta in sé: il dato è che molti dei libri di Pavese pubblicati negli Oscar, con tirature spesso impressionanti, vengono surrettiziamente introdotti nella scuola per la semplice ragione che qualunque Oscar è arricchito di una nota introduttiva e da altri addobbi[4]. Ci sarebbe quindi l'opportunità di controbattere a questa o quella edizione «fittizia» con una adeguata programmazione di edizioni «reali». Ma se non vogliamo entrare in campo su questo fronte, potremmo allora tentare di offrire ai giovani una antologia dei piú bei racconti di Pavese, tratta dalle oltre 500 pagine di racconti da noi editi, e organizzata al suo interno in modo da costituire una vera e propria guida alla sua tematica. A parte la grande popolarità di cui Pavese gode tra gli insegnanti, noi ci garantiremo in questo modo una sorta di trampolino di lancio per il lettore giovane verso le opere maggiori.

g) Rigoni Stern, *Il ritorno sul Don*: se *Il sergente nella neve* costituisce il grande libro di Rigoni sulla guerra vissuta dal vivo, questo secondo libro è il libro «della guerra rivisitata»: e permette all'insegnante che abbia (poniamo) adottato qualche anno fa il *Sergente*, di tentare con i suoi ragazzi un utile accostamento di tecniche narrative (la prima e terza persona, il punto di vista, il personaggio coro): tutti problemi che fino a qualche anno fa non venivano affrontati nella scuola media, ma che ora sono oggetto di vere e proprie esercitazioni di gruppo.

h) Sciascia, *I pugnalatori – La scomparsa di Majorana*: perché avvicinare e fondere in un solo volume questi due libri? Non si tratta soltanto di ragioni di mole: ma perché tutti e due obbediscono ad una identica struttura narrativa, che è quella della inchiesta: e si prestano, per esempio, a vari tracciati di ricerca sul «genere letterario»: la narrativa «seria» e il romanzo giallo, per limitarci ad un esempio. Senza dire che *Majorana*, in particolare, apre poi tutto un altro discorso, che si potrebbe svolgere con ricchezza di pezze d'appoggio, centrate sulla fisionomia del gruppo Fermi, intorno al grande interrogativo della responsabilità dello scienziato.

i) Testori, *Il dio di Roserio*: premesso che i proponenti non godono alcuna simpatia per le posizioni ideologiche dell'autore in questione, non si negano per altro che egli ha conquistato, attraverso i continui interventi su un noto quotidiano, una grandissima popolarità tra molti insegnanti. Detto questo, va aggiunto che questo romanzo resta il suo migliore, e permette come tale varie ricerche anch'esso: ancora una volta il rapporto lingua-dialetto, sul piano stilistico; mentre su quello della storia letteraria è uno dei piú interessanti esempi dal vivo della nozione di neorealismo.

2. Narrativa straniera

a) Arguedas, *I fiumi profondi*: va ascritto a pieno merito della casa editrice l'avere imposto ad un pubblico cosí solitamente distratto una delle piú forti personalità di scrittore del mondo latino-americano. Nulla di piú semplice quindi che aumentarne la conoscenza attraverso l'edizione scolastica, che si presta particolarmente all'adozione, sia perché il romanzo è la storia dell'educazione di un ragazzo, sia perché può fornire spunti di approfondimento e ricerca su una disciplina come l'etnologia, su concetti come culture primitive, acculturazione ecc. Proprio per questo sarebbe un grave errore presentare il libro come un'opera di pura letteratura, senza fornirlo cioè non solo di un adeguato addobbo di note, comunque indispensabile, ma altresí di una nutrita appendice storico-antropologica sulla civiltà incaica, ivi compresa qualche cartina geografica.

b) Brecht, *Storie da calendario*: è la particolare struttura di questo bellissimo libro, la struttura cioè dell'apologo o, se si preferisce, della parabola, nonché l'alternanza di prosa e di componimenti in verso, a suggerirlo come ideale per l'adozione scolastica. Le storie spaziano, per altro, quanto a contenuti, dall'antichità greco-romana alla Cina di Lao-Tze, all'Inghilterra di Bacone o all'Italia di Giordano Bruno, offrendo cosí all'insegnante una grande quantità di pretesti di ricerca proprio in ambito storico-culturale, anche a prescindere dalla ricchezza e dalla pregnanza delle indicazioni morali.

c) Bulgakov, *La guardia bianca*: molti insegnanti affascinati dalla carica magico-fantastica del *Maestro e Margherita*, sarebbero disposti ad adottare questo stupendo romanzo che ha per soggetto l'avventura della rivoluzione russa. Per un insegnante appassionato di cinema (il classico cinéphile che sa di Ėjzenštejn e di Pudovkin) il romanzo si presta, tra l'altro, a molte interessanti variazioni e precisazioni sulla tecnica di montaggio e narrazione di cinema e letteratura. Anche qui è indispensabile una serie di addobbi di carattere storico-politico sulla cronologia, i fatti, i protagonisti della rivoluzione «vera».

d) Hemingway, *Storie di Nick*: com'è noto, Nick è non l'unico protagonista, ma certo il personaggio di maggior spicco di alcune delle piú belle storie comprese nei *Quarantanove racconti*. Ci eravamo sempre trattenuti dal farne l'eroe di un libro per ragazzi per una innegabile crudezza di particolari di questa o quella storia. Ma a parte che notoriamente il comune senso del pudore, anche tra i ragazzi, ha subíto una graduale ma nettissima evoluzione, c'è comunque modo di spiegare certe scelte di Hemingway. Fra l'altro, il libro si presta ad un discorso molto interessante sull'etica americana, che potrebbe essere affidato ad una curatela a quattro mani di un giovane storico della letteratura e di un giovane storico degli Stati Uniti.

e) *Le meraviglie del possibile*: si propone di riunire sotto questo libro alcuni dei piú bei racconti tratti dalle due raccolte curate con ottimo esito per noi da Fruttero e Lucentini. Grazie al cinema e alla televisione anche i lettori piú giovani si dimostrano ora attratti dalla fantascienza, fino a qualche anno fa considerata una lettura sempre in qualche modo sofisticata per adulti. Ma, anche in questo caso, l'antologia vera e propria non potrebbe essere sottoposta agli insegnanti e agli allievi nella sua nudità: con tutta una serie di strumenti, bisognerebbe motivare culturalmente la nascita di questo particolare genere letterario, vederne le connessioni con le angosce sollevate dal rapidissimo boom tecnologico e scientifico dell'immediato secondo dopoguerra, vedere quali rapporti o varianti legano il romanzo utopico dei secoli scorsi a questo genere «moderno», ecc.

f) Mann, *Cane e padrone*: si propone, pur nella sua relativa brevità (si tratta, pur sempre di un romanzo breve di oltre 100 pagine), l'omonimo romanzo del 1918, da noi piú volte ristampato nella bellissima traduzione di Clara Bovero insieme ad altri romanzi brevi e racconti di Mann. Questo libro è diventato di grande attualità per un ragazzo d'oggi, che sia attento, ad esempio, alle scoperte recenti di una scienza come l'etologia, che sia avverso alla caccia come strumento di sterminio, che sia sensibile in genere al rapporto tra uomo e natura. Sarebbe molto bello aggiungere una serie di strumenti di raffronto e verifica sul tema del rapporto tra uomo e animale dagli antichi greci a Konrad Lorenz, tanto per intenderci, sulla linea di un Morus modernamente visitato[5].

g) Solženicyn, *Una giornata di Ivan Denisovič*: a fianco di *Se questo è un uomo* e a preferenza di altri libri stranieri di narrativa concentrazionaria (per fare un esempio, tratto dal nostro catalogo, il bellissimo, ma poco noto, *La specie umana* di Robert Antelme), sarebbe molto auspicabile introdurre, ma con tutte le precisazioni storico-critiche del caso, questo celebre romanzo breve tra i giovani. Certo la delicatezza del soggetto imporrebbe che il curatore, con il conforto di un esperto particolarmente equilibrato, presentasse la verità documentaria sotto giusta luce.

h) Joyce, *Gente di Dublino*: com'è noto, è il solo libro considerato compiutamente facile di questo difficilissimo scrittore. Ma al di là di questo aspetto, di per sé non sufficiente a proporne l'utilizzazione in questa sede, ce n'è un altro, ben altrimenti attuale: e sono gli spunti che a livello di una esercitazione all'espressività questo libro contiene. Joyce, in parole povere, è un maestro nella caratterizzazione del personaggio per vie non psicologistiche: e tutta l'ultima generazione di insegnanti della scuola dell'obbligo si batte perché i loro allievi imparino a descrivere sé e i propri simili con elementi non moralistico-sentimentali. Presentata in questa luce, la raccolta sarebbe già di per sé molto utile. Ma c'è poi, per un insegnante intelligente, da svolgere tutto l'altro discorso, quello cioè sui caratteri specifici di un popolo, una regione; e questo tipo di problematica (chiamiamola la problematica irlandese) non è meno importante per un veneto, siciliano, sardo.

3. Poesia

a) Edgar Lee Masters, *Antologia di Spoon River*: proporre ai giovani una raccolta di poesie, che sono in pratica oltre 240 lapidi funerarie di altrettanti personaggi di un paesino americano, può sembrare, e certo sembrerà, a piú di un adulto, terribilmente lugubre. Ma ripensiamo a quanto scrisse Pavese: «ciascuno di questi morti porta in sé una situazione, un ricordo, un paesaggio, una parola, che è cosa indicibilmente sua». È proprio la singolare specificità e pregnanza di ognuno dei ritratti degli ex-abitatori del paese di Lee Masters a suggerire questo libro come uno dei piú ricchi di fermenti per il lavoro in classe. Ci sono tanti piani di lettura di questo libro: quello puramente etico; quello sociologico (la separazione delle classi, i difficili rapporti gerarchici, ecc.); quello storico-economico (non molti si sono accorti che Spoon River ha, per esempio, attraverso le lapidi, una sua particolarissima struttura economica); quello politico-ideologico. Anche questo libro, naturalmente, necessiterebbe di vari addobbi.

4. Teatro

a) Brecht, *Vita di Galileo*: ad essere rigorosi, bisognerebbe introdurre il Brecht drammaturgo a scuola con il gruppo dei drammi didattici, pensati espressamente come «rappresentazione per le scuole», e cioè *L'accordo*, *La linea di condotta*, *Il consenziente e il dissenziente*, *L'eccezione e la regola*, *Gli Orazi e i Curiazi*. Ma è probabile che l'eccessivo rigorismo politico di questi testi finirebbe per spaventare molti, troppi insegnanti. È meglio perciò puntare sul *Galileo* che, oltre ad essere tematicamente molto pregnante (basta pensare al rapporto potere-ricerca scientifica), è anche il piú legato alla storia della civiltà italiana.

b) Dario Fo, *Isabella, tre caravelle e un cacciaballe*: il titolo potrà fare sussultare, all'atto dell'adozione, qualche insegnante o qualche genitore «prude», per quella parola non del tutto ortodossa: ma si tratta, di tutte le commedie giovanili di Fo, della piú fresca per inventiva teatrale e carica polemica: ed anche qui l'aneddoto su cui si fonda è centrale nella storia, trattandosi niente meno che della scoperta dell'America parodicamente rivisitata. L'inserzione di Fo, in questo primo nucleo di proposte, non ha in sé nulla di originale o di provocatorio. Ci si limita, infatti, a raccogliere delle indicazioni che vengono già da certi ambienti scolastici, dove vari professori giovani hanno fatto letture parziali di questo testo con gli allievi, senza per altro adottarlo, e i risultati sono stati molto positivi.

5. Saggistica

Con questo termine generico ci si riferisce a due possibilità di cui diremo in conclusione. Il punto di partenza è che da un allargamento del concetto di lettura narrativa (ammesso dai programmi) si può passare in modo sfumato a libri di interesse specificamente storico o scientifico. Cominciamo da un elenco indicativo, riservandoci una osservazione finale:

a) Grandi sintesi storiche:
Prescott, *La conquista del Messico* (una parte)
Gibbon, *Declino e caduta* ecc. (una parte)
Gregorovius, *Roma nel Medioevo* (una parte)
Plutarco, *Vite parallele* (due-tre coppie)

b) Classici con interesse di modernità:
Marco Polo, *Milione* (nella versione moderna fatta per Einaudi dalla Malvano)
Basile, *Cunto de li cunti* (in traduzione: chiedere a Ricciardi il permesso di riprodurre il volumetto già uscito da noi)

c) Grandi traduttori (qui incontriamo veri e propri testi di lingua):
Melville, *Benito Cereno* (Pavese)

Puškin, *La figlia del capitano* (Polledro-Ginzburg)
Leskov, *Il viaggiatore incantato* (Landolfi)

d) Storici moderni con capacità narrativa:
Mila, *Conquista dell'Everest* (raccomandato!)
Silvestri, *Grande guerra* (da *Isonzo '17*)
Deakin, *Il caso Sorge* (sto verificando)
Power, *Vita nel Medioevo* (raccomandato!)
Engel, *Storia dell'alpinismo* (tagliata)
Hedin, *Il lago errante* (piaceva molto a Cantimori)
Burland, *Montezuma* (ha una prefaz. di Calvino)
Corti, *Ercolano e Pompei* (una delle due parti)
Runciman, *Crociate* (una parte)
Ceram, *Detectives dell'archeologia* (scelta)
Hobsbawm, scelta da *Banditi*, *Ribelli* ecc. della Pbe
Thiess, *Tsushima* (la battaglia finale)
Battaglia, *La battaglia di Adua* (da *Prima guerra d'Africa*)
Pieri, *Storia militare del Risorgimento* (una parte: da verificare)
(l'elenco potrebbe farsi lungo: alcune priorità sono però già comprese tra questi primi esempi)[6]

e) Libri di carattere piú scientifico:
Wilson, *La società degli insetti* (una parte; da verificare)
Colerus, *Piccola storia della matematica* (se un matematico d'oggi è capace di riattivarla)

E i vari libri su Einstein, Pasteur, Copernico, il *Galileo* di Geymonat (?) ecc. Materiale ce n'è, e si presta a un trattamento adeguato. Perfino il vecchio Lilley, *Storia della tecnica*, di cui esiste una edizione piú aggiornata della nostra, è per dei ragazzi una lettura a tesi molto appassionante.

Postilla conclusiva

Si potrebbe, dicevamo, seguire due vie. La piú ovvia è quella di integrare la collana attuale con ampliamenti abbastanza ovvi: le grandi traduzioni, le grandi sintesi storiche, alcuni storici moderni di buona capacità narrativa. La seconda via potrebbe prevedere, oltre a un arricchimento della serie attuale mediante gli innesti narrativi già detti, una sezione nuova e diversa, dove ospitare delle letture dichiaratamente piú saggistiche: allora andrebbero qui Power, Runciman, Wilson, Hobsbawm ecc. Il vantaggio della prima soluzione è che si tratta di un'operazione soft; il vantaggio della seconda è che attira sulla sigla Einaudi un'attenzione «pedagogica», cioè un arricchimento di immagine, che ripagherebbe un eventuale minor livello di vendita (ma si tenga conto che si tratta di ricuperi già ampiamente sfruttati).

Antologie personali

Il termine, preso a prestito da Borges, significa però qui un'altra cosa: non auto-antologie, ma antologie liberamente composte da *un autore noto*, scrittore o letterato o critico o scienziato o chiunque altro abbia un prestigio fondato su qualità reali.

Non si chiederà agli autori lo sforzo di essere oggettivi, anzi, ci si aspetterà da loro che costruiscano la loro antologia in modo personale, dichiarando esplicitamente le loro *preferenze* e senza timore delle omissioni. L'antologia di ciascun autore dovrebbe rispecchiare attraverso le letture predilette il suo modo di vedere e di «proporre» il mondo. Il limite di questa «libertà» e «faziosità» personale, ogni autore saprà trovarlo nella propria serietà e nell'attenzione dovuta al lettore cui il volume è destinato. Insomma, non si tratta di un gioco letterario, ma di proposte meditate, amate, avanzate con l'intento di comunicare esperienze, passioni, aspettative e, perché no, condanne.

Ogni antologia di 200-250 pagine potrà essere liberamente composta con brani di autori italiani e stranieri, siano essi scrittori, letterati, poeti, scienziati, artisti, filosofi, politici ecc., «classici» o aspiranti tali; ma anche con testi minori, documenti, lettere, dichiarazioni, diari, memoriali, pezzi di cronaca, canzoni ecc.

Sarebbe auspicabile che l'autore premettesse a ciascuno dei brani, o gruppo di brani proposti, una dichiarazione anche breve sul perché della scelta, quale significato le attribuisce ecc. La parte invece di annotazione e di cura materiale del volume potrebbe essere affidata, col consenso e sotto il controllo dell'autore dell'antologia, a collaboratori di fiducia.

Una serie anche limitata di tali antologie, oltre a fornire un prezioso aiuto della cultura militante alla scuola, formerebbe un panorama di «autobiografie» del gusto e del pensiero, di grande interesse anche per il pubblico non scolastico.

Si potrebbe prevedere una duplice edizione: una con esplicita menzione della destinazione scolastica, un'altra senza tale menzione, da far circolare tra il pubblico.

Il titolo e il sottotitolo (indicativi) potrebbero essere:

Autore
Vi consiglio di leggere...
Proposte ed esempi di lettura

Segue un elenco, anche questo indicativo, di autori cui si potrebbe chiedere un'antologia personale:

Italo Calvino (aspettandoci che contemperi immaginazione e scienza)

Primo Levi (aspettandoci che contemperi letteratura ed esperienza civile)[7]

Nuto Revelli (aspettandoci che alla sua vocazione di portavoce del mondo contadino e combattente, aggiunga la rivelazione dei suoi «testi» preferiti)

Leonardo Sciascia (a questo punto è superfluo dire che cosa ci si potrebbe aspettare da lui)

Paolo Volponi (poesia e società industriale)

Eduardo De Filippo (una sorta di «recital» di testi amati)

Attilio Bertolucci (una «educazione letteraria» tradizionale, ma raffinata e solida)

Elsa Morante (se ne avesse voglia!)

Rigoni Stern (natura, lavoro, civiltà antica)

Alberto Arbasino (forse)

Umberto Eco (forse)

Giorgio Manganelli (forse)

(Natalia Ginzburg ha già in corso un'antologia scolastica presso De Agostini)

Si potrebbe anche ricorrere, come già accennato, a scienziati, a critici, a politici, a uomini di cinema, a grandi giornalisti. Ma sarebbe opportuno cominciare a muoversi su un terreno piú noto, com'è quello indicato.

Antologie regionali

Il titolo è da trovare: meno si usa la parola antologia (qui introdotta per comodità di esposizione) meglio è.

In questi volumi il materiale è organizzato in modo che l'ambiente di appartenenza del lettore si riveli nella sua originalità e peculiarità, nel suo spessore storico, nel suo linguaggio, nel suo paesaggio morale. Ma questo disvelamento di identità non è fine a se stesso, non mira all'esaltazione della particolarità regionale o peggio provinciale. Non è chiusura, ma apertura di orizzonti. La presa di coscienza di una propria identità, dignità, ricchezza culturale, è quella che permette di entrare in contatto in modo non astratto con le realtà piú grandi della nazione e del mondo.

Si possono perciò prevedere due direzioni di ricerca del materiale, che qui per comodità si separano, ma che nel volume potranno essere intrecciate in modo da interagire l'una con l'altra:

a) Testi letterari, storici, poetici che illustrano ciò che la regione ha di particolare nell'ambito storico, economico, antropologico e microstorico, folclorico, linguistico, della mentalità e della sensibilità ecc. (Esistono importanti linee di lavoro in questa direzione, ottocentesche e novecentesche: basterà ricordare quella che ha in *Geografia e storia* di Dionisotti il suo testo base e che ha già dato luogo a qualche tentativo scolastico come l'antologia letteraria regionale di Binni e Sapegno)[8].

b) La «regione» non parla soltanto di sé a se stessa, ma da un lato propone motivi propri suscettibili di essere «universalizzati»: per es. l'industrialismo piemontese e la sua cultura; dall'altro, ha un proprio modo di guardare all'esterno e di appropriarsi di motivi nazionali o internazionali. Nel primo caso, per esemplificare, è evidente che la tonalità gozzaniana è merce di esportazione, allo stesso modo di certa ricerca gobettiana e gramsciana e cosí via; nel secondo caso il mondo viene «importato» (cioè interpretato e acclimatato) da scrittori, poniamo, come Luigi Einaudi, o come Pavese e Fenoglio (nella loro veste di traduttori e lettori, particolarmente sensibili proprio perché hanno radici profonde nella propria terra). È evidente che i due momenti si possono separare solo per facilitare l'esposizione: essi sono di fatto inscindibili, e proprio per questo autorizzano a pensare la regione come un momento *caratterizzato*, *individuato*, di cultura tout court.

Vassalli curerebbe volentieri un *Piemonte* al quale pensa da tempo. Ci vorrebbero anche una *Sicilia*, una *Emilia*, una *Campania*, una *Lombardia* ecc. Ma non è necessario prevedere fin d'ora una copertura totale.

«Struzzi Ragazzi»

Il problema di questa serie consiste nel darsi una linea riconoscibile tra la lettura di tipo scolastico da un lato, e la «Collana Ragazzi» dall'altro – se si deciderà di riprenderla e di svilupparla, come è stato affacciato[9].

Soprattutto questo secondo aspetto appare condizionante. Limitarsi a ristampare negli «Struzzi» i successi collaudati della «Collana Ragazzi» è una soluzione certamente redditizia, ma basta a giustificare l'esistenza di una sigla impegnativa qual è «Struzzi Ragazzi»?

Si potrebbe ipotizzare che oltre a ristampare i successi della «Collana Ragazzi», gli «Struzzi Ragazzi» pubblichino sistematicamente i classici della letteratura per ragazzi di ogni tempo, da Dickens a Verne, da Pierino Porcospino alla fantascienza. Sappiamo che la richiesta in questo settore di mercato è costante e si rinnova puntualmente. Bisogna però tener conto di una vecchia e fondata obiezione: perché mettere sotto la categoria «per ragazzi» libri che hanno una portata universale? (cfr. *L'isola del tesoro*, *Gulliver* ecc.; noi siamo stati criticati anche per aver pubblicato D'Arzo come autore per ragazzi). Se questi libri hanno valore universale, gli «Struzzi» possono accoglierli alla pari di tutti gli altri classici.

Per il momento, e fino a quando non si prenderà una decisione per la «Collana Ragazzi», appare difficile risolvere il problema.

Abbiamo parlato finora di «Struzzi Ragazzi» serie narrativa. Altro discorso si può fare per la serie saggistica. Gli esperimenti fatti finora sono stati piuttosto casuali. Editorialmente la serie non ha ancora una fisionomia autorevole e riconoscibile, anche in ragione dello scarso numero di titoli.

È probabile che una programmazione piú sistematica dia risultati soddisfacenti, soprattutto se intesa a creare una serie o almeno una fascia di interessi omogenea e riconoscibile.

Bisognerebbe andare incontro a un bisogno molto sentito, che oggi trova, presso altri, soltanto risposte saltuarie e occasionali, anche se non di rado buone. Il bisogno cui si accenna è quello di una informazione moderna e spregiudicata su temi (o discipline) che si presentano col fascino di una attualità reale e urgente.

Per esempio. In Italia neppure le cosiddette persone colte sanno sempre distinguere tra psicologia, psichiatria, neurologia, psicoanalisi. Ai ragazzi interessa, piú che alle generazioni precedenti, sapere che cosa si nasconde dietro questi nomi. Hanno un senso immediato dei problemi della personalità, considerata individualmente e nel contesto. Si interessano di storia della scienza e di storia della medicina. Hanno chiaro il nesso delle materie psicologiche con determinate pratiche sociali. Ecco allora che una «introduzione» a queste tematiche renderebbe un buon servizio. Cosí si può dire di altri campi di interesse.

Enumeriamone soltanto alcuni: biologia e genetica; cosmologia; scienze della terra e dell'habitat; modi attuali di pensare letteratura e arti; fotografia e cinema; geografia reale dei popoli e delle risorse; amore e sesso; le macchine e la vita; lo sport; la droga; pianeta turistico e pianeta armato; povertà e ricchezza; l'«altra» versione della storia; che cos'è il «pensiero» (cioè la filosofia) e qual è il suo ruolo nella società.

Si potrebbero pensare questi titoli in modo che affiancati costituissero un insieme di conoscenze e di suggestioni omogenee per un lettore determinato.

I volumi andrebbero quindi disegnati con una certa uniformità di impianto, pur senza costringerli in una camicia troppo stretta.

NB: Importante

Si allega un «repertorio» di discipline e di temi, repertorio che andrà letto con l'avvertenza che si tratta di un'elencazione schematica, di un semilavorato[10].

Se l'idea interessasse concretamente, l'elenco dovrebbe essere ripensato, *inventato*, mettendo in relazione discipline diverse, tagliando per scorci trasversali e introducendo la dimensione fondamentale dell'immaginazione.

Ds con correzioni ms; AE, Corrispondenza interna, cart. 2, fasc. 1980.

[1] Fiera del libro per ragazzi, inaugurata nel 1964.

[2] Dopo le dimissioni da direttore generale, Bollati si occupò assieme a Guido Davico Bonino di alcuni progetti speciali, uno dei quali riguardava il potenziamento delle pubblicazioni scolastiche. Sebastiano Vassalli, che era stato insegnante di storia e letteratura nella scuola secondaria, collaborava alle «Letture per la scuola media» sin dal 1972.

[3] Copie vendute.

[4] Collana universale tascabile della Mondadori.

[5] Morus, *Gli animali nella storia della civiltà*, «Saggi», 1956.

[6] Appunto di Bollati a margine: «Da aggiungere subito: *Gli apprendisti stregoni* [di Robert Jungk], per cui esiste già un contratto apposito (scol.)».

[7] Quella di Levi fu l'unica a essere pubblicata: *La ricerca delle radici. Antologia personale*, «Gli struzzi», 1981.

[8] *Geografia e storia della letteratura italiana* di Dionisotti era stato pubblicato dall'Einaudi nel 1967, *Storia letteraria delle regioni d'Italia* di Binni e Sapegno dalla Sansoni nel 1968.

[9] Nata nel 1959, la «Libri per ragazzi» era stata sospesa nel 1977.

[10] Conservato in AE, Corrispondenza interna, cart. 2, fasc. 1980.

A Giulio Einaudi, Torino

Torino, 17 giugno 1980

Caro Einaudi,

ti ringrazio dell'invito a Rhêmes e ti prego di scusarmi tu innanzitutto e di scusarmi con gli amici se quest'anno non ci sarò[1]. Per tutto l'anno passato ho tirato per non mancare di parola a Santoni – mancando di parola al mio dottore. Quest'anno non sto niente bene e me ne sono accorto da come ho reagito a un recente lutto familiare e alla malattia di un amico. L'idea di affrontare la recita di Rhêmes (ogni convegno è una recita) mi preoccupa piú del normale e questo è un sintomo che è meglio non trascurare. Del resto la formula adottata per questa sessione mi sembra tale da permettere un decorso quasi automatico e riduce fortemente la necessità e i compiti di uno speaker o di un vice speaker.

Penso anche che un anno sabbatico, cioè una Rhêmes saltata, non è poi privo di vantaggi. Dimostrerà che non è obbligatorio essere importanti e morti come Delio o Elio per confermare l'antica verità che nessuno è indispensabile[2]. Quanto a me, sarà l'occasione per raccogliere le idee. Esco da un semestre in cui ho visto tutti o quasi tutti i miei progetti di lavoro (editoriale, promozionale, «generale») tornare a casa piú o meno azzoppati. Ho scritto forse qualche lettera piú del necessario, ma ciò si deve al fatto che spesso ho ricevuto risposte che sembravano domande, e sí che parevano no, e viceversa, e in prevalenza silenzi rotti recentemente solo dall'ipotesi pesantina che io possa vendere ad altri progetti pagati da Einaudi o dall'ipotesi curiosa che io stia organizzando una chiesa separata. Cerco di capire se queste cose le dici per scherzo o se dopo trent'anni che ti sto lealmente vicino, un difetto della vista ti impedisce di riconoscermi. Purtroppo dovremo parlarne, e ne sono atterrito, perché parlarti è sempre piú difficile.

Intanto ti auguro buon lavoro, come lo auguro a tutti i miei colleghi, coi quali finché non lo hai reso problematico, ho sempre lavorato benissimo, alla maggior gloria della nostra casa editrice

tuo Bollati

Fotocopia di lettera ds con correzioni ms; AGB.

[1] Ogni anno, dal 1963, Einaudi organizzava a Rhêmes dei seminari estivi con i suoi collaboratori per discutere il programma editoriale dell'anno seguente.

[2] Delio Cantimori ed Elio Vittorini.

A Franco Fortini, Milano

Torino, 8 settembre 1980

Caro Fortini,

grazie delle magnifiche rose. La tua lettera, trovata al mio ritorno, ha finalmente interrotto un lungo periodo di solitudine punteggiato di catastrofi[1]. Ultima quella della morte di Franco Basaglia, morte cui ho assistito seduto sulla punta di una sedia, i gomiti sulle ginocchia, la testa tra le mani. La moglie e i due figli inginocchiati al capezzale. La mia, la nostra abituale schizofrenia: mentre l'intelletto registrava la scena alla Greuze, anche le mie coronarie erano attente, solerti. Soltanto dopo ci si accorge dell'enorme peso di cui può caricarsi la parola stanchezza.

Di F.B. ero amico. Avevo superato con lui il muro del consenso-dissenso culturale; e la rissa politica o l'entusiasmo progettuale erano anche modi di passare la serata in famiglia. Lasciando le altre cose che potrei dirti di lui, era un uomo coraggioso, non misurava mai il rischio. In parte, forse, perché nato ricco (cfr. Fortini su Giaime Pintor)[2]. Ma allora può essere vero che il procedere severo e realistico e «coerente» di altri (quanti miei coetanei, per esempio) – fedelmente rispecchiato da un misurato cursus honorum – abbia qualche attinenza con la sicurezza dell'impiego, della carriera, del connesso comfort borghese intellettuale. Mi sto chiedendo se sia stato soltanto fedeltà e pazienza il mio reprimere troppo a lungo l'istinto di rimettermi in mare a tutti i venti.

Mi chiedi, infatti, «da che parte sto». Non da quella che tu definisci degli eterni vincitori e degli esentati dai dubbi e ai quali io penso come agli «azzurri», ai nouveaux riches testé giunti alla scoperta di una ennesima variante del liberalismo. Io li odio, perché hanno portato la cultura, o come altro vuoi chiamarla, a un inaudito scadimento depretisiano.

Certo, io passo per un esperto diplomatico. Discendente di funzionari e di ammiragli savoiardi ho nel sangue, come una febbre maltese, il senso del governo e dell'amministrazione: e puoi immaginare di quali tentazioni e di quali ripulse sia intessuto il mio lungo rapporto coi comunisti e col loro «realismo». Ma compromessi e opportunismi e scalate, no. Sono un irriducibile e sprezzante e insopportabile rompitore di taciti accordi. Giulio Einaudi lo sa. Mi ha voluto con sé stimandomi per questo, ha cercato coscienziosamente di corrompermi, o almeno di distruggermi, mi sto allontanando da lui perché non gli perdono di non saper portare la sua decadenza a testa alta, invece di mercanteggiarla usando astuzie, crudeltà e debolezze indecorose. Gli è sempre mancato un paio di scalini, non piú, per essere un grand'uomo: l'ultima occasione era adesso, nel declino, e vedo che la perderà.

Io mi allontano proprio nel momento in cui potrei senza fatica prevalermi di queste debolezze, solo che mentissi un poco, solo che facessi un po' di antifascismo torinese e tributassi il riconoscimento dovuto dai «democratici». Io ne ho maggior rispetto, gli sarò oppositore e amico scorbutico, sofferente, ostile.

Quanto a quello che dici di te. Tra i non molti versi che so a memoria, ci sono questi tuoi: «Verrà, verrà la lettera» ecc.[3] Di lettere che ti abbiano reso giustizia ne avrai già ricevute tante: questa mia si aggiunge al mucchio. Ma bada, sei e resterai sempre una controparte. Perché sei una delle rare Intelligenze in circolazione, ma sei anche un uomo Insopportabile. Genialmente insopportabile, insopportabilmente geniale, non sarai perdonato. Perché il vero punto è questo: che tu hai ragione in un *modo* oltraggioso, equiparabile al torto. Inoltre non si può dire di te: «Soffri e sii grande, il tuo destino è questo»[4], perché, secondo il volgo, non soffri abbastanza, non ti rivoltoli sul pavimento, anzi, sei passabilmente consapevole della tua forza e del tuo buon diritto. Inoltre ancora, non sei nemmeno «perfettamente cattivo» (Machiavelli), qualità che farebbe quadrare tutti i conti. Lo sei solo a sprazzi. Nel fondo sei anche, facilmente, caritatevole. E allora sei costretto a rettificare frequentemente l'immagine che qualcuno si fa di te con quei tuoi attacchi di sdegno e di bile che certo non giovano né alla tua salute né alla quiete pubblica.

Non correggerò quello che ho appeno scritto di getto: non la finirei piú di apportare varianti e sfumature, allo scopo di essere piú completo e piú preciso. Preferisco il rude abbozzo, a costo di incorrere nella tua ira (or ora evocata).

Infine, l'antico tuo epigramma che mi concerne e che fa indossare al mio orgoglio la livrea del lacchè. Te ne ho scritto nel contesto di un altro discorso (se rileggi la mia lettera), non per chiederti di abolirlo o modificarlo. A un allievo di Pasquali e di Cantimori non viene in mente che un Testo si possa aggiustare. Regolati come credi meglio senza preoccuparti[5].

Grazie, comunque, per averci pensato, e un saluto affettuoso

dal tuo Giulio Bollati

Lettera ds con correzioni ms su carta intestata «Giulio Einaudi editore»; AFF, fasc. Giulio Bollati.

[1] Non rintracciata.

[2] Franco Fortini, *Vicini e distanti. A proposito del «Doppio diario» di Giaime Pintor*, in «Quaderni piacentini», XVIII (1979), n. 70-71, pp. 123-29.

[3] «Verrà, vedrai, la lettera che su carta intestata | ti renderà giustizia e dirà il vero, | da farti piangere di riconoscenza! Domani | ti diranno che è stato soltanto un giuoco, una prova, | tutto, tutto quello che sai» (*La lettera*, in *Poesia e errore*, 1959).

[4] Manzoni, *Adelchi*, atto terzo, v. 99.

[5] «Stanco per quarant'anni di antifascismo eguale | sale Einaudi la Humber chiede fuoco all'autista | Fa scattare Bollati l'accendino d'argento | poi di titoli nuovi sottopone una lista. | Programma editoriale se il mercato va male | Titoli ormai di stato. Interesse normale» (*Centro-sinistra*, in *L'ospite ingrato*, 1966). In previsione di una nuova edizione dell'*Ospite ingrato*, Fortini si era offerto di modificare il verso riguardante Bollati.

A Filippo Santoni, Torino

Torino, 4 novembre 1980

Caro Filippo,

forse a quest'ora hai ricevuto la copia della lettera che Ruggiero Romano ha scritto a Franca Basaglia (so che te l'ha mandata per conoscenza). Mi chiedo se Romano avrebbe osato scriverla se Franco Basaglia non fosse morto appena due mesi fa. E per il mio giudizio sul personaggio può bastare[1].

Del resto non possiamo stupirci che continuino ad accadere episodi come questo, dal momento che un uomo ormai palesemente irresponsabile ha la facoltà di influire sulla vita della casa editrice Einaudi e sulla sua figura pubblica. È una persona che non distingue tra gli impulsi di un personalismo smodato e gli interessi collettivi che gli sono affidati; e lo dimostra usando l'*Enciclopedia* come lo strumento di una sua rivincita privata sulla università e su gran parte della cultura italiana, vale a dire su ciò che costituisce l'humus naturale dell'attività einaudiana. Fu un errore rilasciargli una delega troppo ampia, permettendogli di scavalcare il consiglio editoriale e di tagliar fuori, tranne rare eccezioni, i rapporti intellettuali e i circuiti culturali su cui agisce e su cui si regge la casa editrice. Un effetto di quella delega fu l'isolamento, insolito per un'opera Einaudi, che l'*Enciclopedia* ha dovuto fin dai suoi inizi, e ancora deve, rimontare. Opera intelligente, ma diversa e difficile, avrebbe avuto bisogno piú di altre di quella mediazione culturale in cui consiste il compito e l'abilità di una casa editrice. Invece, servita cruda, giocata a contrasto e con un'aria di sfida, non ha facilitato l'accesso a quel molto di buono che pure contiene – e il mercato lo ha registrato fedelmente. Ben diverso, a riprova, il caso della *Storia d'Italia* ideata da Romano ma mediata, rielaborata, fatta propria dalla casa editrice con piena padronanza del contesto cui accennavo. Un altro effetto di quella famosa delega, fu l'incrinatura che si produsse all'interno del gruppo editoriale Einaudi, incrinatura che col tempo si è allargata fino a configurare quasi l'esistenza di due case editrici. L'errore iniziale non era però irreparabile se solo si fosse voluto ripararlo. Mi ci provai io, dedicando un continuo, oscuro lavoro alla perenne ricucitura dell'unità, che sentivo come un elemento essenziale, quasi come il segreto del successo e della vitalità della casa editrice; e piú di una volta potei constatare che qualche risultato, volendo, lo si poteva ottenere. Ma devo dirlo: mi scontrai in modo sempre piú duro con una volontà contraria (quella di G. E.), che forse tendeva in fondo allo scopo del «tenere insieme», ma con sistemi secondo me controproducenti, come la moltiplicazione delle «gestioni separate» mediante un'accentuata personalizzazione e divisione dei rapporti: quasi che una sorta di rifeudalizzazione, e non invece il ricorso alla tradizionale partecipazione collettiva, fosse lo strumento piú adatto a fronteggiare le difficoltà crescenti della casa e della situazione. Ero contrario a questa linea, che accentrando un immenso lavoro in un uomo solo, scoraggiava la coesione, rompeva le comunicazioni interne, creava di fatto sfasature e discordie. Il contrasto verteva sui metodi ritenuti piú efficienti per la direzione dell'azienda, ed io ero direttore generale editoriale: ritenni corretto dimettermi.

Lasciato l'«esecutivo» restai tuttavia sul terreno della collaborazione, accettando di far parte del Consiglio d'Amm. e assumendo una consulenza editoriale. Ma la soluzione era illusoria e durò poco. I contrasti di fondo si ripresentarono ripetutamente, com'era inevitabile. Quando si verificò l'incidente, ancora per me inspiegabile, tra Romano e me, l'editore credé di liquidarlo definendolo una «questione personale»: e una volta di piú fui colpito dal suo rifiuto di prendere in considerazione i contenuti obiettivi dell'accaduto, entro il quadro della situazione aziendale nel suo complesso[2].

È in atto un travagliato processo di trasformazione dell'azienda, che per il momento porta a emergere piú le difficoltà e i processi involutivi che non le linee di prospettiva e di rinnovamento. Il caso Romano è soltanto il piú appariscente tra i molti che si affollano, relativi a persone, strutture, grossi problemi di carattere generale. Ci sono molti modi di affrontarli, ma il peggiore è sicuramente quello di ricorrere a espedienti soltanto verbali o di darne l'impressione, che è lo stesso.

Non avevo potuto agire e restare nel «governo»; mi vidi poi progressivamente impedita anche la cosiddetta critica costruttiva: non dico vietata, intendiamoci, ma resa vana dall'evasività sistematica dell'interlocutore, dalla polivalenza inafferrabile delle risposte, dalla instabilità delle decisioni. Nel corso degli ultimi tre anni e in misura crescente negli ultimi otto mesi ho detto e scritto ripetutamente le cose che qui ho riassunto, *e non ho mai ottenuto neppure l'inizio di un discorso pertinente*. Si è formata cosí una distanza crescente, che ora ha raggiunto dimensioni incolmabili. Mi sono perciò dimesso definitivamente, come sai, da ogni mandato e incarico.

Scusami per averti ripetuto cose in parte a te già note. Ma ho voluto farlo per spiegarti come io abbia potuto sentire e valutare il grave caso di Franca Basaglia; e per spiegarti anche perché io abbia deciso di concludere anche la fase del passaggio delle consegne. Dopo l'assegno di fine ottobre ti prego di non versarmene altri. Passerò le pratiche in mie mani agli uffici di via Biancamano[3], restando naturalmente disponibile per quei funzionari o quegli autori che mi richiedessero qualche intervento operativo. A mia volta ti prego di assistermi, almeno per un certo periodo, in materia di versamenti previdenziali, fiscali e simili, che io rimborserò. Lascerò corso Matteotti appena avrò organizzato il mio mini trasloco, comunque entro non molti giorni[4]. Bisogna poi sostituire il mio nome nella «direzione responsabile» degli «Struzzi» e di Np. Grazie di tutto, sinceramente. Non affliggerti troppo per le mie analisi un po' crude: sai che giuste o sbagliate che siano, non sono dettate né da faziosità né da malanimo e intendono servire alla verità. E sai anche che gli auguri che ora ti faccio, per te e *per il successo del tuo lavoro*, sono sinceri. Ti vedrò sempre con piacere e ti sarò grato se mi conserverai la tua amicizia.

Un saluto affettuoso

dal tuo Giulio Bollati

Fotocopia di lettera ds con correzioni ms; AGB.

[1] Non è stato possibile rintracciare la lettera in questione. Verosimilmente riguardava la collaborazione di Franca Basaglia all'*Enciclopedia* Einaudi, opera in 16 volumi diretta da Ruggiero Romano e pubblicata tra il 1977 e il 1984. Basaglia vi contribuí fino al 1979, firmando le voci di medicina.

[2] Non è chiaro a quale incidente si riferisse Bollati, i cui rapporti con Romano si erano deteriorati da tempo.

[3] Sede dell'Einaudi.

[3] Ufficio distaccato dell'Einaudi, utilizzato da Bollati negli ultimi anni della sua collaborazione.

INDICE DEI NOMI

I numeri in corsivo rinviano alle pagine in cui la persona nominata è destinataria di una lettera.

Einaudi usa carta certificata PEFC
che garantisce la gestione sostenibile delle risorse forestali

Certificato PEFC
Questo prodotto è realizzato con materia prima da foreste gestite in maniera sostenibile e da fonti controllate
PEFC
PEFC/18-32-03
www.pefc.it

Stampato su carta HOLMEN con fibra vergine
proveniente da foreste sostenibili
www.holmen.com/paper

Stampato per conto della Casa editrice Einaudi
presso ELCOGRAF S.p.A. - Stabilimento di Cles (Tn)
nel mese di ottobre 2024

C.L. 26573

Ristampa						Anno			
0	1	2	3	4	5	2024	2025	2026	2027